HISTORY OF SWITZER-LAND

瑞士史

[英]哈里特·D.S.麦肯齐 —————— 著
刘松林 ———————————— 译

中国出版集团公司
华文出版社

图书在版编目（CIP）数据

瑞士史 /(英)哈里特·D.S.麦肯齐著；刘松林译. -- 北京：华文出版社，2020.7
（华文全球史）
ISBN 978-7-5075-5318-5

Ⅰ.①瑞… Ⅱ.①哈…②刘… Ⅲ.①瑞士—历史 Ⅳ.①K522

中国版本图书馆CIP数据核字(2020)第108880号

瑞士史

作　　者：[英]哈里特·D.S.麦肯齐
译　　者：刘松林
选题策划：华盛章世
插图供应：029—85504182
责任编辑：景洋子　魏丹丹
出版发行：华文出版社
社　　址：北京市西城区广外大街305号8区2号楼
邮政编码：100055
网　　址：http://www.hwcbs.com.cn
电　　话：总编室010—58336239
　　　　　发行部010—58336212
经　　销：新华书店
印　　刷：三河市国英印务有限公司
开　　本：710×1000　1/16
印　　张：28.75
字　　数：350千字
版　　次：2020年7月第1版
印　　次：2020年7月第1次印刷
标准书号：ISBN 978-7-5075-5318-5
定　　价：110.00元

版权所有　侵权必究

出版前言

随着中国开放的大门越开越大,关注世界各国尤其是西方国家文明的源流、发展和未来已经成为当下世界史研究的一个热点。为了成系统地推出一套强调"史源性"且在现有世界史出版物中具有拾遗补阙价值的作品,我们经过认真论证,推出了"华文全球史"系列,首次出版约一百个品种。

"华文全球史"系列从书目选择到译者的确定,从书稿中图片的采用到人名地名的规范,都有比较严格的遴选规定、编审要求和成稿检查,目的就是要奉献给读者一套具有学术性、权威性和高质量的世界史系列图书。

书目的选择。本系列图书重视世界史学科建设,视角宽阔,层级明晰,数量均衡,有所突出。计划出版的华文全球史中,既有通史,也有专题史,还有回忆录,基本上是世界历史著作中的上乘之作,填补了国内同类作品出版的空白。

人名地名规范。本系列图书中人名地名,翻译规范,重视专业性。在人名翻译方面,我们坚持"姓名皆全"的原则,加大考据力度,从而实现了有姓必有名,有名必有姓,方便了读者的使用。在注释方面,书中既有原书注,完整地保留了原著中的注释;也有译者注,体现了译者的研究性成果。

书中的插图。本系列图书的一个重要特点是书中都有功能性插图，这些插图全方位、多层次、宽视角反映当时重大历史事件，或与事件的场景密切相关，涉及政治、军事、经济、社会、外交、人物、地理、民俗、生活等方面的绘画作品与摄影作品。功能性插图与文字结合，赋予文字视觉的艺术，丰富了文字的内涵。

译者的确定。本系列图书的翻译主要凭借的是一个以大学教师为主的翻译团队，团队中不乏知名教授和相关领域的资深人士。他们治学严谨，译笔优美，为确保质量奉献良多。

"华文全球史"系列作为一套具有较高学术价值的优秀的世界历史丛书，对增加读者的知识，开阔读者的视野，具有积极的意义。同时要看到，一方面很多西方历史学家的观点符合事实，另一方面不少西方历史学家的观点是错误的，对于这些，我们希望读者不要不加分析地全盘接受或全盘否定，而是要批判地吸收外国文化中有益的东西。

华文出版社
2019年8月

前 言

与欧洲其他国家的历史相比，瑞士的历史更令人振奋。一篇篇诗歌叙述了登山者们鼓舞人心的事迹。在这些事迹中，研究传奇故事的学生会为他们古怪又富有想象力的主题找到丰富的素材，而热爱美景的人会陶醉在阿尔卑斯山脉的壮丽景色中。这里可以最大限度地满足探险家对猎奇和冒险的渴望。在瑞士，科学家可以攀登高山、漫步高原或穿越山谷，也可以研究冰川地质。与欧洲其他地区相比，来过瑞士的人往往都收获颇多。在瑞士，流连忘返的游客们既可以欣赏无与伦比的美景、感受当地的风土人情，也可以购买手表和雕刻品。

研究宗教运动的学生与自由和民主精神的探索者都怀着浓厚的兴趣审视"群山林立的瑞士"。他们会怀念13世纪时阿诺尔德·梅尔希塔尔、沃尔特·弗斯特和维尔纳·施陶法赫尔在吕特利草地上的浪漫邂逅，以及约翰·加尔文及其追随者的非凡事迹。

下面这首诗或许更能令读者领略瑞士的风貌——

> 永恒的山峦，静静地耸立，
> 勇敢地见证，全能的上帝！
> 翘首以待中，我们在凝视，
> 盼短短路径，可直通天地。

和其他国家不同的是，这个位于欧洲大陆腹地，并且到处都是岩石和冰川的国家，让每一个看到它的人都能产生不一样的感受。本书旨在简要介绍瑞士的历史，以资读者雅慧。

我们也无法体会塞缪尔·泰勒·柯勒律治[①]对勃朗峰的感叹——

万能伟大的主啊！
昭告你肃穆的苍穹，
昭告你浩瀚的星辰，
昭告你初升的太阳，
大地，正万籁同声，赞美上帝！

读者会发现，哈里特·D.S.麦肯齐的作品轻松写意。她的作品以散文的形式和诗一般的语言讲述了瑞士惊心动魄的历史。没有哪个国家的历史能令人如此印象深刻。此外，书中众多的插图也很有趣。

阿瑟·吉尔曼[②]
剑桥留笔

[①] 塞缪尔·泰勒·柯勒律治（1772—1834），英国诗人、文评家，英国浪漫主义文学奠基人之一。——译者注（本书若无特殊说明，均为译者注）
[②] 阿瑟·吉尔曼（1837—1909），美国教育家。

目 录

001　第 1 章
　　　瑞士的自然特征

017　第 2 章
　　　罗马人统治下的瑞士（公元前 113 年—公元 400 年）

037　第 3 章
　　　法兰克人统治下的瑞士及早期教会（公元 400 年—公元 900 年）

055　第 4 章
　　　罗马人的国王鲁道夫一世（900 年—1291 年）

071　第 5 章
　　　反抗奥地利公国（1291 年—1307 年）

091　第 6 章
　　　莫尔加尔滕战役及八州联邦（1308 年—1353 年）

| 107 | **第 7 章**
为自由而战：旧瑞士邦联的对外战争（1353 年—1426 年） |

| 123 | **第 8 章**
雷蒂亚省起义（1427 年—1471 年） |

| 141 | **第 9 章**
与勃艮第公国的战争（1474 年—1477 年） |

| 161 | **第 10 章**
与奥地利大公国的战争（1477 年—1513 年） |

| 179 | **第 11 章**
瑞士宗教改革（1513 年—1536 年） |

| 197 | **第 12 章**
约翰·加尔文在日内瓦（1536 年—1564 年） |

| 213 | **第 13 章**
宗教动乱（1584 年—1620 年） |

| 231 | **第 14 章**
17 世纪的日内瓦（1621 年—1650 年） |

| 249 | **第 15 章**
农民起义及托根堡战争（1650 年—1712 年） |

| 263 | 第 16 章
瑞士邦联的衰落及塞缪尔·亨齐的阴谋（1712 年—1749 年）

| 275 | 第 17 章
爱德华·吉本、伏尔泰和
让-雅克·卢梭（1750 年—1789 年）

| 289 | 第 18 章
法国大革命与瑞士（1789 年—1798 年）

| 305 | 第 19 章
法兰西入侵与《调停决议》（1798 年—1803 年）

| 321 | 第 20 章
新宪法（1803 年—1830 年）

| 337 | 第 21 章
巴塞尔州分裂及瑞士与法兰西的争端（1831 年—1836 年）

| 349 | 第 22 章
新的宗教争端（1837 年—1841 年）

| 367 | 第 23 章
修道院难题（1841 年—1845 年）

| 379 | 第 24 章
分离主义者联盟战争（1847 年）

389	第 25 章
	瑞士恢复统一（1847 年—1859 年）

403	第 26 章
	19 世纪的瑞士联邦（1859 年—1871 年）

423　译名对照表

第1章

瑞士的自然特征

在欧洲地图上，瑞士的版图很小，于是，人们对这样一个小国竟能作为独立的国家存在数百年感到诧异。瑞士周边强国环伺，北部是德意志帝国的巴登-符腾堡州和巴伐利亚自由州，东北部是奥匈帝国的蒂罗尔州，南部是意大利王国的皮埃蒙特大区和萨伏依，西部则是法兰西共和国，但瑞士拥有强大的天然屏障来拱卫它的安全。这些屏障曾经帮助瑞士人击退了自瑞士建立以来的多次外敌入侵。瑞士国土的东北部流淌着一条大河，即德语诗歌中赞颂的"父亲河"——莱茵河。瑞士的东北部是风景优美的康斯坦茨湖。康斯坦茨湖位于瑞士和德意志帝国的交界处，同时与格里森阿尔卑斯山脉共同构成瑞士的东部国界。里申阿尔卑斯山脉和本宁阿尔卑斯山脉以及日内瓦湖[①]和侏罗山脉则横亘在西部，组成一个环形将瑞士与外部世界隔开。

瑞士的疆域虽然较小，但在众多领域成就斐然。瑞士国土总面积达一万五千九百八十八平方英里[②]。换句话说，瑞士国土面积仅比美国的纽约州或宾夕法尼亚州面积的三分之一或得克萨斯州面积的十五分之一

---

① 日内瓦湖，阿尔卑斯湖群中最大的一个，横跨瑞士和法国，在法国称莱芒湖。本书中有日内瓦湖和莱芒湖两种叫法，这是根据原文进行翻译的，实际是指同一湖。
② 一平方英里约为二点五九平方千米。此处为成书时瑞士国土面积。

稍大一些。经过缓慢扩张后，瑞士国土才达到如今的规模。14世纪，即"八州之邦"时，瑞士的国土面积只有五千二百零六平方英里。虽然国土面积小，但瑞士有群山环绕。山脉雄伟壮丽不可言喻，层峦叠嶂、变化无穷又气势恢宏。瑞士境内的格里森阿尔卑斯山脉、里申阿尔卑斯山脉和本宁阿尔卑斯山脉不仅各自拥有雄奇的山峰，而且山势构造各不相同。高大的山脉以花岗岩为核心，往上是片麻岩和云母板岩。大圣伯纳德山口主要由石灰岩构成，而另外一些山脉则主要由粗糙的砾岩构成，如劳斯贝格山和瑞吉山就以松散的砂岩为主。

大圣伯纳德山口

圣哥达山口

圣哥达山口虽然最高峰不足一万英尺[1]，远不如相邻的瓦莱州内的山脉高大，但依然是瑞士意大利语区的荣耀。瓦莱州内屹立着雄伟的大圣伯纳德山口和辛普朗山口。两座山的海拔都是一万一千英尺，都因倾注了"以人力使天堑变通途"而闻名。此外，瓦莱州内还有海拔超过一万五千英尺的罗莎峰，山顶白雪皑皑，光彩夺目，山脚的冰川秀丽无比。更令人惊讶的是，罗莎峰后还有位于意大利共和国边境的如冷峻哨兵般矗立的策马特峰和马特洪峰，而马特洪峰的最高峰的高度令人望而生畏。在平均海拔一万一千英尺的群山中，马特洪峰的最高峰跃然而出，并高出群山的平均海拔近四千英尺。马特洪峰的最高峰表面光滑得像一座"方尖碑[2]"。

---

[1] 一英尺约等于零点三零四八米。
[2] 方尖碑，古代埃及和西亚常见的一种纪念碑，形状狭长，碑体四方，顶部呈金字塔状。

本館鳥瞰図

罗莎峰

传说永世流浪的犹太人[①]和波斯帝国国王亚哈随鲁[②]都曾深入马特洪峰的无人之境。他们登上了马特洪峰峰顶，并发现了一座隐藏在茂密森林中的美丽城市。自古以来，这里的居民就将马特洪峰当作"心目中的天堂"，甚至是"真正的天堂"。这里确实是人们梦想中的天堂——遍地都是奶酪、黄油和可以架桥的麦辊。传说一位猎人曾经偶然闯入这片圣地，并在这里发现了肥美的野山羊和羚羊。但他只能每隔二十年进去一次，并且不能带走任何猎物。

马特洪峰

[①] 永世流浪的犹太人，一般指中世纪基督教传说中的人物阿哈斯佛卢斯。
[②] 亚哈随鲁，基督教《圣经》中的中亚地区的波斯帝国国王。

撒开传说不谈，虽然长期以来人们认为马特洪峰无法攀登上去，但仍然不断有人尝试。1865年夏天，19世纪最勇敢的登山家爱德华·温珀[①]和同伴曾登上马特洪峰峰顶。虽然六名同伴中有四名在下山过程中丧生，爱德华·温珀也因恐惧而不敢再次攀登马特洪峰，但他们已经给大家指明了方向。后来的人们便开始追随爱德华·温珀的步伐。甚至有一位十八岁的年轻姑娘也完成了登顶马特洪峰的壮举。至此，阿尔卑斯登山俱乐部[②]将马特洪峰列入了要征服山峰的名单里。

爱德华·温珀和同伴攀登马特洪峰

① 爱德华·温珀（1840—1911），英国登山家、探险家，曾经带领队伍首次登顶马特洪峰。
② 阿尔卑斯登山俱乐部，遍布世界各地，最早为1857年成立于伦敦的阿尔卑斯登山俱乐部。

施雷克峰

　　位于伯尔尼高地的施雷克峰海拔一万三千三百七十九英尺。一群稍低的山峰环绕在它周围，包括威尔霍恩峰、韦特霍恩峰、施奈霍恩峰、弗尔峰、奥伯拉霍恩峰和芬斯特腊尔霍恩峰。每一座山峰都见证着关于勇敢、灾难和死亡的故事。登顶的人中，有的克服了自身障碍，有的推动了科学发展，有的甚至失去了生命。在这些山峰中，每年都有许多可怜的牧羊人和搜寻水晶的人失去生命。由于其他行业日渐凋零，他们不得不从事着危险的贸易。伯尔尼高地的洞穴特别是弗林肯贝格地区的著名洞穴中似乎蕴藏着取之不尽的水晶。多年来，这里一直流传着这样的句子——

　　　　苦寒严霜里，绳索荡山行，
　　　　星光灿烂洞，采撷璀璨晶。

地处伯尔尼兹阿尔卑斯山脉的瑞吉山曾经是游客们最希望登顶的山峰，现在则可以坐火车到达。与过去截然不同的是，曾经的每一位登山者都会得到两位教皇的称颂。瑞吉山曾经荒无人烟，如今却建有一家精品酒店。再往前，在博德利地区绵延不断的山峦中，矗立着海拔近一万四千英尺的少女峰。少女峰不仅宁静秀美，而且具有令人震撼的景象，象征着无与伦比的高贵灵魂。

瑞士最大的河流都发源于格劳宾登州和瓦莱州山脉。首先是"德意志圣河"——莱茵河。莱茵河由前莱茵河和后莱茵河等众多支流汇聚而成，然后向东流淌又汇聚了普莱苏尔河、兰德夸特河和塔米纳河，到边境萨尔甘斯时汇聚成了一条大河，流入康斯坦茨湖，这也是瑞士的东部国界。

少女峰

罗讷河、罗伊斯河、提契诺河和阿勒河等瑞士的主要河流都流经大圣伯纳德山口。

> 迅捷的罗讷河穿山越岭，
> 如同缠绵恨别的恋人，
> 河水深深地冲蚀着山峦，
> 仿佛是为诀别而留下印记。
> ——乔治·戈登·拜伦《恰尔德·哈罗德游记》

有时，河水会涨出六十英里①长的狭窄山谷外，变成洪水。洪水经常对瓦莱州造成巨大破坏——房屋甚至村庄被洪水冲走，人畜在洪水中丧生。在瑞士，罗讷河几乎所有的河道都要经过瓦莱州并从西南方向流到小镇马蒂尼，然后向西北方向一直流入日内瓦湖。瓦莱州人烟稀少，州

马蒂尼

---
① 一英里约合一千六百零九米。

内居民自然而然地沿河而居。在圣莫里斯市，山谷突然变窄，而分列在河两岸的伯尔尼兹阿尔卑斯山脉和本宁阿尔卑斯山脉几乎连在了一起。以前，这一通往瓦莱州的入口每晚都禁止通行。

> 沿罗讷河逆流而上，
> 望见河水自阿尔卑斯山脉急流而下，
> 流入一片世外桃源：
> 群山合拢，山水连成一片。
> ——塞缪尔·罗杰斯《意大利》

瑞士的冰川和山脉一样壮美。巨大的萨伏依冰川自不必说，瑞士的宏伟山脉间还分布着无数小冰河。这些小冰河汇入更大的溪流和河水。仅伯尔尼高地就拥有芬斯特腊尔冰川、奥伯拉尔冰川和罗森劳伊冰川等瑞士最美丽的冰川。此外，瑞士还有绵延十二英里的格林德瓦冰川。冰川顶部的冰雪细腻纯净。冰川上到处都是晶莹剔透和如梦如幻的冰窟。罗纳冰川在瓦莱州还只是冰湖，一到格莱奇山谷就变成了雪原，并掩埋了罗讷河的源头。恩加丁山谷的莫尔特拉奇冰川则以大量冰桌和冰块的形式出现，因而下部冰川可以免受阳光和雨水的侵蚀。因此，虽然周围的冰块逐渐融化，但莫尔特拉奇冰川底部依然有冰座支撑。这个过程蕴含着稳定的变化规律。巨大的冰块持续不断地缓慢运动，其中一些每天可以移动八英寸。因冰川的推进，瑞士一部分地区的山路逐渐被堵塞，而在另一些地区，山脉高处的冰川则逐渐消融。

阿尔卑斯山脉和侏罗山脉矿产丰富。除了水晶、石榴石和黄玉，罗讷河和罗伊斯河的沙石中还蕴含着上游冲刷下来的金粒。格劳宾登州曾经出产铅矿和铜矿，至今仍出产铁矿。瑞士部分州出产雪花石膏、大理石、玄精石和沥青。图恩湖附近出产硫黄。沃州出产岩盐。瓦莱州的洛

薩伏依冰川

罗纳冰川

伊克镇、阿尔高州的巴登地区以及格劳宾登州的圣莫里茨镇和普费弗斯都有矿泉分布。

因纬度较高，这里的天气——更确切地说是气候，也十分恶劣。因此，瑞士虽然国土狭小，但同时拥有最极端的酷暑和严寒天气。事实上，瑞士的国土按植被分布可划分为七个不同区域。瑞士地理环境多样，有葡萄产区，有终年积雪仅有少量地衣可以存活的高山，有海拔一千七百英尺以上仍有藤蔓生长的高原，也有生长着茁壮核桃树的山区。山峦高处既有盛产谷物的田地，也有水草肥美的牧场。一片松树林环绕其间，然后才来到阿尔卑斯山脉最高处。山峦高处的牧场生长着矮小的植被，很适合季节性放牧。在这个被低矮植被覆盖的区域，一年当中除了五六个星期是夏季，其他时间都是冬季。

瑞士是个半山上的国家，地势高低起伏。从西南部的日内瓦湖到东北部的康斯坦茨湖，绵延一百三十五英里。瑞士的湖泊和城市都分布在高原上。瑞士不仅湖泊数量众多，而且湖泊的风景都美不胜收。譬如东北部的康斯坦茨湖和众多的其他湖泊，如苏黎世湖、卢塞恩湖、楚格湖、瓦伦湖①、布里恩茨湖、图恩湖、比尔湖、纳沙泰尔湖和莱芒湖及阿尔卑斯山脉以南的卢加诺湖和马焦雷湖。这些湖泊赋予瑞士主要城市优美的景色。日内瓦市和洛桑市都在莱芒湖畔，而纳沙泰尔市、图恩市、卢塞恩市、苏黎世市和康斯坦茨市也都以湖命名。各城市中聚居着熙来攘往的居民。1870年人口普查时，瑞士有二百六十六万九千二百四十七人，而上述这些城市的人口就占据了较大比重。瑞士的二十二个州和六个半州②的人口分布极其不均衡。作为瑞士的首都，伯尔尼市的人口数

---

① 瓦伦湖，瑞士境内较大湖泊之一，约三分之二湖面在圣加仑州，三分之一湖面在格拉鲁斯州。
② 六个半州，1848年至1978年期间，瑞士联邦分为二十二个州和六个半州，六个半州分别指原翁特瓦尔登州分裂成的上瓦尔登州和下瓦尔登州；原巴塞尔州分裂成的巴塞尔城市州和巴塞尔乡村州；原阿彭策尔州分裂成的内阿彭策尔州和外阿彭策尔州。

苏黎世湖

约占瑞士总人口的五分之一。内阿彭策尔州只有一万一千人。翁特瓦尔登州分裂成的两个半州，上瓦尔登州的人口数不到一万四千人，而下瓦尔登州则只有一万一千人。在不同历史时期，瑞士人曾因存在两种宗教信仰而存在分歧、相互对立。其中，新教教徒将近五十万人，罗马天主教教徒则有一百零八万四千五百二十五人。1870年时，有一百零九万五千四百四十七人完全或部分以务农为生。工厂可以为他们提供二十多万个就业机会。也有一定数量的人从事多种手工业。瑞士全国有七千所公立学校，培养的学生有四十万人，并且实施七岁到十四岁的义务教育——强制性教育。经济也变得更加繁荣。几乎所有州的公共财产都超过了公共债务。

在三种种族出身中，瑞士人仍然可以根据他们所使用的不同语言追溯各自的谱系。讲德语的家族有三十八万四千五百三十八个。讲法语的家族有十三万三千五百七十五个。而讲罗曼什语[①]——南方各州使用的拉丁语变体的这一语言的家族只有八千七百七十八个。虽然随着与外部世界交流的增加,罗曼什语逐渐被淘汰,但在南方各州的中心地带,特别是格劳宾登州,罗曼什语还是得到了很好的传承。格劳宾登州的报纸和书籍仍然使用罗曼什语。萨梅丹的一位牧师曾经将整本《新约圣经》翻译成罗曼什语。下面一段文字样本就摘自《路加福音》[②]第二章第九节:

E mera un anngel del Segner als comparit, e la gloria del Segner splendtirit intuorn els; ed els truettan fich.

讲罗曼什语的人一般是里申阿尔卑斯山山谷的牧羊人和农民。这些人中有一些勇猛的猎人,可以猎取隐蔽在山谷中的野兽。因此,他们再也不需要像老主教阿德里安那样,为消灭凶恶的熊和狼而悬赏了。也正是从这些人身上,人们可以看到早期在荒野中求生的瑞士人的身影。

[①] 罗曼什语,瑞士格劳宾登州方言,1938年前的瑞士人的官方语言。
[②] 《路加福音》,是《新约圣经》正典中的四福音书之一。这本福音书记述了耶稣一生的生活,详细记载了他的降生、工作、受难与复活等相关事迹,最后以耶稣升天结束。为四部福音中对耶稣出生前及童年生活描述最详细的一部。

第 2 章

罗马人统治下的瑞士

（公元前 113 年—公元 400 年）

瑞士联邦虽然刚刚成立不久，但在历史上也曾发生过几次大规模战争。也正因为这些战争，瑞士国民才未曾遭受野蛮侵略和外国的暴政，以及国内阴谋和分裂威胁的荼毒。瑞士也有它的"温泉关"[①]和"阿波马托克斯"[②]。在战争面前，瑞士人既没有灰心丧气，也没有丧失对敌人的仁慈。瑞士的许多地区曾经由皇帝和大公及贵族和工人阶级轮流统治。其中一个州向全世界展现了一幕奇怪的景象——州内竟然有一座城市还在沿用古老的犹太神权统治方式。

总而言之，这是一片"你方唱罢我登场"的土地，也是一片公平而友好的土地。

虽然历经种种变化，但瑞士追寻自由的步伐一直很坚定。或许，除了森林州——乌里州、施维茨州和翁特瓦尔登州，以及阿彭策尔地区的露天议会[③]，世界上根本就不存在纯粹的民主。世界上或许也没有比瑞士学校更讲平等的地方了。瑞士教师的目标并不是在"侏儒"中培养一个巨人，而是尽可能地对所有"侏儒"都进行培养。他们的国家虽然没

---

① 温泉关，波斯大军进攻希腊时，斯巴达三百勇士在此死守。
② 阿波马托克斯，美国南北战争时期南方向北方投降而结束内战的地点。
③ 阿彭策尔地区举行的地方选举或许是全球最直接的民主选举。这种选举通过举手表决的方式选出地方领袖和法官。

有出现"恺撒",但出现了千千万万个"威廉·退尔"①,因此,瑞士人也非常自豪。

我们不禁会注意到瑞士人和美国人之间的某些共同点。两国国民都具有矢志不渝的毅力、遵纪守法的意识和临危不乱的决心。

和美国一样,瑞士一直是信仰不同宗教的人们以及政治受压迫者的避难所,也一直在为那些被不够宽容的国家驱逐或因为外国侵略而背井离乡的受压迫者提供庇护。这种流亡者也正是瑞士这块贫瘠的土地上最早的定居者。

希罗多德

---

① 威廉·退尔,曾领导瑞士人民反抗哈布斯堡王朝统治,是瑞士民间传说中的英雄。

居鲁士二世

希罗多德[①]曾描述道，在波斯帝国国王居鲁士二世[②]征服福基斯人之后，一小部分福基斯人放弃了故土，航行到罗讷河口附近，建立了马西利亚城[③]。后来，其中一支福基斯人沿着罗讷河继续前进，直到越过侏罗山脉来到凯尔特人的隐世之地。[④]这个地方旁边有一片大湖，凯尔特人将这片大湖称作"荒野之湖"。凯尔特人沿着河水缓慢前进，一直来到一个狭窄的山谷——"永夜中的黑暗居所"，即罗讷河谷。罗讷河经由罗讷河谷流入日内瓦湖。凯尔特人还曾迁徙到罗讷河和罗伊斯河谷深处并

---

① 希罗多德（公元前484年—公元前425年），古希腊作家、历史学家，著有《历史》一书。
② 居鲁士二世（公元前600年—公元前530年），即居鲁士大帝，波斯帝国的缔造者。
③ 马西利亚城，古代地中海沿岸希腊殖民城邦，位于高卢罗讷河三角洲，即今法国马赛。
④ 罗马帝国时期，欧洲中部的凯尔特人来到瑞士国土。

看到了加伦施托克山高耸的山峰。加伦施托克山是大圣伯纳德山最高的山峰，凯尔特人将它称作"太阳之柱"。加伦施托克山至今依然名副其实，山的周围有三座闪闪发光的冰川，山脚是不计其数的水晶和黄玉，唯独移民者的足迹已经消失不见。直到公元前113年，这批移民者才再次出现，他们就是赫尔维蒂人[①]。

赫尔维蒂人

[①] 赫尔维蒂人，塞尔特民族，公元前2世纪受日耳曼人的压迫，从现在德国南部迁徙至瑞士北部。

盖乌斯·马略

当时，凯尔特人的两个部落——提古林尼部落和图格尼部落[①]——的人加入了辛布里人[②]和条顿人[③]的队伍，并共同入侵了罗马共和国行省。在马西利亚附近，部落联军虽然打败了一支由罗马共和国执政官盖乌斯·马略统率的部队，但当他们发现另一支敌军正越过阿尔卑斯山脉，准备从后方袭击他们时，只能匆忙回去保卫故土。部落联军由名为狄维科[④]的年轻首领率领。狄维科是第一个有文字记载的瑞士人名。在罗讷河流入日内瓦湖的地方，狄维科的军队遭遇了罗马共和国执政官卢修

---

① 均为凯尔特人的分支，苏黎世和楚格市名称由此而来。
② 辛布里人，日耳曼部落，起源于斯堪的纳维亚半岛。
③ 条顿人，古代日耳曼人中的一个分支。
④ 狄维科曾率领赫尔维蒂人抗击罗马共和国军队。

狄维科率军击败罗马人，俘获众多，卢修斯·卡西乌斯·朗基努斯的头颅被挑起

斯·卡西乌斯·朗基努斯[①]的部队。罗马人再次被这个当时不为人知的野蛮民族击败。执政官卢修斯·卡西乌斯·朗基努斯和随从当场丧命，而其他人则被俘虏并向对方投降。罗马人感到极度震惊和恐惧。不久，尽管第三支罗马共和国执政官的部队再次战败，但部落联军并未乘胜追击。或许，在那时"独立自由的精神"就已经萌芽。尽管这种精神让赫尔维蒂人在保卫家园时立于不败之地，但他们并没有野心去开疆拓土。

---

① 卢修斯·卡西乌斯·朗基努斯（？—公元前107年），公元前107年与盖乌斯·马略同时担任罗马执政官，后前往高卢，反对日耳曼部落联盟的迁移，最终遭伏击身亡。

约一个半世纪后，伯尔尼州议会曾宣称"一小股瑞士人就抵得上一支军队"，"在我们的国土上，只要背靠宏伟的群山，我们就可以对抗全世界"。赫尔维蒂人与罗马人的战争断断续续，直到盖乌斯·马略两次击败赫尔维蒂人。盖乌斯·马略仅满足于拯救罗马共和国，并没有深入山区冒险追击。在战争的最后阶段，这支由辛布里人和赫尔维蒂人组成的步兵队伍形成了"长矛兵"，而骑兵则身披铁甲、手持盾牌、头戴战盔。这表明他们当时就已经掌握了一定的金属锻造知识。

向罗马人投降是赫尔维蒂人历史上的一件大事。在罗马共和国最伟大的将领盖乌斯·尤利乌斯·恺撒的传记中，我们可以了解到战争的前因后果。公元前58年，正值盛年的盖乌斯·尤利乌斯·恺撒奉命到罗马共和国西部边境指挥军队作战。这是一个关键时刻，因为赫尔维蒂人正准备

盖乌斯·尤利乌斯·恺撒

执行一项由首领奥吉托里克斯①极力促成的特别决议。因为日耳曼人②从北方边境不断施压,赫尔维蒂人决定离开狭窄的山谷,去加龙河和卢瓦尔河之间的肥沃的比斯开湾定居。赫尔维蒂人的这一计划已经筹备了两年。赫尔维蒂人连续两年粮食丰收。如今,赫尔维蒂人开始用牛车转移老弱妇孺。在将村庄付之一炬后,赫尔维蒂人开始迁徙。加上后来加盟的各个部落,迁徙人数达到三十六万八千人,其中有九万两千名彪悍的勇士。

没有援军的盖乌斯·尤利乌斯·恺撒手中只有一支军团可以抵挡这支赫尔维蒂人的军队。如果赫尔维蒂人成功转移,那么日耳曼人将立即鸠占鹊巢。而罗马人将日耳曼人看作是和高卢人③一样的野蛮人,并对他们恨之入骨。赫尔维蒂人只有两条路可以抵达西部:一条路是罗讷河和侏罗山脉之间的狭窄通道——勒克吕斯要塞;另一条路则要经过罗马共

奥吉托里克斯

---

① 奥吉托里克斯(? —公元前61年),高卢战争期间赫尔维蒂人中名望最高、最富有的人。
② 日耳曼人,指莱茵河以东的所有部落民族,被罗马人称为"野蛮人"。
③ 高卢人,约公元前5世纪至公元3世纪时居住在高卢的凯尔特民族。

日耳曼人

和国萨伏依行省——这是一条捷径。盖乌斯·尤利乌斯·恺撒认为绝对不能让这么一大群人穿过萨伏依行省,于是立即采取行动。盖乌斯·尤利乌斯·恺撒率军匆忙赶到马利西亚和军团会合后,直接朝着日内瓦进军。盖乌斯·尤利乌斯·恺撒率军派人摧毁了赫尔维蒂人必经的一座桥梁。桥梁刚被摧毁,赫尔维蒂人便前来要求放行。盖乌斯·尤利乌斯·恺撒明白,即使自己不答应放行,赫尔维蒂人也可以从其他几个地方过河。盖乌斯·尤利乌斯·恺撒推迟了两个星期才做出答复。然而在这两个星期的时间里,盖乌斯·尤利乌斯·恺撒命人在每个渡河点建起了围墙和堡垒。公元前58年4月15日,盖乌斯·尤利乌斯·恺撒宣布禁止赫尔维蒂人进入萨伏依行省。赫尔维蒂人猛烈进攻对方的堡垒,并试图用船渡河,但都以失败告终。他们不得不选择从勒克吕斯要塞撤退。

萨伏依行省虽然暂时安全了，但如果没有更多的援军，就无法阻止赫尔维蒂人的进攻。于是，盖乌斯·尤利乌斯·恺撒返回伦巴德王国召集了三个旧部，并组建了两支新军团，同时以迅雷不及掩耳之势越过蒙热内夫尔山口，回防勒克吕斯要塞。当到达里昂附近的河流时，盖乌斯·尤利乌斯·恺撒的军队发现了二十多天来一直在试图横渡索恩河的赫尔维蒂人。于是，盖乌斯·尤利乌斯·恺撒命令军队用一天时间跨河架桥。看到六支罗马军团在他们面前列阵，赫尔维蒂人顿时吓得魂飞魄散，只好求和。赫尔维蒂人的首领奥吉托里克斯死在途中。他们军队的指挥权落在了年老体衰的狄维科手中。狄维科虽然与盖乌斯·尤利乌斯·恺撒举行了会晤，但无法接受盖乌斯·尤利乌斯·恺撒提出的条件——赫尔维蒂人必须原路返回、赔偿罗马军队在行军途中造成的损失，并交出人质以示屈服。于是，狄维科表示宁死不降，并立即恢复进军。

粮草不足的盖乌斯·尤利乌斯·恺撒暂时没有攻击赫尔维蒂人，而是领兵前往贝弗雷山上的比布拉科特。不幸的是，赫尔维蒂人误以为盖乌斯·尤利乌斯·恺撒是在率军撤退，于是开始追击罗马人。赫尔维蒂人的做法正中盖乌斯·尤利乌斯·恺撒下怀。经过一场从中午持续到晚上的白刃战后，赫尔维蒂人溃不成军，士兵伤亡过半，剩下的妇孺被迫投降。盖乌斯·尤利乌斯·恺撒表现出极大的善意，他允许少数赫尔维蒂人在高卢定居，并将其余的赫尔维蒂人送回故土，同时为他们提供食物直至下一年的收获时节。赫尔维蒂人重建了废弃的村庄并以"罗马盟友"的身份继续生活，同时用这一身份避开北方的日耳曼人。法兰西哲学家米歇尔·艾奎姆·蒙田[①]曾经说过："盖乌斯·尤利乌斯·恺撒给赫尔维蒂人留下了亲切和仁慈的印象。"

这所谓的"山地人的独立"只维持了六年。此后，赫尔维蒂人便无

---

① 米歇尔·艾奎姆·蒙田（1533—1592），法兰西文艺复兴时期最具影响力的哲学家之一，以将随笔作为一种文学体裁而闻名，以《随笔集》三卷留名后世。

狄维科与盖乌斯·尤利乌斯·恺撒举行会晤

条件地成了罗马共和国的臣民。不幸的是，住在罗讷河谷的居民依然奉行随心所欲的思想，并不断抢劫途经阿尔卑斯山脉各个山口的意大利商人。为了遏止罗纳河谷居民的违法乱纪行为，罗马人在马蒂尼附近安营扎寨。不久，罗马人的营地就遭到了罗讷河谷野蛮居民的猛烈攻击。罗马将领塞尔维乌斯·苏尔皮基乌斯·加尔巴①被迫撤退，并驻扎在了日内瓦附近。罗讷河谷居民也付出了沉重的代价，损失了一万人。

塞尔维乌斯·苏尔皮基乌斯·加尔巴

① 塞尔维乌斯·苏尔皮基乌斯·加尔巴（公元前3年—公元69年），出身于罗马古老的名门望族，在尼禄自杀之后成为罗马帝国的皇帝。

住在莱茵河上游河谷的雷蒂亚人设法躲避了罗马帝国几年的统治。雷蒂亚人曾经是生活在意大利的托斯卡纳人或伊特鲁里亚人。他们住在阿诺河谷，以"彬彬有礼"和"生活奢侈"而闻名。因为高卢人的入侵，雷蒂亚人被迫离开故国在阿尔卑斯山脉的荒野间避难，并随征服者一起逐渐改变了生活习性。而根据现代理论推测，这种习性的改变应该只是气候和自然环境影响的结果。

即便历经巨变，雷蒂亚人依然忠实地保留了他们的古老语言。因此，直到如今，恩加丁河谷的拉登语和阿尔卑斯山脉北坡的罗曼什语依然和两千年前基本一样。罗马人不会对雷蒂亚人放任不理。公元前16年，罗马帝国盖乌斯·屋大维·图里努斯①派军队镇压雷蒂亚人，并几乎

盖乌斯·屋大维·图里努斯

---

① 盖乌斯·屋大维·图里努斯（公元前63年—公元前14年），罗马帝国的开国君主，即盖维斯·屋大维·奥古斯都。

摧毁了他们。在战役中，甚至连雷蒂亚妇女都赤膊上阵保家卫国。一败涂地时，雷蒂亚妇女将年幼的孩子扔向罗马士兵，然后冲上前去迎接死亡。最后，一小部分雷蒂亚人渡过莱茵河，并躲在了罗马人鞭长莫及的喀尔巴阡山脉中。

在罗马人的统治下，赫尔维蒂开始出现一些特色产业，加上赫尔维蒂人的坚定勇敢，这些造就了瑞士后来的面貌。在罗马人长达一百年的和平统治下，瑞士取得了很大的进步，交通四通八达，十分便利。赫尔维蒂人砍伐森林，开垦土地，并将木材出售到莱茵河下游。在盖乌斯·屋大维·图里努斯的长期统治下，城镇也如雨后春笋般出现，而且城镇的罗马化程度非常高。盖乌斯·屋大维·图里努斯死后，人们还修建了众多庙宇来供奉他。赫尔维蒂人的各大家族一般都会在他们的名字中加入高贵的罗马名字。他们的公共纪念设施也都是为向高贵的罗马人致敬而修建的。然而，他们本族领袖狄维科的名字却几乎被人遗忘。赫尔维蒂人的"民族之光"被罗马帝国的光辉掩盖。一方面，居住在罗马的赫尔维蒂人背井离乡，却只有极少数人因血缘获得特权。另一方面，罗马帝国元老院①的议员们则因公事或消遣前往各行省，并被授予特使头衔。这些人既无所事事，又颐指气使地盘剥当地人民。各行省的人民无法忍受这种重压。然而，特使们却不满足于奢靡的生活，仍然逐新趣异、予取予求，甚至覆宗灭祀和夺取寺庙中的神像。此外，各行省的税收由公职人员收缴，之后按惯例移交给征税官，这使人民的负担更加繁重。

虽然困难重重，赫尔维蒂依然在蓬勃发展，但在此时，罗马帝国内乱②开始了。腐败的罗马军团③曾多次参与杀害历代罗马皇帝。然而，赫尔维蒂人并不了解统治者的更替。这种无知给他们带来了灾难。罗马帝

---

① 元老院，罗马帝国的一种审议团体，由氏族的豪门贵族长老组成，有权批准和认可法律。
② 罗马帝国内乱，指罗马帝国前期的"四帝之年"，公元69年这一年中先后更换了四位皇帝。
③ 罗马军团，通常指古罗马帝国时期招募罗马公民构成的军队基本单位。

罗马军团石雕

国国内第二十一饕餮军团①部分从属并已拥戴奥鲁斯·维特里乌斯·日耳曼尼库斯②为皇帝。然而，赫尔维蒂人并不知道塞尔维乌斯·苏尔皮基乌斯·加尔巴皇帝已死，还以为奥鲁斯·维特里乌斯·日耳曼尼库斯反叛，便逮捕了拥护奥鲁斯·维特里乌斯·日耳曼尼库斯的百夫长和士兵。

"这不仅是犯罪，而且是一种愚蠢。"③在这些"乡巴佬"——赫尔维蒂人——悬崖勒马并幡然悔悟之前，罗马军团首领立即指挥军队包围了赫尔维蒂人，并下令"胆敢反抗者，格杀勿论"。军团复仇的细节史

奥鲁斯·维特里乌斯·日耳曼尼库斯

---

① 饕餮军团，由盖乌斯·屋大维·图里努斯都创建的罗马帝国军队，曾经参与镇压雷蒂亚人起义。
② 奥鲁斯·维特里乌斯·日耳曼尼库斯（15—69），罗马帝国第八位皇帝。
③ 当时的罗马军团首领凯奇纳说的。

提图斯·弗拉维乌斯·维斯帕西亚努斯

料记载虽然不详,但对阿旺什人的赶尽杀绝是可以肯定的。因此,罗马皇帝提图斯·弗拉维乌斯·维斯帕西亚努斯①不得不将老兵驻扎在此以繁衍生息。一个半世纪之后,在阿旺什的废墟下,人们发现了一块用来祭奠那场惨祸②的纪念碑。在罗马军团首领凯奇纳率军逼近时,阿旺什人曾派使者去求和,但凯奇纳坚持让阿旺什人无条件投降,并处决了首席行政长官盖乌斯·居流士·阿尔皮奴斯·克拉西西安奴斯③。

---

① 提图斯·弗拉维乌斯·维斯帕西亚努斯(9—79),罗马帝国第九位皇帝。
② 指贝德里亚库姆战役中,罗马军队统帅凯奇纳率军屠杀阿旺什人。
③ 盖乌斯·居流士·阿尔皮奴斯·克拉西西安奴斯,曾领导阿旺什的赫尔维蒂人抗击凯奇纳统领的罗马军团,后被处死。

> 孤寂的墙边有一根孤寂的柱,
> 带着饱经岁月的沧桑与哀伤。
> 这柱是岁月涤荡的最后残迹,
> 仿佛一个呆若木鸡的石头人,
> 眼神狂野,而又困惑。
> 它是一个奇迹,永远屹立不朽。
> 而同时期人类创造的亚凡谛根城,
> 虽曾令人骄傲,却已被夷为平地,
> 化作尘泥,无影无踪。
>
> 啊!就在这里,那千古流芳的姑娘——
> 孝女朱丽叶将青春奉献给了神明!
> 她的一片孝心,就像日月之光。
> 在父亲的坟前,她伤心欲绝。
> 法律无情——法官只讲法令,
> 怎会在乎她为父亲洒下的泪珠,
> 怎会在乎她为无法挽救的人绝命。
> 他们的坟墓素朴亦没有雕像,
> 里面埋葬着一个灵魂、一颗心和一具尸骨。
>
> ——乔治·戈登·拜伦《恰尔德·哈洛德游记》

虽然罗马士兵将巴登城洗劫一空,并扬言要屠城,但经过长时间的议和后,赫尔维蒂人最终得到怜悯。提图斯·弗拉维乌斯·维斯帕西亚努斯登基后,和平时代终于来临。提图斯·弗拉维乌斯·维斯帕西亚努斯的父亲是商人,并曾在赫尔维蒂人身上大发横财。或许,这就是提图斯·弗拉维乌斯·维斯帕西亚努斯对赫尔维蒂抱有浓厚的兴趣,并不遗余力地恢复赫尔维蒂的繁荣的原因。和平存续了一百年。在这一百年里，赫尔维蒂人中涌现出了许多科学领域的著名教授。盖乌斯·普林尼·塞孔都斯[①]曾经在书中汇总了不同的学者对阿尔卑斯山脉中稀有动物、鱼类、植物和矿物质的描述。其他作家则关注到赫尔维蒂人在农业上的进步，对赫尔维蒂出产的奶酪和雷蒂亚葡萄酒赞赏有加，而旅客们则谈论他们的城镇和公共纪念碑，谈论向万神殿[②]诸神致敬的庙宇，谈论每一座山和每一棵树的历史，也谈论逝者的精神。

盖乌斯·普林尼·塞孔都斯

[①] 盖乌斯·普林尼·塞孔都斯（23—79），世称老普林尼，古罗马博物学家，著有《自然史》一书。
[②] 万神殿，又译万神庙，位于意大利首都罗马，古罗马时期的宗教建筑，是古罗马时期重要的建筑成就之一。

一代又一代的赫尔维蒂人就这样繁衍生息。他们曾经的欢乐与悲伤我们不得而知。然而，和平与进步的时代即将中断，一场灾难即将降临到赫尔维蒂人身上。到现在也没有人知道，公元3世纪到5世纪，在涌入罗马帝国的野蛮大军中，究竟是哪一支军队摧毁了赫尔维蒂。在那个可怕的时期，人们对国家灭亡的现象已经司空见惯。对整个世界而言，国家的更迭也已无足轻重。只剩下一个确凿无疑的事实，即公元400年后，赫尔维蒂这个名字已经成为历史。

第 3 章

法兰克人统治下的瑞士及早期教会

（公元 400 年—公元 900 年）

在西罗马帝国垂死挣扎的漫长时期里，赫尔维蒂也已奄奄一息。公元400年，赫尔维蒂逐渐摆脱了西罗马帝国的威胁。赫尔维蒂零星混居着汪达尔人、勃艮第人、阿勒曼尼人、东哥特人、法兰克人和伦巴第人。

汪达尔人

当"上帝之鞭"阿提拉①率领五十万大军从地球另外一端突然出现在欧洲时,赫尔维蒂才再次从废墟中恢复过来。匈人暴戾恣睢。人们虽然对降临在赫尔维蒂人身上的最后一场灾难所知甚少,但灾难带来的毁灭是有目共睹的。

约5世纪末,赫尔维蒂分裂成三部分,阿勒曼尼人占据北部——雷蒂亚,包括施瓦本和蒂罗尔;如今的瑞士联邦中部和东南部属于东哥特人;勃艮第人则定居在侏罗山脉两侧,即如今的法语区和罗曼什语区。

"上帝之鞭"阿提拉

---

① 阿提拉(406—453),古代欧亚大陆匈人最为人熟知的领袖和皇帝,曾与西罗马帝国开战,后攻陷西罗马帝国首都并赶走了西罗马帝国皇帝。史学家称其为"上帝之鞭"。

然而，在这三个地区，赫尔维蒂的新主人们采取了截然不同的统治方式。作为纯粹的征服者，阿勒曼尼人制定的一切法律都为自身服务。他们还饲养水牛、牡鹿和牧羊犬及能提供美味食物的母马。在雷蒂亚，不仅古罗马的堡垒得以保留，新的堡垒也建立起来。相比之下，东哥特人的统治方式更加温和。虽然强势的东哥特王国伯爵们以东哥特王国国王的名义统治着脚下的山谷，但赫尔维蒂人可以保留自己的众多习俗。与此同时，奴隶制渐渐松动。然而，占据侏罗山脉两侧的勃艮第人展现出了前所未有的宽容和仁慈。他们不仅将三分之一的田地、一半的森林和菜地，以及三分之二的奴隶留给赫尔维蒂人，而且对境内的所有风俗和语言兼收并蓄。最终，勃艮第人和赫尔维蒂人融为一体。勃艮第第一王国的君主贡都巴德①制定了法典，对本地人、罗马人和其他外来人一视同仁。

贡都巴德

---

① 贡都巴德（452—516），曾为西罗马帝国贵族，勃艮第第一王国国王，474年到516年在位。

此外，贡都巴德还重建了之前在罗马波斯战争中两次遭到毁坏的日内瓦。贡都巴德的侄女克洛蒂尔达就是从日内瓦的古老城堡嫁给法兰克王国国王克洛维一世①的。迫于强大的邻居的淫威，贡都巴德只好将侄女下嫁，并赠送了一枚金币、一个硬币和一枚戒指作为贺礼。克洛蒂尔达走出香闺，穿过古堡的大门，坐上一辆由四头牛拉着的车，开始了她漫长的旅程。

不久，克洛维一世征服了新娘的故土并吞并了施瓦本和赫尔维蒂。公元550年，经过多次分裂的法兰克王国得以再次统一。

克洛蒂尔达

---

① 克洛维一世（466—511），法兰克人的第一个国王，统一了所有法兰克部落。

克洛维一世

根据语言和风俗的不同，法兰克人再次将赫尔维蒂一分为二。在法兰克人的统治下，封建制度迅速发展。大片土地永久归贵族家庭所有。在贵族之下，各地又被分封给领主或伯爵，再往下又有封臣①。封臣负责掌管封地或采邑②。每年3月月初，贵族都会召开一次会议，制定法律，以加强对包括公民、自由民和奴隶在内的下层阶级的治理。奴隶虽然可以拥有空闲时间，但必须为主人提供鸡蛋、鸡和面包等食物。奴隶仍然只是私

---

① 封臣，泛指封建社会封建主的下属，通过封地维持关系。
② 采邑，西欧封建土地所有制形式之一，由封建主分封给封臣的土地称为采邑。

有财产。主人可以惩罚、赠送或随意出售奴隶。奴隶之间不存在婚姻关系，随意结合。奴隶的子女也仍然是主人的财产。关于奴隶制度，海因里希·乔克曾经用一句话概括——"那是个野蛮残暴的年代。"①

无论如何，时代还是显示出了进步的迹象。法兰克人的到来给赫尔维蒂带来了牛、犁和一些家用舒适品。不久，基督教的传播极大地推动了文明的进步。早在罗马帝国时代，基督教已经由信教的士兵或上层人士传播到赫尔维蒂的一些地区。这些人追随基督使徒的脚步，离开家乡去启迪世界上的其他人。为了开宗立教，卢修斯冒着生命危险来到里申阿尔卑斯山脉，而信仰罗马天主教的英格兰人圣本特则在图恩湖北岸的偏僻教堂里度过了余生。虽然这些传说捕风捉影甚至有点神乎其神，但公元550年后不久，一批赫尔维蒂人开始登上历史舞台，成为早期教会历史中伟大的人物。

作为当时拥有高尚灵魂的人之一，虔诚的本笃会②僧人圣迈因拉德③就居住在被群山环绕的卢塞恩湖畔。因深感世道艰难，无力回天，他隐居在黑森林深处，并在狭窄的洞窟中修建了著名的艾因西德伦修道院④。

> 荒凉的岩石，闪耀的雪海，
> 掩映在绵延不绝的松林间，
> 庙宇中矗立着可怕的神殿，
> 显露于灯光摇曳中，光之所至，
> 是沉默的影像和破败的墙垣。

---

① 出自海因里希·乔克著的《圣多明各的婚约》。
② 本笃会，天主教的一个隐修会，也是天主教最早的修会，6世纪初由意大利人圣本笃创立。
③ 圣迈因拉德（791—861），殉道者，是瑞士艾因西德伦本笃会修道院的创始人。自加洛林时代以来，圣迈因拉德即以隐士的身份定居在艾因西德伦。
④ 艾因西德伦修道院，位于瑞士中部地区的阿尔卑斯山麓，由本笃会隐士圣迈因拉德创立，是瑞士最重要的圣母玛利亚朝圣之地。

圣迈因拉德

哦，别用蔑视的目光审视我。
那清晰的景象，是艾因西德伦的破落神殿，
在黑暗中阴森可怖，令人不寒而栗。
信徒的祈祷声与无声的恐惧相抗，
庄严肃穆的情绪油然而生。
如果埋葬人类无知的悲哀坟墓，

能结出一朵希望之花！

请离开吧，让它静静绽放！

——威廉·华兹华斯《素描集》

在艾因西德伦修道院中，圣迈因拉德安贫知命地过着隐居生活，最终，却死在了他好心收留的两个强盗之手。圣迈因拉德豢养的乌鸦一路追赶，猛扑上去啄凶徒，久久都未离去。两个凶徒躲到旅店中，但依然无济于事。乌鸦们用翅膀拍打旅店窗户的怪异行为引来了路人的注意。最终，两个强盗的罪行浮出水面。沧海桑田，圣迈因拉德曾经居住过的洞穴成了一座皇家修道院，与周围荒凉的景色形成了鲜明对比。圣迈因拉德曾经穿过的旧披风被刺绣的丝质衣服取代了，甚至连圣迈因拉德曾经用过的破旧木杯也被虔诚的信徒换成了镶嵌了珠宝的金杯。

据统计，每年有十五万名朝圣者来艾因西德伦修道院的黑圣母神殿朝圣以求赎罪。有的朝圣者会饮用修道院广场喷泉中的水，他们认为这里的水可以治愈所有身体和精神上的疾病。圣水从十四个壶口流出。壶口上雕刻着奇异的鸟首和兽首。为了避免错过传说中上帝也曾喝过水的那个壶口，朝圣者将每个壶口的水都喝一遍。

多么欢快的低语，多么甜美的泉源，

泉水在荒野中喷涌，滋养万千生灵！

来自法兰克王国的圣西格斯伯特[①]在雷蒂亚的荒野中传教，最后定居在如今的迪森蒂斯。迪森蒂斯虽然是一座非常古老的小镇，但并未与世

---

① 圣西格斯伯特，又称迪森蒂斯的圣西格斯伯特，曾在瑞士建立迪森蒂斯修道院。

圣迈因拉因德被强盗杀死

隔绝。作为圣加尔①的朋友和圣科伦巴②的学生，圣西格斯伯特从生活在风景如画的迪森蒂斯的荒野猎人和牧民中寻找信众。猎人和牧民们仍然过着半野蛮状态的生活，他们会在森林深处举行向神灵献祭的"古怪"仪式。每逢新年，这些猎人和牧民会发出可怕的吵闹声、喊叫声和哭泣声，并击鼓以驱赶邪灵。每年春天的第一个晚上，在他们居住的山上，猎人和牧民们会燃起熊熊篝火以感谢仁慈的上苍。

圣加尔

---

① 圣加尔（约550—646），爱尔兰信徒，是圣哥伦巴努斯从爱尔兰到欧洲大陆进行传教时的十二门徒之一。
② 圣科伦巴（521—597），6世纪时爱尔兰籍的苏格兰使徒，曾在现今的苏格兰地区传播基督教。

圣西格斯伯特从迪森蒂斯出发，向周边各国传教，沿途未受到任何干扰。之后，圣西格斯伯特遇到了邻国的有钱人普拉西德。普拉西德提议在圣西格斯伯特居住的地方建一座修道院。库尔主教维克托一世①无法忍受这一提议，极力阻挠修道院的建设，并最终将普拉西德处死。不久，库尔主教维克托一世便溺毙在罗讷河中。7世纪，因为维克托一世之孙的捐赠和支持，教堂和修道院按照最初的计划迅速建立起来。

圣科伦巴的另一名学生圣加尔的名字，不仅被用来为在圣加尔曾经住过的小木屋的基础上修建的修道院命名，而且成了瑞士圣加仑州名字的由来。圣加尔的臂膀就像矗立在绿野上的"束棒"②。众人齐心，其利断金，圣加尔和信徒齐心协力地完成了使命。圣加尔和老师圣科伦巴曾经一起到日耳曼人统治下的赫尔维蒂宣扬基督教，却因与异教徒就偶像问题发生争论，被迫离开。但圣加尔和圣科伦巴毫不气馁。他们"抖掉脚上的尘土"③，勇敢地对抗顽固不化的异教徒。紧要关头，一个曾经当过猎人的执事④讲的故事激发了圣加尔的想象力和热情。这位执事告诉圣加尔自己的故乡在一座美丽的山谷中，而山谷的四周是冰雪覆盖的高山。山谷中有一条清凉的河流，森林中的野兽就在河边解渴和休息。

圣加尔带着执事穿过阿尔邦森林，翻过高山，来到一处位于史坦纳河附近的山谷的岩石上⑤。但执事并不赞成在这里立足和传教。根据经验，执事知道这里有恶狼和熊黑出没，而且深知它们从来不知敬畏。因

---

① 维克托一世，7世纪库尔城主教，是第一个控制库尔城主教辖区和雷蒂亚行省的维克托家族成员。
② 束棒，罗马最高长官权力的象征，是一把被多根绑在一起的木棍围绕的斧头，后演化为"法西斯主义"。
③ 抖掉脚上的尘土，源自《圣经》中耶稣差遣十二使徒：凡不接待你们，不听你们话的人，你们离开那家，或是那城的时候，就把脚上的尘土跺下去。
④ 执事，指罗马天主教、圣公会和东正教会的执事，也称助祭，属于基督教神职之一。
⑤ 传说公元612年，圣加尔在史坦纳河地区荒野苦行时，不慎从悬崖失足，跌落在一丛荆棘之中。圣加尔将此视为这片土地对他的盛情邀请，同时认为这是上帝的旨意，故将此地称为"上帝的指尖"。之后，他便留了下来并将此地命名为"圣加仑"。

此，他添油加醋地向圣加尔讲述可能面临的危险。然而，圣加尔对此毫不在意，继续默默地做着准备工作。他将此地圣化①，并在地上竖起一个榛木的小十字架。第一晚，当一头熊前来"窥探"时，圣加尔彬彬有礼地将自己的晚餐分了一份给熊。这头熊吃掉晚餐后，一声不响地离开了。此后，圣加尔再未受到打扰。在两个门徒——西奥多和曼格②的帮助

圣加尔竖起榛木小十字架

---

① 圣化，基督教用语，即神圣化，也称祝圣。指通过宗教仪式为人、地方或事物祝圣，将其变得神圣。
② 曼格，即圣马格努斯（？—约8世纪），又称"富森的马格努斯"，德意志传教士，也被称为圣加尔的使徒，并被尊为德意志圣芒本笃会修道院的创立者。

圣加尔将自己的晚餐分给熊

下,圣加尔在现今圣加仑修道院[①]所在的位置建造了一座小木屋和一座木制小教堂。生生不息的宗教火种就此播下。勃艮第王国国王西吉斯贝尔二世的宫廷内侍将这片土地赐予作为外来人和朝圣者的圣加尔。新成立的康斯坦茨教会主教和阿尔邦法官以提供人力和伐木工的方式帮助圣加尔,直到这两座孤零零的建筑——木屋和木制小教堂周围出现了一个熙熙攘攘的村落。

与此同时,圣加尔始终牢记传教的使命。圣加尔不仅不断向山野中的人们布道,而且投入更多的时间训练门徒成为教师和传教士。在这二十六年里,圣加尔矢志不渝地延续着生命中至高无上的使命。为了这一使命,圣加尔甚至拒绝了康斯坦茨教会主教的职位。圣加尔去世后,他的

---

① 圣加仑修道院,位于瑞士圣加仑州的圣加仑市。圣加仑修道院图书馆是世界上藏书最丰富的图书馆之一,被联合国教科文组织列为世界文化遗产。

使命得到传承。圣加尔建立的小村落得到了大笔捐款。数百名朝圣者前来瞻仰圣加尔墓。传说，圣加尔曾经施展"法术"治愈了受圣加尔"修行一生，日行一善"感召的朝圣者们。8世纪时，法兰克王国国王丕平三世①命人修建了圣加仑修道院，并赐予圣加仑修道院丰厚的资金。在陆续获得丕平三世的恩赐——位于阿尔萨斯、施瓦本和苏黎世的多处土地之后，圣加仑修道院又购买了其他地产，并最终达到鼎盛时期。如今，圣加仑修道院仍然因其罗马天主教学校和宏伟的旧修道院图书馆而自豪。

丕平三世

① 法兰克王国国王丕平三世（714—768），751年至768年在位，因身材矮小，又称"矮子丕平"。

多么美丽的山谷，苍翠掩映。
多么整洁的城市，城墙明净。
乡村般的样貌，前所未见。
似一幅安详的山水画，
　　静静地俯卧在那里！

还有一位基督使徒是来自法兰克王国的圣弗里多林①，他在苏黎世湖附近徘徊，希望找个地方修建一座教堂。最终，在格莱尼施山的山谷

圣弗里多林

---

① 圣弗里多林，又称"塞京根的弗里多林"，是6世纪时出生在爱尔兰的传教士，也是塞京根修道院的创立者。

中，圣弗里多林建成了一座教堂，并将它献给了主教圣希拉利①。后来，这座教堂更名为格拉鲁斯教堂。"格拉鲁斯"后来也成了位于施维茨州和圣加仑州以及格劳宾登州之间的一个小州的名字。为纪念这位圣人，几乎每个格拉鲁斯州的家庭中都有一个孩子取名叫"弗里多林"。格拉鲁斯州的州徽既没有骑士也没有鸟兽，而是以象征和平的圣弗里多林的头像作为州徽。

我们之所以一直谈论瑞士宗教历史中这些神父的故事，是因为在早期的黑暗年代，文明犹如散发光亮的星星之火，而神父们则是文明的中心。当时，只有神父才具备礼节、智慧和学识。所有志趣相投的人都聚集在神父周围学习人生原则，并将这些原则传播给别人。有关神父们担任的神职记录确实匮乏。神父们甚至不愿保留教会中的风云人物的姓名。如：洛桑主教②两百年内无人提及，巴塞尔主教③也有四百年的时间没人记录，锡安主教④的名字则几乎未在书上出现过。

即便如此，神父们的善行依旧名垂千古。人们跟随神父学习农耕和经商，并从神父那里学会了烧制石灰，建造小石屋来取代破败的茅舍，编织羊毛衣服来取代兽皮衣服，甚至在莱芒湖附近的高地上种植葡萄。人们学习开荒修路，从圣西格斯伯特的迪森蒂斯修道院直通到乌塞伦河谷。圣加仑修道院图书馆是由院长戈兹伯特在公元843年建立的记录室的基础上发展起来的，藏有一千五百卷古籍。许多人对稀有的古籍感到好奇，也对古籍作者的学识感到惊讶。在圣加仑修道院图书馆，人们依

---

① 圣希拉利（约403—约449），又称阿尔勒的圣希拉利，法国南部阿尔勒地区主教，被罗马天主教和东正教尊为圣人。
② 洛桑主教，是神圣罗马帝国的采邑主教，也是瑞士洛桑教区的世俗君主。
③ 巴塞尔主教，即巴塞尔采邑主教区的主教。巴塞尔采邑主教区是神圣罗马帝国在瑞士设立的天主教区，从1032年开始由历任采邑主教统治。
④ 锡安主教，即锡安教区的主教。锡安教区是位于瑞士瓦莱州的罗马天主教教会领地，是瑞士最古老的主教辖区，也是阿尔卑斯山脉北部最古老的主教辖区之一。

圣杰拉尔德

然能看到《箴言》[①]——德意志帝国最古老的辞典,还能看到圣杰拉尔德[②]、梅斯特·埃克哈特[③]、福柯尔特和辛特姆的杰出作品。圣加仑修道院神学院的科学培养模式非常成功。圣加仑修道院神学院成为9世纪和10世纪欧洲最著名的学府之一。后来的德意志帝国的皇帝和皇后们都乐于和博学的教士们通信,并借阅图书馆的藏书。

① 《箴言》,又称《所罗门的智慧》,相传为所罗门所著。所罗门,希伯来人,《圣经》中的以色列国王,建造了耶路撒冷的第一座圣殿,其智慧在犹太教和基督教中倍受尊崇,被认为比埃及和中东的所有圣人都更有智慧。
② 圣杰拉尔德(855—909),罗马天主教会的西法兰克王国圣徒,也被基督教的其他宗教派别承认,出生于高卢-罗马贵族家庭。
③ 梅斯特·埃克哈特(约1260—1328),即神圣罗马帝国时期神学家、哲学家、神秘主义神学家埃克哈特大师,是宗教改革运动的发起者、基督教新教路德宗创始人马丁·路德心中的指路明灯。

神职人员一般都过着极其简朴的生活。神职人员及其家庭成了其他家庭的楷模。当时，神职人员尚无须禁欲，譬如一位库尔主教就曾娶伊索佩亚地区的一位女伯爵为妻，并在妻子的帮助下行善济世。当时，许多基督教贵族都改善了臣民的生活条件，并给予奴隶以特权，使奴隶的艰苦生活不再难以忍受。而那些荒淫无度的贵族则在修道院的告解室中通过祈祷和忏悔，祈求得到宽恕。因此，经过三个半世纪的法兰克人的统治，教会势力不断扩展，整个瑞士也更加繁荣昌盛。

第 4 章

罗马人的国王鲁道夫一世

（900 年—1291 年）

在查理曼大帝①驾崩之后，因为后代的软弱无能，"查理曼帝国"②迅速瓦解。与此同时，赫尔维蒂也再次分裂。从康斯坦茨湖、莱茵河到阿勒河再到圣哥达山口的赫尔维蒂国土成为神圣罗马帝国的一部分。而包括如今的日内瓦州、沃州、纳沙泰尔州、伯尔尼州和弗里堡州在内的国土则归勃艮第王国所有。错综复杂的势力引发了诸多混乱，小规模战争持续不断。野心勃勃的人见有机可乘，逐渐开始心怀不轨。

地位仅次于帝王的公爵们率先开始反叛。施瓦本公爵布尔夏德二世拒绝臣服。勃艮第公爵理查德则自封为王。争相效仿的伯爵们组建了小型军队，在各自的领地内独断专行。甚至连主教们对局势也心领神会，如法炮制地招兵买马，并披盔戴甲，冲锋在前。此外，罗马教皇还宣称这些耀武扬威的权贵拥有绝对的权力。然而，平民百姓们战战兢兢，要么冷眼旁观，要么自愿当奴隶以求自保。为表示臣服，平民将自身、财产交由领主或修道院院长保护，同时献出土地，然后，领主或修道院院

---

① 查理曼大帝（742—814），丕平三世之子，法兰克王国加洛林王朝国王，神圣罗马帝国的奠基人。
② 查理曼帝国，是中世纪西欧早期的封建帝国。因建立者查理曼大帝而得名。查理曼大帝原是法兰克王国加洛林王朝国王，故查理曼帝国又称加洛林帝国。查理曼大帝死后，帝国陷于内战。

长以采邑的形式赐还。不过，结果却有些荒诞。因为农民经常要同时向领主和修道院两方效忠，不仅要为修道院做工，还要为领主打仗。只有当人们一致对外时，内部的冲突和矛盾才会暂时缓解。其中一个例子便是，921年前后，匈牙利人入侵勃艮第王国。匈牙利人是生活在多瑙河和黑海一带的野蛮民族，曾经作为友军奉勃艮第王国国王鲁道夫二世的命令翻越阿尔卑斯山脉。此时，翻脸无情的匈牙利人开始蹂躏昔日的友邦，屠杀过去的朋友，他们横扫山川，征服一切，只留下一些久攻不下的坚固堡垒。正是在这次入侵中，勃艮第王国国王康拉德一世的生母——传奇

勃艮第王国国王鲁道夫二世

贝莎王后

的贝莎王后[①],躲进如今纳沙泰尔州的一座塔里。古尔热城堡[②]和其他要塞等所谓的"贝莎王后城堡建筑群"也是在同一时期建立的。

　　谁人诵读，昨日经典，

　　兀自转身，喟然叹息，

---

① 贝莎王后，又称施瓦本的贝莎（约907—966），施瓦本公爵布尔夏德二世之女，勃艮第王国国王康拉德一世的生母。
② 古尔热城堡，位于法国西部德塞夫勒省的小镇古尔热。

> 回首往事，黄金年代，
> 汝之姓名，横空出世！
> 前事不忘，后事之师，
> 贝莎策马，纵横驰骋。

10世纪匈牙利人的入侵导致东法兰克王国国王亨利一世下令所有较大村落修筑城墙、壁垒和壕沟以抵御外敌。巴塞尔州和苏黎世州及圣加仑州都执行了这一命令。公元953年，圣加仑修道院院长奥诺率众修建了一座至少附带十三座塔楼的城墙。正如我们祖先修建的碉堡和如今瑞士边疆的军事哨所一样，奥诺率众修建的这座城墙也提供了避难所供周边居民躲避战祸。三分之一的粮食囤积在村庄和城镇，九分之一的自由民和贵族则奉命驻扎在攻守兼备的堡垒中。这些被选中的自由民和贵族一般是没有多少地产的人，平时各司其职，关键时刻响应国家号召。这也是瑞士议会体制[①]的由来。

许多新的城镇拔地而起。这些城镇一般建在古罗马城镇的旧址上，譬如索洛图恩和卢塞恩。事实上，索洛图恩人认为他们的历史要更加悠久。他们以自己布尔乔亚[②]的身份为荣，也为索洛图恩这片天赐之地感到自豪。索洛图恩的钟塔应该是罗马人建造的。卢塞恩的名字可能也是由罗马人命名的。沙夫豪森曾经只是莱茵河瀑布附近的一片渔民聚居区，直到13世纪才成为沙夫豪森州的首府。如今，由于众多圣徒和修道士的恩赐，沙夫豪森的地位越发显要。

公元1000年前后，因为人们普遍认为世界末日近在眼前，所以许多新的修道院开始建立起来。佩耶纳修道院是贝莎王后派人建造的。在修道

---

① 瑞士议会体制，其特点是瑞士的联邦两院都是由兼职议员组成的，大多数议员在出席国会会议以外的时间，还从事其他职业。
② 布尔乔亚，指中世纪某些欧洲国家中产阶级的市民或镇民。

院祝圣仪式上，贝莎王后曾对胆敢骚扰修道士安宁的人发出诅咒——"愿他们的名字从生命册上被抹去，愿他们的身体饱尝地狱之苦。"贝莎王后虽然言辞尖利，但实际上心地善良，因为她的一生都在扶贫济弱。

> 步出宫殿，
> 窈窕的王后姗姗而来。
> 既无傲慢的守卫在侧，
> 亦无阿谀奉承之辈围绕左右。
> 宫门外抚慰穷苦之人。
> 这里便是一贫如洗者的避难所。
> 恩赐良多，善言广播。
> 王后的慈眉善目，
> 铭记终生，至死不渝。

19世纪初，人们发现了贝莎王后的遗骸。遗骸安葬在贝莎王后生前亲手设计的建筑物附近的一座纪念碑下。建造纪念碑的材料取自附近的古城阿旺什。许多年后，在佩耶纳附近的客栈中，人们或许还能看到贝莎王后之前纵横驰骋时用过的马鞍。此外，或许还有一个地方能够证明贝莎王后曾经存在过。瑞士人的一首《纺车之歌》让人们对曾经在村舍里辛勤劳作的善良的贝莎王后念念不忘。

> 纺车嗡嗡，我们织布忙。
> 老婆婆讲起贝莎王后，
> 王后也曾把织线绕。
> 纺车嘈嘈，我们织布忙。
> 纺车轮儿转啊，我们欢快地唱，

冬天的黑暗时光愉快地流淌。

纺车沙沙，我们母女织布忙。

　　1032年，在勃艮第王国最后一位国王鲁道夫三世①驾崩之后，赫尔维蒂的其余国土便归神圣罗马帝国所有。随着赫尔维蒂归于一统，文明进程也开始不断加快。除了原来勃艮第王国统治下的，位于赫尔维蒂北部的古城日内瓦和洛桑之外，两座非常重要的新城也建立起来，即伯尔尼和弗里堡。在13世纪的一首老歌里，人们曾经将伯尔尼和弗里堡比作共同享用同一块草地的两头牛。值得注意的是，虽然风俗习惯、政治倾向和宗教信仰存在差异，但两座城市仍然保持着友好关系。

　　在曾经被古罗马时代的人们称作"尼希特兰"或"不毛之地"的地方，弗里堡最先建造起来。建造者是柴林根公爵贝希托尔德四世②。为了效仿伯父柴林根公爵贝希托尔德三世在神圣罗马帝国修建弗莱堡的丰功伟绩，柴林根公爵贝希托尔德四世命人建造了瑞士人的"弗莱堡"——现今的弗里堡。柴林根公爵贝希托尔德四世计划用新建的弗里堡城来制衡贵族和神职人员快速增长的权力，并通过类似于神圣罗马帝国自由城镇享有的自由和特权来吸引移民。然而，弗里堡大教堂的修建遭到了佩耶纳修道院的修道士们的极力反对。柴林根公爵贝希托尔德四世不得不像当年修建迪森蒂斯教堂的圣西格斯伯特一样隐忍坚持。于是，"众人持剑，守卫四周，教堂得建"③。1180年，在写给弗里堡人的信中，柴林根公爵贝希托尔德四世用"致被战胜的敌人们"开头。

---

① 鲁道夫三世（约970—1032），自993年开始任勃艮第王国国王，直到驾崩。
② 柴林根公爵贝希托尔德四世（约1125—1186），勃艮第教区长，建立了包括弗里堡在内的许多城市。
③ 摘自希伯来圣经《尼希米记》。尼希米是一名犹太人，曾经在波斯帝国宫廷担任高级官员，《尼希米记》主要以第一人称回忆录的形式讲述了尼希米重建耶路撒冷城墙的故事。

贝希托尔德五世

1191年，柴林根公爵贝希托尔德四世的儿子贝希托尔德五世^①和继任者建造了伯尔尼城。关于伯尔尼这个名字的由来众说纷纭，但唯一能让这里的市民满意的来历来自14世纪末康拉德·贾斯廷格^②所著的编年史。康拉德·贾斯廷格曾经记述了"为何此镇唤作伯尔尼"^③。传说伯尔尼这个地方的橡木丛中野兽非常多。为给新城取名，柴林根公爵贝希托尔德

---

① 柴林根公爵贝希托尔德五世（1160—1218），最后一任柴林根公爵。1218年，随着贝希托尔德五世的驾崩，柴林根王朝宣告终结。柴林根家族修建的众多城市随后成为神圣罗马帝国内的城邦。
② 康拉德·贾斯廷格（1370—1438），可能出生于斯特拉斯堡，年轻时在家乡学习编年史，大约于14世纪末来到伯尔尼。
③ 出自《康拉德·贾斯廷格伯尔尼编年史》。该书记述了伯尔尼城的修建始末。

伯尔尼州州徽

五世决定外出打猎,并用捕获的第一只野兽的名字作为城市名,结果打死了一头熊。于是,柴林根公爵贝希托尔德五世便用"熊"字为该城命名,同时以盾牌加黑熊的图案作为伯尔尼州州徽。伯尔尼州州徽的含义即指白色原野上的黑熊。

虽然两座新城的市民享有自由和特权,但两座新城的市民必须承担某些义务以换取特权。市民不仅必须缴纳赋税,而且每户人家必须配备刀枪保家卫城。因为许多房屋是木质结构,因此,市民还需要准备灭火用的水桶。城中建有市场,农民可以来市场用多余的农畜产品交换城镇生产的制成品。市民们会选出他们的地方长官和议会成员,并决定由市长以最高行政官的名义进行治理,一些琐碎事务由地方议会决定,而其他一些重大事务则由最高行政官决定。根据效忠对象不同，城镇的最高行政官人选是帝国执政官[①]、伯爵的副官或修道院的牧师。

随着生活日渐安逸，市民们的言行举止逐渐变得温文尔雅。市民们力量的日趋强大，也赢得了独居孤堡的贵族们的尊敬和羡慕。

尽管贵族们效忠于国王、公爵和修道院，但为了竭力扩大自己的势力、得到新的封地或赢得战利品，贵族们争斗不休。然而，一些更了解自身真正利益的贵族减轻了农民的劳役负担，恢复了土地的真正价值——"居住、畜牧和生产木材"。贵族们将可耕地或牧场分成了十二英亩大小的小块，并分给农民。他们还允许农民砍伐部分森林，并在空地上修建村庄。到19世纪，瑞士仍然有以这些空地名命名的村庄，譬如施万登和吕蒂。农民还得到了他们需要的木材。他们可以采集橡子喂猪，也可以在两个农场或村落之间自由放养牲畜。封建主不仅给农民提供木料建造房屋、制造车辆、制作犁具和其他工具，还给农民提供牛和禽畜用以豢养。

通过为农民提供土地，封建主的收入实现了大幅增长。农民在封建主的土地上耕种，为封建主的城堡提供货物，同时为自己享有的庄稼、奶酪、布料、母鸡和鸡蛋等缴纳什一税[②]和其他赋税以抵偿房租。农民还必须承担丧葬费用，抚恤孤儿，并将畜栏里最好的牲口、屋子里最好的家具和衣柜里最好的衣服献给地方长官。在这些开明的贵族中，格吕耶尔的伯爵们的表现尤其突出。他们派人开垦了瑞士代堡地区的整个山谷，并让人在这里繁衍生息。

曾经存在于13世纪初的许多显赫的家族和人物都已经消失得无影无

[①] 帝国执政官，是神圣罗马帝国时期的一种头衔。指对某一地区行使监护或军事保护，以及世俗司法的领主。

[②] 什一税，中世界欧洲基督教会向居民征收的宗教捐税。6世纪时，通过利用《圣经》中农牧产品的十分之一"属于上帝"的说法，教会开始向基督教信徒征收此税。10世纪中叶时，西欧各国开始相继仿行。

温特图尔

踪，譬如瓦莱州和沃州的萨伏依家族①、作为瓦莱州和沃州小君主的洛桑主教、统治比尔湖区域的纳沙泰尔家族②及统治苏黎世和康斯坦茨湖中间地带的基堡伯爵们。他们曾修建了莱茵河上的迪彭霍芬镇和苏黎世附近的温特图尔及基堡城堡。在历经多年大自然和政治的风雨洗礼之后，基堡的六座钟楼依旧屹立不倒。

拉珀斯维尔和托根堡位于苏黎世湖畔，曾经属于古罗马雷蒂亚行省。传说有一位托根堡的亨利伯爵因误会而妒火中烧，将美丽的妻子艾达从托根堡的一扇窗户里扔出。约翰·克里斯托弗·弗里德里

---

① 萨伏依家族，11世纪初被神圣罗马帝国皇帝封为伯爵，曾经占据近三分之二的沃州土地。
② 纳沙泰尔家族，1032年，勃艮第王国国王鲁道夫三世曾经在遗嘱中提到过纳沙泰尔。1034年，哈布斯堡王朝开始占领纳沙泰尔，后由纳沙泰尔家族接管。

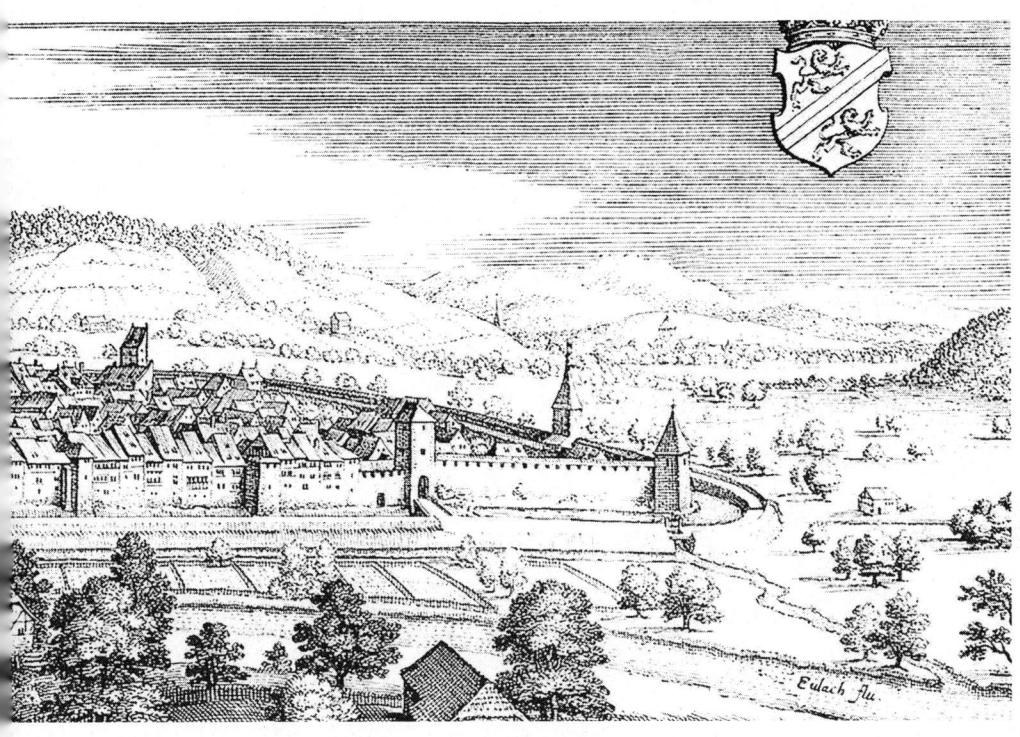

希·冯·席勒①的叙事诗《托根堡的骑士》②中的主人公正是因为被心爱的女人拒绝而从托根堡出发参加了十字军运动③。

> 她一言不发，
> 她心如刀绞。
> 他悲伤地抱了抱心爱的姑娘，

---

① 约翰·克里斯托弗·弗里德里希·冯·席勒（1759—1805），通常被称为弗里德里希·席勒。德意志18世纪著名诗人、哲学家、历史学家和剧作家，德意志启蒙文学的代表人物之一。
② 约翰·克里斯托弗·弗里德里希·冯·席勒作的叙事诗。该诗故事发生于沃尔肯维克特修道院附近，托根堡骑士和沃尔肯维克特的骑士们向圣墓进军。在托根堡骑士远征期间，他心爱的女人做了修女。
③ 中世纪中后期罗马天主教会批准的宗教性军事行动，由西欧的封建领主和骑士对地中海东岸的国家以清除异端的名义发动的所谓"正义"战争。当时原属于罗马天主教圣地的耶路撒冷落入伊斯兰教手中，罗马天主教为了"收复失地"，便进行多次东征行动。

纵身跃上战马!
"冲啊,瑞士人!
冲啊,勇士们!"
他们勇往直前,
高举红十字旗,
向着救世主的坟墓。

高尚的行为,伟大的名声,
誓死的英雄!
大屠杀的战场上,
升腾起滚滚黑烟。
摩尔人①心惊胆战,
托根堡骑士来了!

　　事实上,十字军不仅是失恋者的归宿,还是赫尔维蒂所有青年和骑士的心之所向。十字军也并不仅仅局限于年轻人和骑士,穷人、富人、国王、王子、儿童,甚至修女和公主都成群结队地向东走去。在参加十字军运动的成千上万人中,很少有人能够生还,并讲述他们曾经遭受的苦难。无数生命或死于战争、饥荒、疾病,或死于暗杀,甚至还有一部分人在异教徒的监狱中度过余生。然而,十字军运动期间,城市居民却因贸易活跃而致富。毕竟,只有发展贸易,才能供养规模如此庞大的十字军。在商业发展中,苏黎世和巴塞尔获得的利益最多。因此,两座城市的经济形势极其有利。苏黎世州位于华仑湖湖畔和圣哥达山口,是前往意大利的必经之地。旅店老板、收税官和形形色色的商人纷至沓来。

---

① 摩尔人,指在11至17世纪创造了阿拉伯安达卢西亚文化,随后在北非作为难民定居下来的西班牙穆斯林居民或阿拉伯人。摩尔人是西班牙人及柏柏尔人的混血后代。

摩尔人

而位于莱茵河通航区域的巴塞尔,则凭借法兰西王国和神圣罗马帝国贸易的兴盛繁荣起来。所有城镇市民都在想方设法地打破人身限制,比如以金钱换取权利,或通过赎身,摆脱修道院院长或伯爵的奴役,以获得人身权利。这些赎回自由的人被称为"直接公民",即只依附于神圣罗马帝国并由神圣罗马帝国执政官管理。1218年,在鲁道夫·冯·哈布斯堡出生时,许多城镇都生机盎然。年轻的鲁道夫·冯·哈布斯堡首先从

阿尔萨斯的贡特朗

阿尔萨斯的贡特朗^①的老房子里起家,并将哈布斯堡家族^②打造成新旧两个世界中最伟大的家族。即使到了奥地利帝国统治时期,哈布斯堡家族也仍然享有些许荣耀。在哈布斯堡城堡的旧址上,至今仍然保存着一座爬满常春藤的高塔。这座高塔见证了哈布斯堡家族的过往。

---

① 贡特朗(约920—973),指"富有的贡特朗",曾是西法兰克王国布赖施高伯爵,哈布斯堡家族的祖先。
② 哈布斯堡家族,日耳曼人的一支,其祖先来自西法兰克王国,最早居住在西法兰克王国阿尔萨斯,后来向东迁移至现在的瑞士北部的阿尔高州,并逐渐扩张到整个神圣罗马帝国统治地区。

年轻时的鲁道夫·冯·哈布斯堡野心勃勃,不仅遭到亲戚的憎恨,还曾两次遭到罗马教廷的打压。中年时的鲁道夫·冯·哈布斯堡变得性情温和,精明强干,并且处事公正。士兵们特别崇拜鲁道夫·冯·哈布斯堡的勇敢和朴素的举止,也总是津津乐道他们曾看见鲁道夫·冯·哈布斯堡用同一只手——在十四场胜利中下达进攻命令的同一只手——缝补他那件蓝色的旧上衣。因为鲁道夫·冯·哈布斯堡一诺千金的品格,好几座城市都要求鲁道夫·冯·哈布斯堡做执政官。而苏黎世和乌里及施维茨则推举鲁道夫·冯·哈布斯堡做将军。当当选德意志国王的消息传来时,鲁道夫·冯·哈布斯堡正在围困巴塞尔。鲁道夫一世[①]之所以受

鲁道夫一世

---

① 鲁道夫·冯·哈布斯堡继位后称鲁道夫一世。

到推举,是因为他"睿智而公正,人神共爱"[1]。于是,巴塞尔人从城门里走了出来,然后,大家简单地握了握手。和平就这样降临了。鲁道夫一世虽然做了国王,但从未忘记他是瑞士人。统治期间,鲁道夫一世不断地向人们证明着他对瑞士的深厚感情。作为回报,瑞士人也表达了对他的感激,并心甘情愿地为征战不断的鲁道夫一世提供所需的人力、物力和财力,鲁道夫一世统治神圣罗马帝国长达十八年,最终于1291年驾崩。

---

[1] 借鉴自《圣经》中犹太人对领袖摩西的赞誉之词。

第 5 章

反抗奥地利公国

（1291 年—1307 年）

阿尔卑斯山脉山脚下有一处隐秘的凹地。凹地周围的群山环绕着一个美丽的湖泊。在辛布里战争①中，被罗马共和国军队打败之后，最后一批辛布里人便躲避在阿尔卑斯山脉山脚下。辛布里人的后代成了牧羊人，在人迹罕至的山中放牧羊群，并聚居于群山之间的肥沃山谷和卢塞恩湖南侧的富饶平原。从人们传唱的古老歌谣中，我们可以推断出在施维茨州、乌里州和翁特瓦尔登州河谷地区生活的人群属于同一民族，并遵循同一种传统。这些人的祖先都来自瑞典，并因为饥荒从瑞典北方撤出。辛布里人金黄的头发和白皙的皮肤及高大的身材似乎可以证实他们起源于瑞典的这一说法。17世纪时，为博得施维茨州人民的好感，瑞典国王古斯塔夫二世·阿道夫曾经引用过这一说法。

几百年来，辛布里人只有一个政府和一座教堂。这座教堂就是艾因西德伦修道院。受到阿尔卑斯号②召唤的辛布里人每年都会对教堂进行几次修葺。12世纪时，教堂数量开始增加。翁特瓦尔登人也会参拜由年轻

---

① 辛布里战争，又称条顿入侵，发生在公元前113年至公元前101年，是罗马共和国与南下意大利的日耳曼部族辛布里、条顿，以及安布昂等部族之间进行的战争。
② 阿尔卑斯号，瑞士民间传统乐器，用挖空的杉木做成，已有几百年历史，是最具瑞士民间特色的吹奏乐器。

伯爵康拉德·冯·塞尔登布伦①修建的恩格尔贝格修道院。②传说为了寻找一处僻静的地方，康拉德·冯·塞尔登布伦在山中漫步。突然，听到一群天使在铁力士山山脚下的荒野中歌唱。于是便大喊道："这是天使之山！"康拉德·冯·塞尔登布伦随即着手在幽谷中修建恩格尔贝格修道院。在这片幽谷中，虽然每年只有几个星期可以看见太阳，但虔诚的信徒能经常听到天使的歌声。

> 看那铁力士山，
> 矗立于神圣的英格堡，
> 闪耀着圣洁的光芒。
> 天使挥动着五彩之翼，
> 轻柔而平静。
> 天堂的歌声，
> 穿越层层云朵，
> 萦绕在铁力士山山顶。
> 庄严的天使临凡，
> 在半空中歌唱，
> 昭示虔诚之所在，
> 赞美全能的上帝。

当恩格尔贝格修道院建成时，瓦尔茨特滕地区已经分裂为三个自治的山谷③，并以非常简单的方式自治。每座山谷的居民都会选出他们的司

---

① 康拉德·冯·塞尔登布伦，即塞尔登布伦的荣福康拉德，出身于贵族家庭的塞尔登布伦王室成员，曾在中世纪瑞士翁特瓦尔登州修建恩格尔贝格修道院。
② 恩格尔贝格修道院，位于瑞士上瓦尔登州恩格尔贝格的本笃会修道院，之前属康斯坦茨教区，现属库尔教区。
③ 三个自治的山谷，指前文的瓦尔茨特滕地区分为乌里州、施维茨州和翁特瓦尔登州。

恩格尔贝格修道院

法委员会来解决自身事务，而关乎三座山谷的事务则由三座山谷的司法委员会共同商讨。如果司法委员会之间无法达成一致，那就交由法官做出公正的裁决。法官一般由一名伦茨堡伯爵①担任。尽管历任伦茨堡伯爵代表伦茨堡王室守护三座山谷，但伦茨堡王室经常对三座山谷的事务置之不理。然而，多年以后，他们将不得不面对三座山谷带来的大麻烦。

山谷中的牧羊人们一直不为外界所知。因此，当英格兰国王亨利二世将山谷周围的土地赐予艾因西德伦修道院时，山谷中的牧羊人们就如

英格兰国王亨利二世

---

① 伦茨堡家族是中世纪瑞士东部的贵族。1173年后，伦茨堡家族的部分土地被哈布斯堡家族继承。哈布斯堡王朝的扩张和对这些土地的领土要求是导致1291年永久同盟和最终建立旧瑞士邦联的几个因素之一。

美国的印第安人一样，并未受到欧洲各国应有的重视。然而，麻烦很快随之而来。山谷中的牧羊人们向罗马人的国王鲁道夫一世申诉，称在阿尔卑斯山上放羊是他们自古以来的权利，但鲁道夫一世偏向于支持艾因西德伦修道院，并且禁止牧民放牧。随后，康斯坦茨主教便下令驱逐恩格尔贝格修道院的牧师。然而，禁令和驱逐行动都遭到了顽强的反抗。施维茨州人民声称"如果国王的庇佑不能保障我们的权利，那这种权利不要也罢"。紧接着，施维茨州的行动得到了乌里州和翁特瓦尔登州的响应。这三个州的人民认为他们的固有权利高于教权和王权，并强迫牧师像以前一样举行礼拜活动。尽管遭到康斯坦茨主教的诅咒，但这三个州的牧场依然肥沃富饶，羊群依然繁衍增多。人们还悄悄地将畜产品拿到苏黎世或卢塞恩的市场上售卖。

鲁道夫一世统治时期，这三个州所在的地区享有同瑞士其他地区一样的自由。之后，新一任罗马人的国王阿尔布雷希特一世①登基。阿尔布雷希特一世的目标和愿望与父亲鲁道夫一世截然相反。尽管哈布斯堡家族世袭着阿尔萨斯伯爵和奥地利公爵的爵位，但阿尔布雷希特一世妄图利用非世袭的王权将整个瑞士变为哈布斯堡家族的封地。阿尔布雷希特一世的这一做法遭到瓦尔茨特滕地区市民的顽强抵抗。鉴于阿尔布雷希特一世的野心和对未来的担忧，在阿尔布雷希特一世在位的第一年，即1291年，施维茨州和翁特瓦尔登州及乌里州三个州结成永久同盟②。盟约规定，当同盟中任何一州遭到外敌侵犯时，永久同盟将倾尽全力抗击一切来犯之敌。

为表示对这三个州的惩戒，阿尔布雷希特一世没有沿用"任命一

---

① 阿尔布雷希特一世（1255—1308），罗马人的国王鲁道夫一世长子，1282年成为奥地利和斯蒂利亚公爵，1298年成为罗马人的国王，后被暗杀。
② 永久同盟，瑞士联邦的最初组织形式，为反对哈布斯堡家族压迫，维护共同的利益，施维茨州、乌里州和翁特瓦尔登州于1291年缔结同盟，称为"永久同盟"。

罗马人的国王阿尔布雷希特一世

名贵族担任三个州的守护者"的惯例，而是派了两名他信赖的人前往瓦尔茨特滕地区担任总督。到达瑞士后，为了令当地人民忘却罗马人的国王阿尔布雷希特一世的严酷统治，转而接受阿尔布雷希特一世仁慈的奥地利公爵形象，两名总督开始实施一系列统治政策。但当地人民识破了阿尔布雷希特一世的伪善，转而要求独立。于是，迫害开始了。两名暴虐无道的总督横征暴敛、滥施刑罚，使当地人民群情激愤，忍无可忍。

在乌里州的高塔上和萨尔嫩附近的国王城堡里，作为罪魁祸首的两名总督——阿尔布雷希特·盖斯勒①和贝林格·冯·兰伯格②正幸灾乐祸地俯视着这场由他们一手造成的苦难。然而，始作俑者的末日也已经不远了。一天，在路过施维茨州代表维尔纳·施陶法赫尔的新房子时，阿尔布雷希特·盖斯勒嘲笑道"这些泥腿子房子建得倒不错"。与此同时，贝林格·冯·兰伯格以莫须有的罪名牵走了阿诺尔德·梅尔希塔尔③的牛。贝林格·冯·兰伯格的仆人一边从耕犁上将牛牵走，一边侮辱阿诺尔德·梅尔希塔尔道"泥腿子可以自己拉犁"。愤怒的阿诺尔德·梅尔希塔尔用棍子打断了仆人的一根手指。之后，阿诺尔德·梅尔希塔尔逃进山中。贝林格·冯·兰伯格没有抓到阿诺尔德·梅尔希塔尔，而是抓走了他的老父亲老梅尔希塔尔，并剜掉了老梅尔希塔尔的双眼以示报复。

然而这时，最后一根"稻草"出现了。翁特瓦尔登州起义的时机已经成熟。一名女子的话起到了推波助澜的作用。住在漂亮的新房子里的维尔纳·施陶法赫尔的妻子并不快乐，因为在森林州的山谷里，受压迫的人在哀号，而压迫者在大笑。于是，她对丈夫说："我们的女人怎么能为外来人抚养奴隶？我们的孩子岂能受外来人的奴役？我们的男人们为何如此无能？是时候阻止这一切了！"无言以对的维尔纳·施陶法赫尔渡过河到达乌里州，住到阿廷豪森的沃尔特·弗斯特家中，并见到了在这里躲避贝林格·冯·兰伯格疯狂追捕的阿诺尔德·梅尔希塔尔。

维尔纳·施陶法赫尔、沃尔特·弗斯特和阿诺尔德·梅尔希塔尔三人谈起了国家的苦难，想起了反对残忍总督徒劳的申诉，三人一致认为唯一的希望在于依靠自己和上帝，而上帝不会赋予任何一个国王实施残

---

① 阿尔布雷希特·盖斯勒，14世纪哈布斯堡家族传奇人物，曾任乌里州和施维茨州执政官，因其残暴统治导致威廉·退尔叛乱，最终导致旧瑞士邦联的独立。
② 贝林格·冯·兰伯格，出身图尔高州贵族家庭，翁特瓦尔登州的统治者，以对瑞士人的残忍而臭名昭著。
③ 阿诺尔德·梅尔希塔尔，席勒剧本《威廉·退尔》中的主人公之一，其父为老梅尔希塔尔。

暴统治的权力。于是，下定决心的三人回到家乡，并与当地最优秀、最勇敢的人商讨——要为自由和安全贡献各自的力量。1291年11月17日，三人商定在一片叫吕特利的草地上会面。吕特利草地在荒郊野外，地处三州之间。1291年11月17日的夜晚到来了，同胞们没有辜负这三个人的爱国热情。三人各带来了十个人，并且人人都久经考验，忠诚无比，决心为国家争取自由。

在乡民们面前，三位领袖举起手向上帝起誓："誓为人民的权利出生入死，拒绝任何不公正待遇，杜绝任何不公正行为，风雨同舟，患难与共。"接着，三十个人依次举手并向上帝和众圣人起誓，要英勇果敢并为自由而战。在约定1292年1月1日行动后，众人便各自回家照看牲畜。然而，1291年11月17日晚上的会盟的地方从此闻名遐迩。

> 午夜时分，群情激昂，
> 虔诚举手，致敬上苍，
> 立约盟誓，慨当以慷，
> 阿尔卑斯，我辈故乡，
> 自由如风，奔流激荡，
> 威廉·退尔之箭[①]，念念不忘，
> 神圣草场，战魂高昂，
> 祈求上帝，神佑我邦。
> 阿尔卑斯，璀璨星光，
> 众人跪地，旌旗飘扬，

---

① 威廉·退尔之箭，传说当时的总督阿尔布雷希特·盖斯勒承诺如果威廉·退尔能射中儿子头顶上的苹果，便饶威廉·退尔一命。结果，尽管威廉·退尔射中了苹果，但身藏了另一支箭——本想如果第一支箭未能射中苹果，便用第二支箭射死阿尔布雷希特·盖斯勒。于是，因被查出藏箭，威廉·退尔被捕。

起身而立,血脉偾张,

高山巍峨,闻我志向。

然而,与这支小队伍相比,有人更早地吹响了争取自由的号角。闻名天下的威廉·退尔率先举起义旗。威廉·退尔是参与吕特利草地会盟的三十人之一,他出生在一个叫比格伦①的小村庄。村庄里人人都是射箭好手,威廉·退尔更是箭术超群,并且性格冷静,坚忍不拔。

威廉·退尔

---

① 比格伦,瑞士乌里州的一处小村庄,相传为英雄威廉·退尔的出生地。

看那神圣的小教堂，

威廉·退尔的出生地。

忠于自然，忠于真理，忠于上帝。

激流奔腾咆哮，

威廉·退尔的灵魂展翅翱翔。

船桨飞舞，羚羊奔驰，

威廉·退尔的四肢优雅而强壮。

风浪滔天，英雄翻覆，

威廉·退尔伟大而不自知。

天选之子，上帝之手，

即将摧毁耻辱的桎梏，

打破奴隶的枷锁。

此时，总督阿尔布雷希特·盖斯勒想出了一个新花样来欺下媚上。阿尔布雷希特·盖斯勒将阿尔布雷希特一世奥地利公爵的帽子放在阿尔特多夫广场的一根柱子上，并命令每一个路过的人都要鞠躬致敬。因为拒绝向帽子行礼，威廉·退尔被带到总督阿尔布雷希特·盖斯勒面前。阿尔布雷希特·盖斯勒喊道："无礼的箭手，我必定要用你的箭术来惩罚你。将苹果放在你儿子的头上并射落它，不得失手。"瑞士的古老歌谣中曾经歌颂道：

威廉·退尔蔑视帽子，

为此被判死刑，

除非射中苹果。

方可免杀亲儿。

威廉·退尔用弓箭射击孩子头上的苹果

士兵们捆住孩子,将他放在远处,并在他头上放了一颗苹果。威廉·退尔瞄准苹果并将它一箭射穿。当众人齐声喝彩时,阿尔布雷希特·盖斯勒却问威廉·退尔为什么手里还拿着第二支箭。威廉·退尔立刻回答道:"如果第一箭没有射穿苹果,那第二箭就会射穿你的心脏。"听到威廉·退尔的回答之后,勃然大怒的阿尔布雷希特·盖斯勒下令逮捕威廉·退尔并用镣铐将他捆住,押到船上,然后送往对岸的城堡。然而,在去往对岸城堡过程中,湖上忽然风雨大作。阿尔布雷希特·盖斯勒害怕有人营救威廉·退尔,因此不敢耽搁,命令继续行船。湖上风急浪高,惊慌失措的阿尔布雷希特·盖斯勒命令解开威廉·退尔的镣铐,并让威廉·退尔驾船。威廉·退尔掌舵后径直将船撞向阿克森

威廉·退尔逃到岩石上

贝格山麓岩石林立的悬崖。一阵混乱后,船中水如泉涌,很快便沉入水中,威廉·退尔则安全逃生到岩石上面。后来,人们在岩石丛上面修建威廉·退尔教堂,以纪念他安全逃脱。

虽然威廉·退尔获得了短暂的自由,但如果不杀阿尔布雷希特·盖斯勒,如何获得真正的自由?威廉·退尔下定决心,如果阿尔布雷希特·盖斯勒躲过风暴,那就在他去屈斯纳赫特的路上杀死他。威廉·退尔躲在阿尔布雷希特·盖斯勒必经的狭窄通道旁边,思考着下一步的行动。

往屈斯纳赫特别无他途,

阿尔布雷希特·盖斯勒必经这狭窄隘口。

复仇的时刻已至!你的时辰到了。

我的生活一直平静而无害，
弓箭在手，猎取森林中游荡的野兽，
从不曾有谋杀的念头玷污我的灵魂。
你却把我从宁静梦中惊醒。
我既能射中儿子头上的苹果，
便能精准地射中敌人的心脏。

阿尔布雷希特·盖斯勒来了。威廉·退尔目光敏锐，信念坚定，没有辜负众人的期望。威廉·退尔弯弓射箭，直接射中了阿尔布雷希特·盖斯勒的心脏。

虽然射杀了阿尔布雷希特·盖斯勒，但威廉·退尔的行动并没有加速"新年计划"的爆发。之所以将这一计划定在1292年1月1日，是因为

威廉·退尔射杀阿尔布雷希特·盖斯勒

新年当天农民们要给总督们敬献肉食和野味，这样一来，起义者就可以大批进入城堡而不会引起怀疑。新年前夕，一位年轻姑娘用绳子将自己的情人——起义者之一——拉到了罗斯伯格城堡中。这位姑娘的二十个朋友也依样行事。进入后，起义者抓捕了总督的管家和仆人并夺取了堡垒，然后蛰伏待机。1292年1月1日，贝林格·冯·兰伯格离开萨尔嫩附近的城堡去做弥撒。贝林格·冯·兰伯格刚一回来，便有二十个翁特瓦尔登人带着羔羊、家禽和其他礼物夹道相迎。贝林格·冯·兰伯格感到非常满意，丝毫没有怀疑便放这二十个翁特瓦尔登人进了城堡。这二十个翁特瓦尔登人刚走到城门下，其中一人便吹响了号角。一瞬间局势突变，平时无害的棍棒如今被套上了锐利的矛尖。又有三十个人从附近的灌木丛中窜出，并在几分钟后攻占了城堡。众人将贝林格·冯·兰伯格和士兵带到奥地利公国边境，并让贝林格·冯·兰伯格发誓永不回来后便放他平安离开。

与此同时，维尔纳·施陶法赫尔率领施维茨人占领了施瓦瑙城堡，而乌里人则占领了阿尔布雷希特·盖斯勒的塔楼。这是一场彻底而成功的革命，除了阿尔布雷希特·盖斯勒，其他奥地利人都毫发无伤。起义胜利后，瓦尔茨特滕地区的三名代表聚在一起，重申了永久同盟盟约，并进一步加强了三州之间的联系。之后，参加起义的各州人民重返家园，重新过上了平静的生活。和其他人一样，威廉·退尔也回到早年生活的阿尔特多夫小镇，重新过上了辛劳而幸福的生活。1315年，威廉·退尔响应国家的召唤参加了莫尔加尔滕战役[①]——旧瑞士邦联第一场获得伟大胜利的战役。此后，威廉·退尔隐居终老，直至去世。威廉·退尔的一生是有价值的一生，他的英勇事迹也将名垂青史。

---

① 莫尔加尔滕战役，1315年11月15日，旧瑞士邦联军队在楚格州的莫尔加尔滕伏击了奥地利公国士兵，赢得了莫尔加尔滕战役的胜利，并最终赶走了奥地利人。

莫尔加尔滕战役

离阿尔特多夫城墙不远处，
斯彻申小溪流水潺潺，
向下汇入父亲河——滔滔的罗伊斯河。
罗伊斯河湍急而危险，
令人见之手足发软，
只有强壮的男子，
方能抵挡它的力量。
威廉·退尔已老态龙钟，
深棕的头发亦已花白，
射穿苹果的箭术再不复当年。
威廉·退尔看到，
一个孩子在汹涌的洪流中挣扎，
而恐惧无助的母亲在岸上狂奔。
审慎的人或许会自问，
四肢是否还有气力，
完成这样冒险的任务，
但威廉·退尔没有犹豫，
跳入水中进行营救。
他沉入水中，再也没有浮起，
覆盖着杂草和树枝的尸体，
缓缓漂向岸边，
伟大的生命就这样终结。
上帝啊，这是最好的结局！
威廉·退尔一生英勇，
如今入土为安。
我对着斯彻申沉思。

我们虔诚地悼念，

感佩威廉·退尔的始终如一，

这是他传奇的一生的最好谢幕！

在这个变革的时代，所有古老的历史地标都曾经受腥风血雨，有的甚至被夷为平地。我们再也无法像曾经那样单纯地热爱斯图亚特王朝①，痛恨英格兰王国国王亨利八世②。虽然进步的浪潮即将彻底扫除威廉·退

英格兰王国国王亨利八世

---

① 斯图亚特王朝，1371年至1714年统治苏格兰和1603年至1714年统治英格兰和爱尔兰的王朝。
② 亨利八世（1491—1547），都铎王朝第二任君主，英格兰王国国王及爱尔兰王国国王，英格兰王国国王亨利七世与约克的伊丽莎白王后的次子。

尔式的人物，但仍然有许多人倾向于认同瓦尔茨特滕人民的精神。1760年，当阿尔布雷希特·冯·哈勒[①]公开质疑威廉·退尔射苹果的故事时，人们便立即烧毁了他全部的著作——几乎一本都未保存下来。虽然有人会质疑威廉·退尔是否是真实人物，但在威廉·退尔去世多年后，一百名与威廉·退尔相识的人出席了威廉·退尔纪念堂的落成典礼，这足以证明威廉·退尔的真实存在。威廉·退尔的详细生平并不重要，重要的是我们不能忘记威廉·退尔舍生取义、为国家自由而奋斗的抗争精神。威廉·退尔既活在焦阿基诺·安东尼奥·罗西尼[②]的歌剧、约翰·克里斯托弗·弗里德里希·冯·席勒辞藻华丽的剧本和人们的歌声中，也深深地烙印于同胞们的心中。

很快，瓦尔茨特滕的大敌阿尔布雷希特一世就失去了滋扰他国的一切权力。1308年5月，阿尔布雷希特一世率领一支庞大的军队进军旧瑞士邦联时，被侄子施瓦本的约翰率领的一小队骑士杀死。垂死的阿尔布雷希特一世被丢弃在路边，并在一位碰巧路过的穷苦农妇的怀里离世。阿尔布雷希特一世的遗孀和子女，特别是女儿——寡居的匈牙利王后艾格尼丝[③]，对杀死阿尔布雷希特一世的仇人进行疯狂报复，并对谋逆者实行株连九族的无情迫害。当六十三名无辜男子的鲜血流到王后艾格尼丝脚边时，王后艾格尼丝放声痛哭。若干年后，在父亲阿尔布雷希特一世遇刺的地方，王后艾格尼丝建造了富丽堂皇的科尼希斯费尔登修道院。后来，王后艾格尼丝在科尼希斯费尔登修道院宣布退位，同时想以禁食祷

---

① 阿尔布雷希特·冯·哈勒（1708—1777），出生于现在的瑞士伯尔尼市，瑞士解剖学家、生理学家、博物学家、百科全书家，18世纪一流的生物学家，实验生理学之父，被称为"近代生理学之父"，曾用十年时间撰写成八卷本《生理学纲要》。
② 焦阿基诺·安东尼奥·罗西尼（1792—1868），出生于意大利东部威尼斯海湾的港口城市佩萨罗，意大利作曲家，创作了39部歌剧、圣歌、室内乐、钢琴曲。
③ 匈牙利王后艾格尼丝，又称奥地利的艾格尼丝，哈布斯堡家族成员，阿尔布雷希特一世长女，于1296年嫁给匈牙利国王安德鲁三世，成为匈牙利王后。

施瓦本的约翰杀死阿尔布雷希特一世

告①的方式结束生命。尽管王后艾格尼丝为了拯救灵魂而苦苦修行,但她心中仍然充满内疚自责。于是,王后艾格尼丝拜访了曾经在祖父鲁道夫一世手下当兵的隐士奥夫特林根的贝希托尔德,并邀请他移居科尼希斯费尔登修道院。不过,王后艾格尼丝的劝说徒劳无功。贝希托尔德回答道:"夫人,神不喜悦流无辜者的血,弃绝以奸恶吃饼,以强暴喝酒。神爱仁慈。"②

---

① 禁食祷告,基督徒祷告方式的一种,在一段时间内全部或部分不食食物,以洗清人的罪行。
② 源自《旧约圣经》中的《箴言》,原文为"这等人若不行恶,不得睡觉;不使人跌倒,睡卧不安;因为他们以奸恶吃饼,以强暴喝酒"。

第 6 章

莫尔加尔滕战役及八州联邦

（1308 年—1353 年）

虽然瓦尔茨特滕人与阿尔布雷希特一世的死完全无关，并且公开谴责了这一暴行，但奥地利人和瓦尔茨特滕人之间依然产生了无法消除的敌意。在阿尔布雷希特一世驾崩后，随之而来的是神圣罗马帝国的选举。上巴伐利亚公爵路易四世①与奥地利公爵腓特烈三世②因争夺神圣罗马帝国皇位成为对立的选帝侯。然而，瓦尔茨特滕人则将这二人视作天敌。瓦尔茨特滕人和奥地利人的对立进一步激怒了阿尔布雷希特一世之子奥地利公爵利奥波德一世③。1315年，奥地利公爵利奥波德一世召集了两支部队准备入侵瑞士，其中一支四千人的部队翻越布伦迪山隘，进攻翁特瓦尔登州的上瓦尔登，而奥地利公爵利奥波德一世则亲自率领另外一支部队进军莫尔加尔滕山口。随军队伍中有阿勒河和图尔河附近的贵族、奥地利公爵利奥波德一世在基堡和伦茨堡的亲戚和一群身着一腿蓝色一腿白色裤子④的苏黎世人。奥地利公爵利奥波德一世甚至准备用绳子吊死旧瑞士将领。事实证明，他的这一准备纯属多余。

---

① 上巴伐利亚公爵路易四世（1282—1347），1314年当选罗马人的国王，1328年加冕为神圣罗马帝国皇帝，上巴伐利亚公爵路易二世之子。
② 奥地利公爵腓特烈三世（约1289—1330），1308年至1330年在位，哈布斯堡王朝的罗马人的国王阿尔布雷希特一世的次子，未被公认的罗马人的国王。
③ 奥地利公爵利奥波德一世（1290—1326），罗马人的国王阿尔布雷希特一世第三子。
④ 苏黎世州州旗的颜色。一说为白色象征湖水，蓝色象征蓝天。

为迎战由训练有素的士兵、贵族盟军和苏黎世人组成的奥地利公国军队，施维茨州、翁特瓦尔登州和乌里州召集了一千三百人。这些人驻扎在莫尔加尔滕山口附近，由作战经验丰富的鲁道夫·雷丁·比贝雷格指挥。因为身体虚弱，无法亲自指挥作战的鲁道夫·雷丁·比贝雷格制订了作战计划，由儿子们和霍斯彭塔尔的亨利执行。众位将领将军队驻扎在埃格里湖附近的奥地利公国军队必定会经过的沼泽河岸，并在前方的高地上布置了一支五十人的队伍。这五十人曾经被施维茨州放逐，他们希望借此机会赢回名誉并重归故土。1315年11月15日清晨，沿着埃格里湖岸的狭窄道路，手持长矛的奥地利公国军队蜂拥而至。很快，身穿铠甲的骑士们挤满了五十人小队所在的隘路入口，余部紧随其后。此时，这五十名施维茨人展开了进攻，他们将岩石从高处推落，砸向骑士。之后，施维茨主力部队持长枪冲破敌阵，杀向因盔甲沉重无法骑马而龟缩在一处的奥地利公国贵族。陷入混乱的奥地利公国军队不仅且战且退，还践踏了己方的步兵。步兵丝毫没有抵抗，纷纷抱头鼠窜。恐慌之后接着就是溃退。在不到一个半小时的时间里，利奥波德一世全军非死即伤，作鸟兽散。作为奥地利公国贵族中的精锐，劳芬堡家族[①]、托根堡家族[②]、哈布斯堡家族和邦施泰滕家族的军队竟被一群农民打败。为了将奥地利公爵利奥波德一世解救出来，两名盖斯勒[③]和一名兰登伯格家族成员[④]付出了生命的代价。一位曾在战役当天晚上见过奥地利公爵利奥波德一世的作家描述道，奥地利公爵利奥波德一世抵达温特图尔时面色苍白，一脸绝望。

---

① 劳芬堡家族，哈布斯堡家族分支，由曾任劳芬堡公爵的哈布斯堡家族成员约翰二世建立。劳芬堡位于瑞士阿尔高州。
② 托根堡家族，11世纪至12世纪时兴起于现在的瑞士圣加仑州的托根堡地区。13世纪至15世纪时，该家族首领以托根堡伯爵的身份统治着托根堡地区。
③ 指前文阿尔布雷希特·盖斯勒的后代。
④ 指前文贝林格·冯·兰伯格的后代。

施维茨人推落岩石攻击奥地利公国军队

奥地利公爵利奥波德一世亲自率领的部队折损了大约九千人到一万五千人。另一支经由布伦迪山隘而来的部队行军到阿尔卑纳赫时，遇到了曾经在莫尔加尔滕作战的牧羊人。新的战报还未到，这支军队就开始全部往回撤。他们穿过群山向卢塞恩方向逃窜，然而，最后几乎无人生还。直到如今，每年的11月15日仍然是瑞士人最荣耀的胜利纪念日。年复一年，聚集在吕特利喷泉附近的公众依旧会悼念曾经在1315年11月15日为国捐躯的英雄们。

酒月①金色闪耀，
红葡萄盈挂枝头。
钢铁军队的脚步声，
响彻云霄，
胜似古老音乐之声，
穿过穹顶洞穴，
穿过深山幽谷，
响彻瑞士全境。
还有那号角，
在遥远的旷野吹响，
在古老的岩石间回荡，
直到阿尔卑斯山脉，
千万次地回应。
冷杉林哗啦作响，
瑞士人从高处突袭，
似猎人一般，

---

① 酒月，指瑞士人每年的11月。

冲进狭窄的山谷，

将奥地利公国骑士踩于脚下。

威廉·退尔手持乌里长矛，奋勇当先。

哦，白日凄惨众生荼毒，

勇士冲锋陷阵，

奥地利人命丧黄泉！

敌方匪首，丢盔卸甲，

午夜中荒野狂奔，

惶惶然面若死灰。

自由民之子孙，

自战俘营而归，

背负王室战利品，

回归幽谷茅草屋。

高耸的阿尔卑斯山脉，

歌声高扬，火焰升腾，

孩童雀跃，迎接从莫尔加尔滕归来的父亲。

曾经扬言要消灭旧瑞士邦联永久同盟军的奥地利公爵利奥波德一世从此噤若寒蝉。同盟盟约中的一部分条文依然流传至今[1]。这些条文宣称："乌里州人民、施维茨州人民和翁特瓦尔登州人民在此郑重宣誓，结成永久同盟，誓要相互扶持，不惜牺牲生命和财产反抗一切妄图以暴力或不公正手段侵犯三州的来犯之敌。"从缔结盟约的这一刻开始，这三个州即受到全世界瞩目。几年后，永久同盟不断扩张并接纳新成员加入，而卢塞恩州是后来第一个加入同盟的。

---

[1] 盟约中关于抵抗外来侵略的部分条文，后来印入瑞士联邦《民防手册》的封页。

长期以来，卢塞恩一直受到奥地利公国的钳制，人民不堪重负，并以不得不与奥地利公爵并肩作战为耻。虽然瓦尔茨特滕地区在奥地利公国控制下的二十年里再未受战火摧残，内部却开始分崩离析。出于贵族的本能，卢塞恩的贵族们合谋要将城市让给奥地利公爵利奥波德一世，并杀害瓦尔茨特滕盟友①。然而，当全副武装的贵族们在裁缝铺下面的地窖中密谋时，一名小男孩无意中偷听到了贵族们的谈话。贵族们粗暴地抓住小孩，并逼迫小孩发誓守口如瓶后才放了他。之后，答应信守诺言的小孩去了屠宰场，径直走到火炉边，对正在喝酒玩乐的市民们详细陈述了贵族们阴谋的所有细节。全城的人立刻愤怒了。市民们召来翁特瓦尔登的友军，剥夺了贵族享有的权利，并对贵族加以驱逐。从那时起，卢塞恩开始由公社和市民议会统治。而对莫尔加尔滕战役心有余悸的奥地利公爵利奥波德一世则被迫来到卢塞恩宣布四个森林州的同盟关系——无可指责，这并不会对奥地利公国王室造成任何伤害。

奥地利公国将注意力转向为了生存而与奥地利公国贵族及其盟友斗争的伯尔尼。奥地利公国贵族们早已对繁华的伯尔尼垂涎三尺，而伯尔尼急于摆脱奥地利公国的控制，因此，拒绝承认神圣罗马帝国皇帝路易四世②的统治，并与其他各州紧密团结在一起。伯尔尼树敌众多，弗里堡便是其中之一。然而，15世纪，弗里堡将彻底受伯尔尼的控制。

伯尔尼开始召集盟友，它聚集了施维茨州、乌里州和翁特瓦尔登州的九百名勇士和来自奥伯哈斯里、西门塔尔的六百名勇士。为了感激在遭到奥地利公爵利奥波德一世围困时伯尔尼的同情和增援，索洛图恩小镇派出了八十名铁甲骑兵。参战人员的慷慨、豪迈让劳彭之战这一天成为瑞士历史上值得纪念的一天。奥地利公国军队行进至阿勒河时，突遇

---

① 指前文由乌里州、施维茨州和翁特瓦尔登州结成的永久同盟。
② 神圣罗马帝国皇帝路易四世，指前文的上巴伐利亚公爵路易四世，1328年加冕为神圣罗马帝国皇帝。

神圣罗马帝国皇帝路易四世

洪水泛滥，冲走了河上的浮桥，士兵纷纷落水。然而，索洛图恩军队暂时抛却仇恨，尽全力营救奥地利公国士兵。奥地利公爵利奥波德一世被眼前的一幕深深打动，于是暂时与索洛图恩骑兵握手言和。

为击溃伯尔尼军队，由神圣罗马帝国皇帝路易四世、贵族及其同盟军组成的联合部队包围了隶属于伯尔尼州的小镇劳彭。伯尔尼前任总督布本伯格的约翰带领六百人赶来增援劳彭守军。神圣罗马帝国军队集结了一万五千名士兵、三千匹战马、一千二百名骑士和七百名戴着头盔的贵族。为了攻破城墙，包围劳彭的神圣罗马帝国大军用投石机向城中投射巨石。然而，前来解围的小股军队并未被奥地利公国贵族的气势和投

战前，鲁道夫·冯·埃拉赫与士兵祈祷战役取得胜利

石机吓倒。指挥旧瑞士邦联永久同盟军队的是鲁道夫·冯·埃拉赫。正气凛然的鲁道夫·冯·埃拉赫誓与同胞共存亡，只身前往敌营，告知尼道伯爵鲁道夫四世旧瑞士邦联永久同盟军队将与奥地利公国军队血战到底的决心。听完鲁道夫·冯·埃拉赫的表态后，尼道伯爵鲁道夫四世轻蔑地说："你可以回去了。对我们来说，你们不过是一帮乌合之众。"鲁道夫·冯·埃拉赫平静地回答道："伯爵阁下，来日战场上，我必当身先士卒，与阁下一决胜负。"

在随军牧师的带领下，鲁道夫·冯·埃拉赫率领军队趁着月色离开了伯尔尼。无力作战的老弱妇孺关好家门，留在家中祈祷男人们能大获全胜。鲁道夫·冯·埃拉赫的军队直奔劳彭，并在清晨和奥地利公国军队相遇。奥地利公国军队的士兵单枪匹马前来挑衅。弗里堡总督大喊道："对面的士兵都是女扮男装吧。"瑞肯伯格士兵代表全体永久同盟士兵回答道："今天就在战场上见分晓。"鲁道夫·冯·埃拉赫曾经是尼道伯爵鲁道夫四世年轻时的老师。尼道伯爵鲁道夫四世深知伯尔尼人目标坚定，便对战友说道："这些人很难对付，我可能会在此丧命，但他们也需要付出高昂的代价。"

起初，神圣罗马帝国骑兵试图冲击鲁道夫·冯·埃拉赫军队侧翼。为挫败神圣罗马帝国骑兵的阴谋，鲁道夫·冯·埃拉赫派出了瓦尔茨特滕和索洛图恩的部队，之后高呼道："奋勇当先的瑞士男儿何在？高举战旗，随我出战。"年轻的士兵们冲出队伍并围住了战旗。接着，投石机连环发射，击溃了神圣罗马帝国骑兵的阵线。隆隆前进的铁战车[1]拉大了两军之间的间隙。指挥官鲁道夫·冯·埃拉赫率领主力迅速跟进，然而，后卫军踟蹰不前，甚至想要逃跑。鲁道夫·冯·埃拉赫高声喊道："决不与临阵脱逃的懦夫分享勇士的胜利果实。"这句话立即稳住了后卫军的阵脚。"胆小鬼"们摇身一变成了"英雄"，并马上投入了血腥的战斗。因众将领产生分歧，神圣罗马帝国军队很快就溃不成军，四下逃散，将武器辎重丢弃在了沿途。尼道伯爵鲁道夫四世、布列塔尼公爵约翰三世[2]、格吕耶尔的三位伯爵和其他十一位贵族在战斗中负伤或丧命，士兵死伤上千人。在追击和屠杀结束后，伯尔尼全军跪倒在地上感谢胜利的降临。当晚，全体将士在野地里宿营。在埋葬了己方死难者之后，伯尔尼全军带着神圣罗马帝国曾经盛气凌人的二十七面旗帜和八十顶贵族头盔凯旋。在战斗结束后不久，鲁道夫·冯·埃拉赫又取得了一

---

① 铁战车，中世纪武器，重型马车，两边有射击缝，配备大炮，步兵以长矛支援。
② 布列塔尼公爵约翰三世（1286—1341），法兰西王国封建领主，1312年至1341年为布列塔尼公爵。布列塔尼公爵阿尔蒂尔二世的长子。

劳彭战役

劳彭战场的铁战车

场斗争的胜利。尼道伯爵鲁道夫四世的亲属请求鲁道夫·冯·埃拉赫担任尼道伯爵鲁道夫四世的财产和遗孤的守护者。为人至诚至信又明辨是非的鲁道夫·冯·埃拉赫信守诺言，保全了鲁道夫四世的财产和遗孤，并在家中安度晚年。虽然为国家做出了巨大贡献，但鲁道夫·冯·埃拉赫既没有要求也没有接受任何报酬。在战争结束后的许多年中，伯尔尼城一直持续发展。人们都说："上帝也是伯尔尼市民。"在加入旧瑞士邦联后的五十年里，伯尔尼在各州中的影响越来越大。同时，伯尔尼的权势延续了几个世纪。

在某些方面，苏黎世是伯尔尼的竞争对手，甚至比伯尔尼更具优势，现在却因内部问题而烦恼。十字军运动时期，苏黎世发展迅速。苏黎世城中有一条供骑士活动的大街和两座分别供皇帝和主教享用的宫殿。在利马特河右岸，有一座古老的大教堂，是苏黎世的荣耀。苏黎世因曾经镌刻在城门上的一句拉丁铭文而自豪："宏伟的苏黎世，丰饶富庶之地。"幸福的苏黎世城却因人民与部分骑士家族之间的争端而动荡不安。骑士家族对市民极其蔑视，他们随心所欲地支配城市的资金，并拒绝做出解释。同样出身骑士家族的鲁道夫·布伦①挑起人民对于骑士家族这种专横行为的怒火，并成功地驱逐了权贵家族及其党羽。之后，鲁道夫·布伦修改了整座城市的宪法，建立了十三个手工业行会，并从行会中选派代表参与议会选举。出于对爱国行为的小小奖赏，市民们授予了鲁道夫·布伦拥有绝对权力的终身制市长一职。但市民们禁止被放逐的贵族们参与一切活动。

贵族们密谋着要收复城市。这一阴谋险些得逞，却因被一个躲在烤炉背后的面包店学徒偷听到而导致失败。在教堂的警告钟声敲响后，市民们立即武装起来对贵族们进行血腥报复。许多贵族被处死，有的甚至

---

① 鲁道夫·布伦（1290—1360），1336年苏黎世公会革命的领袖，也是该市第一位独立市长，在维护个人权利的斗争中最终将苏黎世纳入旧瑞士邦联。

鲁道夫·布伦挑起人民对骑士家族的怒火,并驱逐权贵家族

在自家门口惨遭"轮刑"①。贵族们的阴谋很快破灭。与以往相比，鲁道夫·布伦的统治更加强有力。1351年，苏黎世州申请加入旧瑞士邦联并很快被批准。苏黎世州因重要性位居各州之首，而获得了"首善之州"②的称号。

奥地利公爵阿尔布雷希特二世③显然不甘心失势，他对苏黎世加入旧瑞士邦联的举动极其不满，并率领一支军队向苏黎世挺进。苏黎世市民

奥地利公爵阿尔布雷希特二世

---

① 轮刑，一般被描绘成插刀的轮子，轮刑仅次于吊笼，在中世纪德意志是最常见的刑罚形式。施刑时，受刑者的四肢分开，各主要关节被绑在木制辐条上。行刑者则用沉重的包铁的轮子打断受刑者的四肢和关节。
② 首善之州，德语为"Vorast"，指"在前面"的意思，以此称号突出苏黎世州的重要性。
③ 奥地利公爵阿尔布雷希特二世（1298—1358），阿尔布雷希特一世第四子，其兄为前文中的奥地利公爵腓特烈三世和奥地利公爵利奥波德一世。

非常冷静，他们给奥地利公爵阿尔布雷希特二世传话——"我们只不过是淳朴的苏黎世市民，不懂得经商之道，但我们懂得信守诺言。"虽然奥地利公爵阿尔布雷希特二世向格拉鲁斯州求援，但格拉鲁斯州早已被瑞士人占领，并发誓支持旧瑞士邦联。格拉鲁斯州派出一千二百人增援苏黎世。这些格拉鲁斯人击退了奥地利公国军队，并摧毁了奈弗尔斯城堡。由于格拉鲁斯人的英勇表现，1352年，格拉鲁斯州被纳入旧瑞士邦联。出于公正原则，旧瑞士邦联决定，格拉鲁斯人仍需向奥地利公爵阿尔布雷希特二世缴纳合理的赋税，不过前提是奥地利公爵阿尔布雷希特二世必须尊重格拉鲁斯人自古以来就有的权利。

虽然楚格州一直效忠于哈布斯堡家族，但在1352年，楚格州加入了旧瑞士邦联。自作聪明的奥地利公爵阿尔布雷希特二世作茧自缚，同时招来了盟友和对手的反感。1352年，旧瑞士邦联军队正在围攻楚格。楚格人派了一名信使前往科尼希斯费尔登告知奥地利公爵阿尔布雷希特二世楚格城已经岌岌可危。然而，奥地利公爵阿尔布雷希特二世却在不亦乐乎地逗弄猎鹰。尽管信使苦苦哀求，甚至痛哭流涕，但对奥地利公爵阿尔布雷希特二世而言，鸟比楚格城更重要。奥地利公爵阿尔布雷希特二世的冷漠刺痛了楚格州人民的心。于是，楚格人为旧瑞士邦联军队打开了城门并加入了旧瑞士邦联。

威廉·梅克比斯·萨克雷[①]所称的"奥地利的印记"正在迅速地从瑞士国土上消失。1353年，伯尔尼也加入旧瑞士邦联，形成"八州联邦"。直到始于1481年的一场几乎将旧瑞士邦联撕成碎片的战争[②]之后，这一同盟才再次允许新成员加入。

至此，旧瑞士邦联终于可以自由地处理内部事务，而且各州都以

---

① 威廉·梅克比斯·萨克雷（1811—1863），英国作家，代表作为世界名著《名利场》。
② 指施瓦本战争，又称瑞士战争，是旧瑞士邦联与哈布斯堡家族间的最后一场大型武装冲突，战争期间，巴塞尔州和沙夫豪森州加入了旧瑞士邦联。

极其简单的方式进行管理。苏黎世市民们会受大钟钟声召集参加集会。集会都是在露天举行，目的是讨论和平或战争问题、调节食品价格和制定度量衡。值得注意的是，市民每年被迫出席三次议会选举。这似乎表明市民们尚未充分认识到普选权利的光荣。整个旧瑞士邦联建立起严格的规定。旧瑞士邦联内部几乎所有城市都禁止市民携带武器。伯尔尼规定，在宵禁过后，市民严禁携带照明器具上街。当时的服饰也很简单，男女都戴着斗篷，男性里面穿着有袖的紧身上衣，外面套着无袖上衣，脚上穿着几可过膝的笨重长靴；女性的服饰与男性类似，但上衣长出许多，腰上系有腰带。紧身上衣左袖的颜色一般与众不同，被用作党徽标识。饰物一般戴在胸前，以示佩戴者的党派或表示谨记誓言，有时也作为爱情和友谊的象征。与如今相比，女士只能在极其有限的范围内展示她们的品位。帽子、腰带或紧身上衣的边缘是女性主要的展示区域。女性的鞋子很长，鞋尖上翘并镶嵌着一个大圆环。这种时尚表明"要想美先遭罪"的教义不分年龄和国界。在社交聚会方面，伯尔尼也有很明确的规定。打扮过于时髦的人不允许邀请超过二十名家庭主妇参加庆祝活动。跳舞仅限于婚宴场合。婚宴乐师的人数不得超过六人，"两人吹双簧，两人拉小提琴，两人唱歌"。严禁为他州使者举行欢送会。女性不得在进出教堂途中与男性交谈。上述这些便是14世纪时瑞士人简朴的风俗习惯。

第 7 章

为自由而战：旧瑞士邦联的对外战争

（1353 年—1426 年）

在八州联邦成立之前的几年，一个比奥地利公国更棘手的对手——瘟疫——袭击了瑞士联邦。这场瘟疫已经使亚洲人口锐减，如今又降临欧洲，并导致三分之一的瑞士人死亡。由于许多旧瑞士邦联家庭已经家破人亡，因此开垦出来的土地根本无人继承或耕种。由于死亡人数太多，牧师们整日疲于奔命——为逝者举行死亡仪式。由于死亡人数过多，瑞士邦联甚至连埋葬死人的土地都没有。紧随瘟疫而来的是前所未见的地震。地震将巴塞尔城夷为平地后，废墟上又燃起大火，烧了很多天都没有灭。在这个悲惨的时刻，一桩轶事的发生使哈布斯堡家族和巴塞尔冰释前嫌。当幕僚建议曾经与巴塞尔关系恶化的奥地利公爵阿尔布雷希特二世抓住机会夺取沦陷的巴塞尔时，奥地利公爵阿尔布雷希特二世却回答"上帝不容我伤害上天饶恕之人"，并且派了四百名工人帮助重建巴塞尔城。

1376 年，因为英格兰人与法兰西人之间暂时实现了和平[①]，英格兰人豢养的雇佣军团[②]变得无所事事。于是，军纪涣散的雇佣军团开始威胁正在重建的巴塞尔。雇佣军团横行旧瑞士邦联，直到瓦尔茨特滕人奋起

---

① 指英法百年战争期间，英格兰人与法兰西人暂时实现了和平。
② 百年战争期间，至少有四万威尔士雇佣兵为英格兰国王在法兰西王国战场上作战。

自卫。然而,瓦尔茨特滕人出其不意地击溃了这支雇佣军团。传说瑞士境内至今还有一座名为"英格兰德休布尔"①的山丘。在布蒂斯霍尔茨遭到瓦尔茨特滕人的伏击后,三千具雇佣军团入侵者的尸骨便埋葬在了这里。当地农民曾经吹嘘,他们将贵族的血和马的血混在了一起——将人与马合葬。

整个14世纪,在历经战争、和平、瘟疫、地震、小规模争斗和举国抗争之后,旧瑞士邦联内部追求自由精神的力量日渐壮大。1386年,瑞士人再次与奥地利人在森帕赫②战场上兵戎相见。战争的起因与吕特利会盟和莫尔加尔滕战役的原因如出一辙。一方面是贵族阶级对人民追求自由进步无法消释的仇恨,另一方面是人民捍卫自古以来就有的权利的坚定决心。初夏时节,瓦尔茨特滕人占领了森帕赫,并在十二天内就收到了至少一百六十七名领主的宣战书。

1386年7月,正值收获季节,奥地利公爵利奥波德三世③率领四千名骑士和一众男爵及其亲随组成的步兵进军旧瑞士邦联。1386年7月9日清晨,在攻打卢塞恩的途中,奥地利公爵利奥波德三世遭遇了集结在森帕赫附近高地的旧瑞士邦联同盟军。迎击奥地利公国军队的只有一千四百名旧瑞士邦联士兵,他们配备着祖先们曾经在莫尔加尔滕战役中使用过的长矛和短剑,并在左臂上固定一块木板作为盾牌。因与奥地利公爵利奥波德三世的休战协定尚未到期,打着白底黑熊旗④的伯尔尼军队并未参战。

在战斗开始前,旧瑞士邦联同盟军举行了短暂的仪式。按照古老的习俗,旧瑞士邦联的士兵双膝跪在地上祈祷着胜利。贵族们则整理着他们的头盔,并砍掉了靴子上翘起的长长靴尖以免妨碍行走。

---

① 英格兰德休布尔,意指英格兰人的坟冢,传说之地,并无此处。
② 森帕赫,又译曾帕赫,位于瑞士卢塞恩州苏尔塞区的一座城市,著名的森帕赫战役发生地。
③ 奥地利公爵利奥波德三世(1351—1386),哈布斯堡家族成员,奥地利公爵阿尔布雷希特二世之子,1365年成为奥地利公爵。
④ 白底黑熊旗,因伯尔尼以熊命名,故中世纪时伯尔尼州旗为白底黑熊旗,后改为红底黑熊旗。

奥地利公爵利奥波德三世

冠带紧扎头盔耀目，
众军团结一致。
为战从容劈靴尖，
几可满舆马。

与此同时，为鼓舞士气，奥地利公爵利奥波德三世正忙于临阵分封骑士。在奥地利公爵利奥波德三世分封骑士的同时，一位叫哈森伯格汉斯的老兵注意到了旧瑞士邦联同盟军军力分布的要害，并建议奥地利公爵利奥波德三世等待后援到来，但奥地利公爵利奥波德三世只是一语双关地①拿老兵的名字开玩笑道："哦，你这个胆小鬼，你想太多了！"奥地利公爵利奥波德三世随即下令进攻。奥地利公国士兵欣喜若狂。从奥地利公国队伍中，旧瑞士邦联士兵认出了死敌盖斯勒总督和奥地利公国最具骑士风度的埃姆斯的艾拉夫②。而正值壮年的奥地利公爵利奥波德三世本是风云人物，又具备良好的军人素养和显著的种族特征。到达山脚后，奥地利公爵利奥波德三世命令奥地利公国骑士下马冲锋。对于身穿铠甲又不习惯步行作战的骑士而言，下马冲锋绝非易事。奥地利公国骑士们攻上山来。因奥地利公国军队人数众多，周围都是竖起的长矛，故而旧瑞士邦联同盟军的冲锋徒劳无功。旧瑞士邦联同盟军一次又一次地向进军的奥地利公国军队发起冲锋，结果却死在奥地利公国骑士无情的长矛下。在人数本就不多的旧瑞士邦联同盟军中，有六十人战死沙场。而奥地利公国骑士却稳步推进，占尽先机。

此时，旧瑞士邦联同盟军中的一个名为阿诺德·冯·温克里德③的士兵挺身而出，并高呼道："照顾好我的妻儿，我来为自由开路。"说完就用自己的身体扑向奥地利公国骑士的长矛，并抓住尽可能多的长矛，之后便倒在了地上。倒在血泊中的他身上插满了长矛。在阿诺德·冯·温克里德倒地的瞬间，旧瑞士邦联士兵撕开了一道缺口，他们通过阿诺德·冯·温克里德的尸体形成的间隙冲入了对方阵营，杀得奥地利公国骑士手足无措。来不及转身逃跑的奥地利公国骑士有些死在旧瑞士邦联士兵的剑下，有些则被闷死在了铠甲中。不到一刻钟，奥地利公国军队落败。奥地利公国军队的军旗三易其手。奥地利公爵利奥波德

---

① 老兵的名字中有"Harecastle"一词，而"Hare"的意思为"野兔，胆小鬼"。
② 埃姆斯的艾拉夫，出身中世纪时奥地利霍恩埃姆斯的埃姆斯领主世家。
③ 阿诺德·冯·温克里德，瑞士历史上的传奇英雄，但其真实性存疑。作为旧瑞士邦联军队的一名士兵，阿诺德·冯·温克里德在森帕赫战役中英勇献身，帮助旧瑞士邦联军击败了奥地利公爵利奥波德三世的军队。

三世从人群中冲了过去，并从持旗的士兵手中夺过染满鲜血的军旗，然后在他的头顶挥舞起来。骑士们在奥地利公爵利奥波德三世身边集结，但片刻之间又一个接一个地倒地死去。奥地利公爵利奥波德三世手持军旗高喊"誓与士兵共生死"，最终，他死于一名施维茨士兵之手。

看见奥地利公爵利奥波德三世倒下，一群旧瑞士邦联士兵便扑到他身上，以免奥地利公爵利奥波德三世的尸体被其他旧瑞士邦联士兵肢解。幸存的奥地利公国士兵想要四下逃散，然而，沉重的盔甲使奥地利公国士兵无力奔跑。逃跑的仆人们早已将马骑走，在沉重的盔甲加上七月的烈日的折磨下，半死不活的奥地利公国骑士很快被瑞士人砍死。因此，许多奥地利公国贵族世家在这一天绝嗣。众人将奥地利公爵利奥波德三世和六十名骑士的遗体带到科尼希斯费尔登修道院，然后用石头雕刻了这些奥地利公国死难者的跪像，并将这些石像排列在修道院墙壁周围。

在战场上驻留了三天之后，旧瑞士邦联同盟军便带着奥地利公国军队的十五面军旗踏上了归乡之路。旧瑞士邦联同盟军的首领彼德曼·冯·刚铎顶贞[①]也战死沙场，最后和两百名部下一起静静地长眠于卢塞恩。人们并没有竖起大理石半身像或石头雕像来纪念同盟军的英勇行为，而是成立了宗教基金会，以悼念逝去同胞的英灵。瑞士人将旧瑞士邦联同盟军死亡将士的名字都刻在了森帕赫战场附近的小教堂里以寄托哀思。

　　为自由开路！他高喊。
　　为自由开路，为自由而死。
　　奥地利公国方阵披坚执锐，
　　一道人墙，骑士林立，
　　安如磐石，成千上万。

[①] 彼德曼·冯·刚铎顶贞（？—1386），传说其父维尔纳·刚铎顶贞是卢塞恩最富有的公民。彼德曼·冯·刚铎顶贞则曾作为卢塞恩督导官——也称督税官，参加了森帕赫战役。

森帕赫战役

阿诺德·冯·温克里德扑向奥地利公国骑士的长矛

对面是旧瑞士邦联军队,
高举飘扬的战旗,
为祖国而战。
虽人数寥寥不值一谈,
但他们都是国家的主人,
这宛如众所周知的秘密。
看啊!阿诺德·冯·温克里德奋勇当先,
英雄孤胆,扭转战局,
一举定乾坤。
为自由开路!他高喊。
张开双臂奔袭敌阵,
仿佛拥抱最亲爱的朋友,
十柄长矛握于掌中。
为自由开路!他高喊。
对手的长矛的尖刺交错,
阿诺德·冯·温克里德于敌丛跪倒,犹如大树,
就这样,为自由开辟了道路。
战友迅猛破阵。
为自由开路!他们高喊,
长矛穿过阿诺德·冯·温克里德的心脏,
战友们冲击奥地利公国方阵,
阿诺德·冯·温克里德倒地的瞬间,
对手心慌意乱,狼狈不堪。
地震亦不能撼动一座坚定的城市。
于是,旧瑞士邦联再一次自由。
于是,死亡为自由开路!

奈弗尔斯战役

1388年，格拉鲁斯州的奈弗尔斯附近又爆发了一场对奥地利公国贵族几乎造成致命打击的战争。值得注意的是，这场战争由背信弃义的格拉鲁斯人引起，结果导致驻守威森的同盟守军惨遭屠杀。1388年4月9日，惨死于奈弗尔斯的同盟守军大仇得报。瑞士人以五十五人死亡的代价消灭了三千名敌军。至今，吕特利草地上还留有十一块石碑以纪念这一天的胜利。每年，瑞士人都要在吕特利草地上庄严列队，悼念死去的五十五位英雄。瑞士人还会强制威森地区也派代表团参加纪念活动，并聆听他们祖先背信弃义的故事，之后邀请这些威森地区的代表享受丰盛的晚餐。几个世纪过去了，时至今日，威森人的羞耻已经消逝，晚餐却依旧美味。对威森代表而言，参加纪念活动已经不再那么令人难堪。

尽管在奈弗尔斯战役[①]之后，瑞士人与奥地利人休战七年，后来双方甚至将休战时间延长到二十年，但瑞士人对奥地利人的仇恨一如既往。在旧瑞士邦联，没有人敢佩戴象征奥地利公爵的孔雀羽毛。旧瑞士邦联

---

① 奈弗尔斯战役，旧瑞士邦联军队打败奥地利公国哈布斯堡家族军队的一次重要战役。1388年4月9日，一支约六百人的旧瑞士邦联军队与一支约六千人的奥地利公国军队在奈弗尔斯对战，最终，旧瑞士邦联军队获胜。

境内也禁止人们养孔雀。人们甚至不敢打碎喝酒的玻璃杯，因为阳光映照在碎片上会产生孔雀羽毛一般的颜色。作为旧瑞士邦联八州之间的内战，奈弗尔斯战终结了八州各自为营的局面。曾经的共同战斗都取得了胜利，于是，人们不由自主地将这些战斗当成了神话传说，并产生了一种乐观的信念——侏儒终将征服巨人。

殒命于森帕赫战场的奥地利公爵利奥波德三世的儿子利奥波德四世①对瑞士人的坚韧印象深刻，因此，他放弃了诉诸武力，转而尝试在瑞士人之间制造纠纷。这种方式在后期却酿成了苦果。

奥地利公爵利奥波德四世

---

① 奥地利公爵利奥波德四世（1371—1411），前文奥地利公爵利奥波德三世之次子。

和奥地利人休战期间，旧瑞士邦联同盟各州通过脱离封建领主的统治，或用金钱换取公民身份的方式来增加自身的特权。通过这种方式，旧瑞士邦联同盟在短时间内得到了不少于四十个贵族头衔，而邻国原来的属民们则迫切期望由瑞士人来统治。芬廷根人民恳求伯尔尼购买他们的山谷，并承诺以"七年不吃牛肉"的方式帮助伯尔尼筹措购买资金。旧瑞士邦联各州的大领主们很荣幸能够成为卢塞恩、伯尔尼或苏黎世的市民，并获得市民的所有特权。然而，对当时无辜的犹太人的残忍迫害也是这些特权之一。在沙夫豪森，人们将三十八名可怜的犹太人活活烧死，因为人们怀疑这些犹太人杀害了一名孩童。而幸存下来的犹太人则被迫放弃信仰，否则也会被处死。苏黎世监狱里挤满了被捕的犹太人。伯尔尼的食童喷泉也因犹太人莫须有的罪行而得名。

旧瑞士邦联同盟内的各个城市也为各自辖区的市民制定了严格的法律。汉斯·莱温斯坦伯爵不顾他的头衔偷了两条床单，结果被割掉一只耳朵，并因此被放逐。任何携款出离国境的人都会被没收全部资财，并被处以砍手的刑罚。法律还规定对造假者施以轮刑，对造假者的同伙则处以壶煮之刑①。然而，新的内部问题再次惊扰了平静生活和辛勤劳作的瑞士人。虽然楚格州曾经因州旗和印章保管问题一度处于内战边缘，但因为旧瑞士邦联同盟的迅速介入，楚格州恢复了平静。之后，当乌里人和翁特瓦尔登人越过圣哥达山口时，乌里人和翁特瓦尔登人又与米兰的公爵发生争执，并很快迫使米兰人屈服。这最后一次征战特别引人注目，因为这是瑞士人第一次在战争中使用火药。1403年，老编年史史学家康拉德·贾斯廷格描述的"阿彭策尔人的英雄时代②"拉开了序幕。康拉德·贾斯廷格的这一描述并非自夸。起初，阿彭策尔只是圣加仑修

---

① 壶煮之刑，古代的一种酷刑，即将犯人投入装有沸水或热油的大镬、大鼎中煮或炸以处死的刑罚。
② 阿彭策尔人的英雄时代，出自编年史史学家康拉德·贾斯廷格的记述。

道院的一处管辖地区，此时却受到圣加仑修道院院长及其手下地方长官的严重压迫。越来越繁重的赋税让人们不堪重负。官吏们驱使巨獒追捕那些顽固不化的农民。其中一个官吏甚至挖坟掘墓，将"最值钱的财物"——死者的外衣——从尸体上扒了下来。当时的人们曾经说过"阿彭策尔人可率而不可驱"。暴政最终导致全民起义，民众袭击了圣加仑修道院的城堡，赶走了官吏。圣加仑修道院院长库诺·冯·斯托芬[1]召集盟友和奥地利公国各城市的军队前来助阵。阿彭策尔则得到了格拉鲁斯州和施维茨州的增援。1405年7月17日，斯托兹山山脚下爆发了一场战争。最终，农民军大获全胜。在千钧一发之际，阿彭策尔的妇女们穿上丈夫的罩袍杀上战场。奥地利公国军队误以为来的是阿彭策尔人的生力军，来不及分辨就四下逃散。五年战争[2]随即开始。战争伊始，奥地利公国军队充满了对胜利的强烈渴望。而随着战争的延续，奥地利公爵腓特烈三世[3]从热情高涨逐渐变得疲惫不堪。于是，他回到了蒂罗尔，并转而对这场战争深恶痛绝。之后，阿彭策尔与旧瑞士邦联永久同盟结为联盟，然而，直到16世纪，阿彭策尔才被接纳为新成员州。在缴获的战利品中，有一面奥地利公国旗帜上面写着"如果不打败这些小丑，魔鬼就会带走我们"。虽然被称为"小丑"的瑞士人获得了最终的胜利，但奥地利公国并不愿意将这段耻辱的历史载入奥地利编年史中。

此时，整个德意志都在因约翰·胡司[4]的异端邪说而兴奋不已。约

---

[1] 库诺·冯·斯托芬（约1365—1411），1379年至1411年圣加仑修道院的采邑主教，因在哈布斯堡家族的支持下欺压阿彭策尔人民最终导致1401年至1429年的阿彭策尔战争爆发。
[2] 五年战争，指1401年至1405年的阿彭策尔战争的前期阶段。
[3] 奥地利公爵腓特烈三世（1415—1493），1439年起任奥地利公爵，哈布斯堡王朝的罗马人的国王，1440年至1493年在位，1452年加冕为神圣罗马帝国皇帝直至驾崩，他是最后一位在罗马由教皇加冕的神圣罗马帝国皇帝。
[4] 约翰·胡司（约1369—1415），捷克哲学家、宗教改革家，以献身教会改革和捷克民族主义的大义而殉道留名于世，被罗马天主教视为异教徒。1414年，康斯坦茨宗教会议判罚约翰·胡司有罪并于1415年将其处以火刑。

奥地利公爵腓特烈三世

约翰·胡司

翰·胡司积极宣传宗教改革，给罗马教廷及教皇造成了沉重打击。1412年，为结束分裂，同时打击自命不凡的敌对教皇，天主教召开了康斯坦茨宗教会议[①]。风云人物及其随从都聚集在康斯坦茨。在敌对教皇中，至少有三位自称正统教皇，并先后被逐出教会。神圣罗马帝国皇帝西吉斯蒙德[②]率领一众主教、公爵、君主国首领、大臣及所有基督教国家的使节亲临现场。会议期间，神圣罗马帝国皇帝西吉斯蒙德和奥地利公国的奥地利公爵腓特烈三世就敌对教宗问题发生了激烈争吵。神圣罗马帝国皇帝西吉斯蒙德呼吁神圣罗马帝国各自由城邦和旧瑞士邦联各州相互帮助，以对抗奥地利公爵腓特烈三世。但旧瑞士邦联各州刚刚与奥地利公爵腓特烈三世签订了五十年的停战协定，因而一时踌躇不前。虽然与宿敌奥地利公爵腓特烈三世战斗其乐无穷，但瓦尔茨特滕人还是回答道，我们不能违背誓言。然而，伯尔尼人则坚决反对瓦尔茨特滕人的说法。最终，除了楚格州仍然固执己见，纪律严明的伯尔尼人说服了同盟各州团结一致对抗奥地利公爵腓特烈三世。

　　同盟军迅速武装起来并陆续取得一连串的胜利。仅伯尔尼人就攻占了十七座城堡和带有城墙的城市，此外还以只损失四人的代价占领了几乎整个阿尔高州。卢塞恩人从卢塞恩州北部和东部进发席卷全国，而苏黎世人则占据了苏黎世湖附近的大片土地，并将势力一直延伸到罗伊斯河。除楚格州之外的旧瑞士邦联七州几乎占领了奥地利公国在旧瑞士邦联境内的每一寸土地。战事已经结束，接下来的工作就是分割战利品。伯尔尼、苏黎世和卢塞恩保留了各自占领的土地，而它们共同征服的土地则分给除伯尔尼之外的各州，因为人们认为伯尔尼已经所获甚多。然

[①] 康斯坦茨宗教会议，即康斯坦茨会议。为纠集天主教各派势力加紧镇压约翰·胡司领导的运动，同时解决天主教会的大分裂等问题，在神圣罗马帝国皇帝的主使下，1414年至1418年，天主教会于康斯坦茨召开的会议。
[②] 神圣罗马帝国皇帝西吉斯蒙德（1368—1437），生于纽伦堡，1433年加冕为神圣罗马帝国皇帝，是神圣罗马帝国皇帝查理四世之子。

康斯坦茨宗教会议

而，只有乌里州拒绝分享战果，乌里州代表称："神圣罗马帝国皇帝西吉斯蒙德和奥地利公爵腓特烈三世已经和好。我们应把侵占的土地还给神圣罗马帝国皇帝西吉斯蒙德以交还给奥地利公爵腓特烈三世。我们是永久同盟，对于不属于乌里州人的利益，我们分毫不取。"

乌里州人的天真被各州的人嘲笑不已。他们说："乌里州人是多么敬虔而谨慎，他们向来古怪。"出于对乌里州人的蔑视，各州将本应属于乌里州的土地划为公共领土，并由各州的执行官轮流管理。神圣罗马帝国皇帝西吉斯蒙德认可了各州攻占的土地。人民因此享受到了暂时的和平。

第8章

雷蒂亚省起义

（1427年—1471年）

15世纪初，捍卫自由的精神已经慢慢地渗透到上雷蒂亚的群山之中并逐渐影响如今的格劳宾登州。此前，罗马人一直占领着这一部分国土并在库尔附近修建了一处要塞。作为库尔市的创建者，罗马人从战略眼光出发，认为有必要在意大利和要征服的目标莱茵河之间设置一个据点。此外，这个据点还应该靠近横亘在阿尔卑斯山脉的来往的交通要道上。格劳宾登州境内拥有多条通道，同时还占据着连通卢克马尼尔山口、维亚玛拉峡谷、施普吕根山口、圣贝纳迪诺山口和圣哥达山口的主要通道。从瑞士"至高点"阿尔卑斯山脉奔流而下的是两条大河——莱茵河和多瑙河。

> 分道扬镳，奔流入海，
> 深邃宁静，气势磅礴，
> 静静地流淌过千城万镇，
> 滋养万物生灵，
> 似老族长游荡于帐篷之间。
> ——亨利·沃兹沃斯·朗费罗《金色的传说》

卢克马尼尔山口

施普昌根山口

随着神圣罗马帝国日渐式微，撒克逊①和法兰克征服者开始占领旧瑞士邦联。不堪其扰的瑞士人逐渐从险境逃到阿尔卑斯山脉中段比较安全的高地。尽管在高地下面的山谷中，矗立着旧瑞士邦联男爵们的城堡，但农民的生活依然受到了惊扰。贵族们如影随形地跟随农民们来到山顶，并在西伯利亚的松林中建造了新的城堡。这些城堡的废墟一直保存至今。

> 山顶上，是鳞次栉比的封建堡垒，
> 灰色墙壁在绿叶间掩映。
> 陡坡下，岩石嶙峋，
> 高傲腐朽的高贵拱门，
> 俯视着树荫中的山谷。
>
> ——乔治·戈登·拜伦《龙岩》

大大小小的残暴统治者将农民逼得走投无路。于是，愤怒的农民们拆毁了许多封建堡垒。几个世纪以来，农民们不断地遭受着库尔主教们、迪森蒂斯修道院院长们、各色伯爵和贵族们的严酷统治，最终，忍无可忍的农民们像瓦尔茨特滕人民一样起来反抗。由于法尔敦勋爵的两匹马踩坏了属下约翰·查达尔的麦苗，约翰·查达尔便当场杀掉了这两匹马。结果，约翰·查达尔立刻遭到逮捕，并被锁上了锁链，直到家人缴纳了一大笔罚金才重获自由。当约翰·查达尔返回家中时——正是晚餐时间，法尔敦勋爵来到他家中。当约翰·查达尔的家人向法尔敦勋爵问安时，法尔敦勋爵却轻蔑地将唾沫吐在了汤里。约翰·查达尔怒火中

---

① 撒克逊征服者，日耳曼人的一支，曾迁至现在的德意志联邦共和国境内的尼德萨克森一带，称为萨克森人。5世纪初，萨克森人入侵高卢海岸和不列颠海岸。为了便于区分，史学界将在不列颠定居的萨克森人称为撒克逊人。

烧，抓住法尔敦勋爵大喊道"给我喝掉这盘你调过味的肉汤"。接着，约翰·查达尔将法尔敦勋爵的头按到盘子里，直到将法尔敦勋爵掐死。之后，约翰·查达尔冲出门去，号召那些已经准备好起义的人们。

法尔敦勋爵的城堡首先倒下，然后是强迫属下与猪同食的巴伦堡伯爵的城堡，接着是霍亨·雷蒂恩城堡。长期压迫人民的霍亨雷蒂亚的库诺勋爵落在人民手中后，众人逼迫他骑马跃过城墙跳进莱茵河。传说每到夜晚，死去的库诺勋爵都会身着黑色盔甲，骑着一匹四蹄冒火星的幽灵战马，徘徊在莱茵河两岸为自己赎罪。形势不断恶化，直到几个最勇敢也最优秀的农民决定结束这场纷乱。这几个农民决定效仿吕特利的先辈，在位于伊兰茨和迪森蒂斯修道院之间的特伦斯村附近的一片树林里会面，并在这里商定了战斗路线。与此同时，每处公社和山谷的人都派出代表和各自的领主举行会晤，同时要求代表们在不损害贵族正当权益的前提下，保证所有人享有法律权利和人身权利。

情势危急之时，迫切需要一位具备足够的智慧、能够做出正确决策、足够坦诚且有精力执行决策的人调解农民和贵族之间的矛盾。迪森蒂斯修道院院长普廷加的彼得是第一位对人民的正义要求做出让步的人。之后，其他贵族纷纷效仿。最终，在特伦斯村圣安娜老教堂附近的一棵枝叶繁茂的梧桐树下，迪森蒂斯的贵族们与人民举行了集会。到19世纪时，这棵已经中空的梧桐树仍然耸立着。每年5月，仅剩的几支参差不齐的树枝都会长出新叶，仿佛在纪念那场庄严的集会。教堂屋顶镌刻着拉丁经文"主所在即自由"和"我们的祖先仰望主、信奉主，因此，得主拯救"。1424年5月，正是在特伦斯村圣安娜老教堂，迪森蒂斯修道院院长及男爵和伯爵们向圣父、圣子和圣灵[①]起誓与人民缔结永久契约，以维护正义和安全。

---

① 基督教圣三位一体。

"灰衣同盟"①就此形成,并将周围国家称为"格劳宾登"。自1396年以来,四座山谷组成了"上帝之家同盟"②。1436年,"十辖区同盟"③在蒂罗尔边境的山区成立。1471年,"上帝之家同盟"和"十辖区同盟"加入了格劳宾登,并在三个同盟的基础上形成了如今的格劳宾登州。

"十辖区同盟"曾经是托根堡伯爵弗雷德里克七世④的领土。托根堡伯爵弗雷德里克七世富有而无子嗣。1436年,托根堡伯爵弗雷德里克七

上帝之家同盟的旗帜

---

① 灰衣同盟,15世纪时,格劳宾登州出现了一个类似于瑞士邦联的联盟。该联盟由上帝之家同盟、灰衣同盟和十辖区同盟三个同盟组成。灰衣同盟得名于代表们穿的灰色罩袍。
② 上帝之家同盟,1367年1月29日成立,以抵抗崛起的库尔主教和哈布斯堡王朝。
③ 十辖区同盟,为三同盟中最晚成立的同盟,于托根堡伯爵弗雷德里克七世去世后在托根堡地区成立,以抵抗哈布斯堡王朝,并很快与灰衣同盟和上帝之家同盟结盟。
④ 托根堡伯爵弗雷德里克七世(约1370—1436),是托根堡家族中最后一位伯爵,因其死后既无子嗣亦无遗嘱,最终导致古苏黎世战争爆发。

托根堡伯爵弗雷德里克七世

世的去世引发了极大的骚动和冲突。"十辖区同盟"威胁至少要将八州联邦中的一个州赶出旧瑞士邦联。托根堡家族曾经统治着广袤的土地。其势力范围沿巍峨的森蒂斯峰附近的阿彭策尔阿尔卑斯山脉，从苏黎世湖一直延伸至蒂罗尔。

啊，森蒂斯！你配得上这冠冕，
"七位王子"站在你的宝座前。

> 无边无际的乐土，
>
> 连白雪皑皑的蒂罗尔都向你致敬，
>
> 向你俯首称臣。

托根堡伯爵弗雷德里克七世虽然在北方的图尔高州也拥有许多领土，但没有留下一个直系继承人。很多人都愿意当这个继承人。托根堡伯爵弗雷德里克七世的遗孀和一些远房亲戚都提出了继承要求。甚至连苏黎世和施维茨也声称它们应享有部分遗产，二者的理由是托根堡伯爵弗雷德里克七世是两个城镇的共同市民。随后，托根堡地区发生了可怕的骚乱。托根堡伯爵弗雷德里克七世的遗孀非常慷慨地放弃了不属于她的遗产，并将位于圣加仑的乌茨纳赫城及其周边山峦赠予苏黎世，以试图换取苏黎世的友谊。瓦伦湖畔的一些住在山谷的人宣布效忠施维茨，而萨尔甘斯人则寻求奥地利人的保护。为解决分歧，人们在苏黎世召开了一次大会，但会议并没有解决分歧。因为两个州的统治者——苏黎世市市长鲁道夫·施图西[①]和施维茨州州长伊塔尔·雷丁[②]——都只关心各自城镇的扩张，并且憎恨对方。在会谈破裂后，虽然旧瑞士邦联军在伯尔尼对苏黎世做出了仲裁，但苏黎世拒绝服从决议。1439年，其他各州都对苏黎世——这座发动叛乱的城镇——宣战。一份宣战声明被绑在一根棍子上，然后由施维茨的一名使者送出。鲁道夫·施图西下令将使者抓获，并亲手用棍子鞭笞他，然后遣送他回家。看到瑞士邦联军在埃塞尔峰集结，苏黎世人瞬间惊慌失措，未做任何抵抗便坐上湖上的五十二艘船逃之夭夭。

---

① 鲁道夫·施图西（？—1443），曾在15世纪中叶担任苏黎世市市长，其扩张苏黎世的野心引发了古苏黎世战争。

② 伊塔尔·雷丁（1370—1447），瑞士政治家，在瑞士联邦古苏黎世战争期间作为施维茨州州长对抗苏黎世，曾掌控施维茨州三十多年。

之后，双方休战，然而在休战期间，曾经在一百年前肆虐欧洲的瘟疫再次爆发。瘟疫袭击了巴塞尔市。很快，位于巴塞尔的教会议会就只剩下一名成员，其他人要么逃走，要么死于瘟疫。康斯坦茨和伯尔尼也有数百名居民死去，而苏黎世则有三千人丧生——这一数字占到苏黎世总人口的四分之一。不幸的是，鲁道夫·施图西及其周围那些麻烦人物幸存了下来，并给不幸的苏黎世带来了新的灾祸。德意志人刚推选出了一位新皇帝，即罗马人的国王腓特烈三世——在森帕赫战役中殒命的奥地利公爵利奥波德三世之孙。初登皇位，腓特烈三世便宣布他的首要目标是夺回祖先在莫尔加尔滕和劳彭战役中失去的领地，并在1442年与苏黎世签订条约。

腓特烈三世与苏黎世缔结条约的事公之于众后，旧瑞士邦联各州陷入了无休止的恐惧中。即便如此，旧瑞士邦联各州还是给了苏黎世一次机会。各州提醒苏黎世与旧瑞士邦联的关系已经破裂，并呼吁苏黎世放弃与奥地利公国结盟。然而，苏黎世辜负了各州的宽宏大量。苏黎世人不仅拒绝让步，而且将旧瑞士邦联旗帜的白色十字架换成了仇敌奥地利公国的红色十字架，并在帽子上佩戴令人厌恶的孔雀羽毛和帝国雄鹰。

旧瑞士邦联各州再次向疯狂的苏黎世人宣战。战役第一年，旧瑞士邦联军取得大捷，攻占了苏黎世与奥地利公国联盟军的防御工事，并摧毁了各地的村庄和城市。在经历长时间的防守后，布雷姆加滕陷落了。巴登城向胜利者打开了大门。旧瑞士邦联军洗劫了吕蒂修道院，并偷走了修道院著名的鸣钟，还对故去的名人剖棺戮尸。这些故去的名人就包括生前令人敬畏死后让人唏嘘的托根堡伯爵弗雷德里克七世。和其他人一样，托根堡伯爵弗雷德里克七世的遗体也遭到亵渎。最后，旧瑞士邦联各州共五千名士兵向苏黎世挺进。1443年7月22日，苏黎世城墙附近发生了一场惨烈的战斗。苏黎世人大败，并经由锡尔河上的小桥落荒而逃。鲁道夫·施图西虽然有缺点，但他是个勇敢的人，他决心慷慨赴死。鲁道

苏黎世人经由锡尔河上的小桥落荒而逃

夫·施图西曾经手持宽大的战斧,独自站在桥上,试图阻止属下逃跑,然而都是徒劳。鲁道夫·施图西的一名属下转身喊道"上帝可鉴,这都是拜你所赐",然后用长矛刺穿了鲁道夫·施图西的身体。随后,施维茨征服者们制造了一起惨绝人寰的事件。他们将鲁道夫·施图西的尸体撕成碎片,并将血肉横飞的残骸扔进了锡尔河。如今,苏黎世的一座广场上仍矗立着市长鲁道夫·施图西的雕像。雕像上的鲁道夫·施图西威风凛凛,身披铠甲,手握一把宽大的战斧。施维茨人虽然继续着他们的胜利事业,但因残酷地对待手无寸铁的敌人而使自身蒙羞。

神圣罗马帝国皇帝腓特烈三世还召集了一支法兰西军队来征服旧瑞士邦联。这支军队由阿马尼亚克人组成并由法兰西王国王太子路易——

法兰西王国国王太子路易

后来的法兰西王国国王路易十一[①]——指挥。军队经由巴塞尔附近进入瑞士并在途中与奥地利公国军队会合。瑞士人立即派遣了一千六百人增援巴塞尔。正是这支小分队参加了虽败犹荣的圣雅各布战役[②]。小分队游过比尔斯河，然后勇敢地向对手挺进，但因为人数有数倍之多的奥地利公国军队太过强大，小分队被打散，不得不一分为二地作战。五百名士

[①] 法兰西王国国王路易十一（1423—1483），1461年至1483年在位，法兰西王国瓦卢瓦王朝国王，法兰西国土统一的奠基人。其父为打赢百年战争的查理七世。
[②] 圣雅各布战役，旧瑞士邦联与法兰西王国之间的一次残酷战役。1444年9月，法兰西王国王太子路易率领阿马尼亚克军队入侵瑞士并与旧瑞士邦联军队在巴塞尔附近的圣雅各布相遇。之后，旧瑞士邦联军队退守圣雅各布·安德米尔斯医院继续坚持战斗，最终迫使法兰西王国王太子路易撤军。

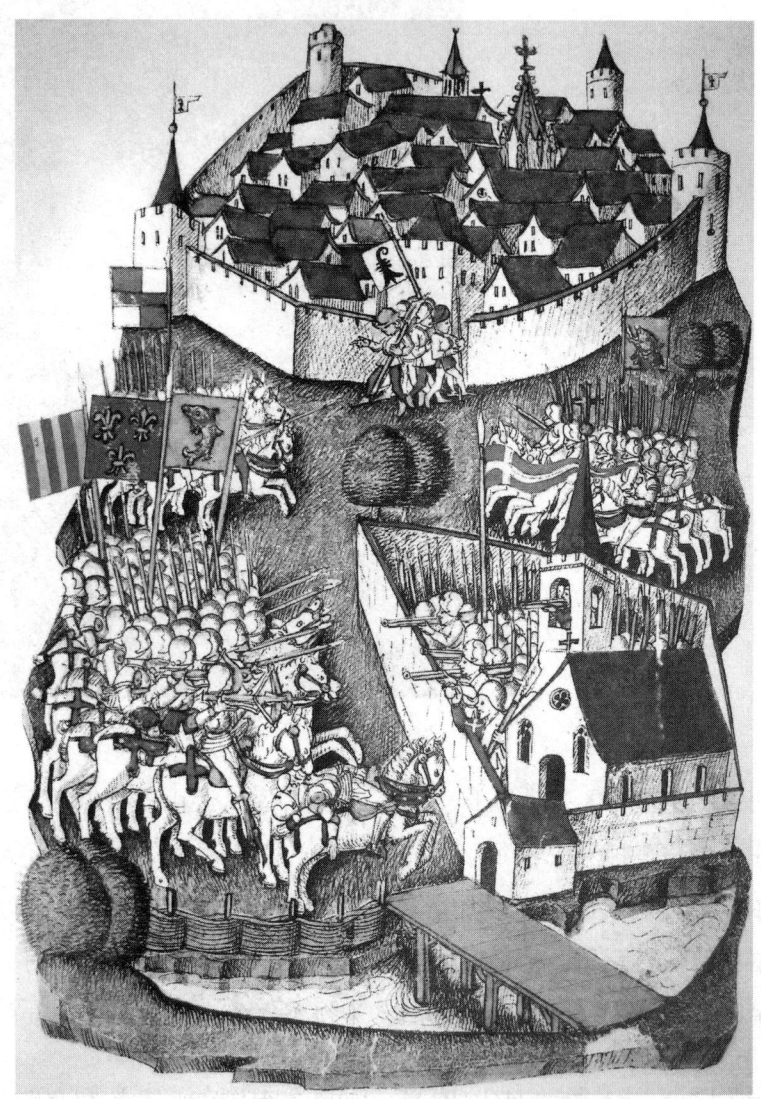

圣雅各布战役

圣雅各布战役中的巴塞尔军队

兵接连战死沙场，其余的士兵则倒在圣雅各医院的墙边。士兵们高喊道"我们的身体让给阿马尼亚克人，但我们的灵魂属于上帝"，然后勇敢地迎接他们的命运。士兵们像狮子一样勇敢地战斗了一个漫长的夏日，他们三次击退敌军，两次主动发起攻击。教堂和医院都被奥地利公国军队烧毁。尽管战斗中身后倚靠的那堵墙已化为废墟，但士兵们仍然直面敌军，战斗至最后一人。一千六百名士兵中仅有十人逃出生还，而这十人因抛弃战友被逐出瑞士。

虽然付出了高昂的代价，但法兰西王国王太子路易仍然对获胜感到满意，并拒绝再对这样一个顽强勇敢的民族采取任何行动。作为未来的国王，法兰西王国王太子路易可能正是在圣雅各布战役中学会了敬畏旧瑞士邦联士兵的勇气。圣雅各布战役甚至可能使法兰西王国王太子路易在内心深处产生了让旧瑞士邦联士兵成为他进行扩张的工具的想法。1444年，法兰西王国王太子路易在昂西塞姆与旧瑞士邦联达成和平协议。

战争持续进行。旧瑞士邦联军队不断取得胜利，直到这场败局已定的圣雅各布战役使法兰西王国王太子路易不胜其烦。鲁道夫·施图西和伊塔尔·雷丁都已经殒命。苏黎世和其他邦联军认为彼此之间的分歧很容易和解。于是，为了消除分歧，双方安排了一次会议。由于彼此互不信任，最终，苏黎世和其他邦联军决定在苏黎世湖的两艘船上会面。而圣约翰骑士团①的指挥官休·德·蒙特福特②则乘坐第三艘船参加，并敦促双方和平会晤。最终，伯尔尼最高行政官海因里希·冯·布本伯格③以仲裁者的身份做出裁决，苏黎世应放弃与奥地利公国的联盟，因为这种做法违反了旧瑞士邦联的原则。裁决同时规定除苏黎世湖上部区域的一

---

① 圣约翰骑士团，又称马耳他骑士团，是最古老的天主教修道骑士会之一，前身是成立于第一次十字军运动之后的天主教军事组织医院骑士团，著名的三大骑士团之一。
② 休·德·蒙特福特，英格兰人，出身诺曼底贵族家庭。其祖先曾随征服者威廉——英格兰王国国王威廉一世四处征战。
③ 海因里希·冯·布本伯格，指海因里希四世，曾任伯尔尼督导官和施维茨领主。

海因里希·冯·布本伯格

小片通往施维茨的狭长地带外，旧瑞士邦联应归还苏黎世在战争中失去的所有领土。而最初的争论焦点——托根堡遗产——被甩给了已故托根堡伯爵弗雷德里克七世的远房亲戚。直到1449年，这位远房亲戚才将托根堡遗产出售给了圣加仑修道院院长。

这场愚蠢的战争不仅使苏黎世损失了巨额财富，而且夺去了苏黎世一些优秀市民的生命。战争还在伯尔尼和弗里堡之间造成了双方对彼此的强烈憎恶。尽管弗里堡已经站在奥地利公国一边,但奥地利公国通过公爵府①以一贯的压迫和税收,以及各种残酷行径来回报弗里堡的忠诚。之后,由于弗里堡和奥地利公国都无力偿还拖欠萨伏依的一笔债务,奥地利公国与萨伏依公国私下谈判,奥地利公国将弗里堡割让给萨伏依公国。奥地利公国驻哈尔维尔元帅图灵奉命撤离弗里堡。图灵对撤离做出了如下安排:他告知弗里堡议会称奥地利大公阿尔布雷希特六世②要来弗里堡访问,并借走了能收集到的所有银器,以举行盛大的宴会来欢迎大公。之后,图灵将银器装好,然后骑马悄悄走出城门,他的身后跟着弗里堡市市长和几个市民代表。在离城不远的地方,图灵停了下来,他将奥地利大公阿尔布雷希特六世宣布放弃对弗里堡所有权利的文件交给呆若木鸡的弗里堡市市长,并说道:"那些银器就是你们获得自由的代价,永别了。"说完这句话后,图灵便骑着马离开了,留下目瞪口呆的弗里堡市市长和市民代表。

　　此时的旧瑞士邦联虽然名义上处于和平状态,但各州之间一直存在不安和冲突。1458年,因为一种叫作"普拉帕特"③的劣质铜币,康斯坦茨与其他各州发生了争执,并处于开战的边缘。平民出身的伯尔尼市市长彼得·基斯特勒严格执行禁奢令④,令伯尔尼人深感不安。彼得·基斯特勒特别批评了妇女们穿着的裙子,以及她们对禁奢令这一压迫行为的反抗态度。彼得·基斯特勒的做法几乎激起了这些女性的丈夫和兄弟之间的内战。受到采邑主教库萨的尼古拉公然对抗奥地利公爵西吉斯蒙德⑤

---

① 公爵府,中世纪封建国家在被占领地设置的统治机构,并派公爵进行治理。
② 奥地利大公阿尔布雷希特六世(1418—1463),哈布斯堡家族成员,1424年成为奥地利公爵,1453年升为奥地利大公国大公。
③ 普拉帕特,一种劣质古钱币,1421年在伯尔尼、卢塞恩、弗里堡和苏黎世首次发行。
④ 禁奢令,为限制奢侈品或奢侈行为制定的法律,特别是针对服装、食品、家具等方面的过度支出。
⑤ 奥地利公爵西吉斯蒙德(1427—1496),哈布斯堡家族成员,1439年起任奥地利公爵,1477年升为大公。

奥地利公爵西吉斯蒙德

的鼓舞，旧瑞士邦联军攻入图尔高州，并在1468年使图尔高成为旧瑞士邦联的领土，同时使温特图尔城成为苏黎世的属地。

只有格劳宾登州没有参与这些骚乱。格劳宾登人还在初尝自由的果实，此外别无他求。当然，格劳宾登人的自由仍是一株需要不断呵护的"幼苗"。在特伦斯村会议①之后的许多年里，因为无法听任新秩序的摆布，格劳宾登人和不同的贵族们进行斗争。1471年上帝之家同盟、灰衣

---

① 特伦斯村会议，指前文迪森蒂斯修道院院长与迪森蒂斯人民在圣安娜老教堂议和，缔结永久和平契约。

同盟和十辖区同盟合并时，大家曾同意每年轮流在库尔、伊兰茨和达沃斯举行一般性会议以讨论内部事务。会议通过的法律会传达给不同的公社。公社则在最优秀最诚实的人当中选出各自的地方长官。这样一来，在可以俯视意大利的高山中的农民们逐渐富裕起来。

外乡人，徘徊在瑞士的土地上，
在巍峨的山峰前心怀畏惧，
但他依然忍耐劳苦，站得笔直，
不毛的山顶上，万物寂静，
他用血色模糊的眼睛遥望远方，
一个金色海岸的国度，
新的激情和希望浮现，
南方的花朵永远绽放。

第 9 章

与勃艮第公国的战争

（1474年—1477年）

成功击败了当时欧洲公认的军事领袖勃艮第公爵大胆查理[①]是瑞士历史上的一件大事。在这场战争中，瑞士人专注于应对狡猾的宿敌——法兰西王国国王路易十一。路易十一与勃艮第公爵大胆查理毕生明争暗斗

勃艮第公爵大胆查理

[①] 大胆查理（1433—1477），最后一任独立的勃艮第公爵，1467年至1477年在位。以他的才华本来可以在神圣罗马帝国和法兰西王国中间创造一个强大的国家，但因不走运而失去了一切。

的故事妇孺皆知。人们沉迷在《惊婚记》[①]那让人无法抗拒的魅力中，甚至忘记了史实。高明的路易十一很快就看穿了瑞士人的两种劣根性——好战和贪财，并对这两种劣根性加以充分利用。路易十一对各城市的议会大臣们不断地献殷勤、送礼物，并对他们大加奉承，因此，成功笼络了旧瑞士邦联的大多数城市——特别是伯尔尼。鉴于伯尔尼、苏黎世和卢塞恩的影响力，1474年，路易十一与旧瑞士邦联各州缔结合约。只有翁特瓦尔登州因认为战争无助于旧瑞士邦联的荣誉和进步拒绝参战。在协议达成之后，路易十一向旧瑞士邦联赠送了价值两万法郎的礼物。这些礼物由伯尔尼的迪斯巴赫家族及其同僚酌情分配。

迪斯巴赫家族的纹章

---

① 《惊婚记》，英国小说家沃尔特·司各特的长篇小说，描写了路易十一和他的宫廷。但沃尔特·司各特笔下的路易十一被蒙上了传奇色彩，并不是真正的历史人物。

伯尔尼、苏黎世和卢塞恩分走的礼物大约占这批礼物——价值一百五十万法郎——的一半。在拿走礼物之前，伯尔尼还道貌岸然地废除了自己制定的反受贿法令。剩余的礼物都赠给了迪斯巴赫家族和其他忠诚于法兰西王国的平民。在初步分配完礼物后，各州开始寻找对勃艮第公爵大胆查理发动战争的合理借口。最终，旧瑞士邦联各州找到了不少于三个借口。首先，勃艮第公爵大胆查理的雇佣兵领袖彼得·冯·哈根巴赫①未能保护往返于勃艮第的旧瑞士邦联商人免受勃艮第士兵的虐待。其次，勃艮第公爵大胆查理将洛林公爵勒内二世②赶出了自己的领

洛林公爵勒内二世

---

① 彼得·冯·哈根巴赫（约1420—1474），法兰西王国阿尔萨斯省骑士，日耳曼军事指挥官。
② 洛林公爵勒内二世（1451—1508），1470年成为沃代蒙伯爵，1473年成为洛林公爵。

土。当时，洛林公爵勒内二世正在寻求旧瑞士邦联各州的帮助。最后，神圣罗马帝国皇帝腓特烈三世请求旧瑞士邦联各州为他提供援助。他的理由是各州仍是神圣罗马帝国的成员。之后，神圣罗马帝国皇帝腓特烈三世发出了集结军队的召令。各州在收到召令后便立即表示服从。

各州都开始派兵参战，甚至连翁特瓦尔登州也奉命派出军队。1474年10月，在第一次战役中，旧瑞士邦联各州击败了勃艮第人。这也是旧瑞士邦联军队第一次与奥地利大公国军队并肩作战。1475年初春，旧瑞士邦联军队翻越侏罗山脉，攻克了许多城堡。其中最著名的是奥尔布城堡和格朗松城堡。格朗松城堡是一座建于11世纪的方形城垛防卫建筑，也是许多好战贵族的主要据点。格朗松城堡"铃铛小声音大"的座右铭

格朗松城堡

在自己的地盘上很有名。格朗松族的最后一人——格朗松的奥顿①曾在1405年的一场司法决斗②中战死。后来，他的雕像便被保存在洛桑大教堂。当瑞士人攻击格朗松时，格朗松的指挥官德·茹瓦尼只占据了一个小要塞。于是，他召集附近的农民一起防御城堡。然而，瑞士人袭击了城堡背后的城镇，并强攻其中的一扇堡门。城堡的大门刚一被攻破，要塞守军便举手投降——条件是要塞守军可以带走所有贵重物品。瑞士人虽然口头上答应了，但要塞守军出城投降后，瑞士人随即违背了诺言，掳走了所有值钱的物品。

与格朗松城堡相比，奥尔布城堡的结局更惨。奥尔布城堡由一群精心挑选的骑士和披甲步兵驻守。愤怒的瑞士人逼迫奥尔布城堡守军从城垛上跳下，这些守军不屑于"像格朗松的懦夫"那样投降，最终被瑞士人用长矛逐一杀死。奥尔布城堡守军的尸体四处散落在城堡的走廊和房间里，或堆积在庭院中，或挂在城垛下方锯齿状的岩石上。管中窥豹，可见一斑。瑞士人几乎所向披靡。不过，在他们的每一次胜利之后，都伴随着残酷的烧杀掳掠。瑞士人的这些暴行使这场毫无意义的战争变得更加黑暗。即使是远至萨伏依的城堡，也都被瑞士人付之一炬。旧瑞士邦联军的旗帜开始在莱芒湖畔飘扬。

1476年的战事开局有所不同。尽管在格朗松战役③中，路易十一曾经极力撺掇瑞士人，但此时的路易十一准备抛弃瑞士人，与勃艮第公爵大胆查理签订为期数年的停战协议。在不久前，勃艮第公爵大胆查理刚与神圣罗马帝国皇帝腓特烈三世议和。现在，勃艮第公爵大胆查理可以全神贯注地对付瑞士人，复仇的日子马上要到了。到那时，瑞士人将会

---

① 格朗松的奥顿（1238—1328），英格兰王国国王爱德华一世麾下最杰出的萨伏依骑士。他是爱德华一世最亲密的私人朋友，与爱德华一世有许多共同的兴趣。
② 司法决斗，古代的一种特殊的审判法，控辩双方通过决斗辨明真伪。
③ 格朗松战役，1476年3月2日发生，是勃艮第战争的一部分。勃艮第公爵大胆查理在格朗松战役中遭遇了重大失败。

战栗不已。于是，瑞士派大使拜访勃艮第公爵大胆查理，并向他祈求议和。旧瑞士邦联使者向勃艮第公爵大胆查理诉说了旧瑞士邦联的贫穷，并称派骑士攻打旧瑞士邦联实在是得不偿失。然而，瑞士人的祈求于事无补，因为瑞士人的强大对手已经被唤醒。

勃艮第公爵大胆查理统率一支六万人的部队进攻瑞士，并修建了一个类似勃艮第富裕城镇的营地。勃艮第公爵大胆查理首先围攻了此前失守的格朗松城堡，并将格朗松城堡包围了六个星期。旧瑞士邦联军虽然曾两次试图解救格朗松城堡，但都以失败告终。1476年3月29日，格朗松城堡守军向勃艮第公爵大胆查理投降。之后，这支四百一十二人的守军

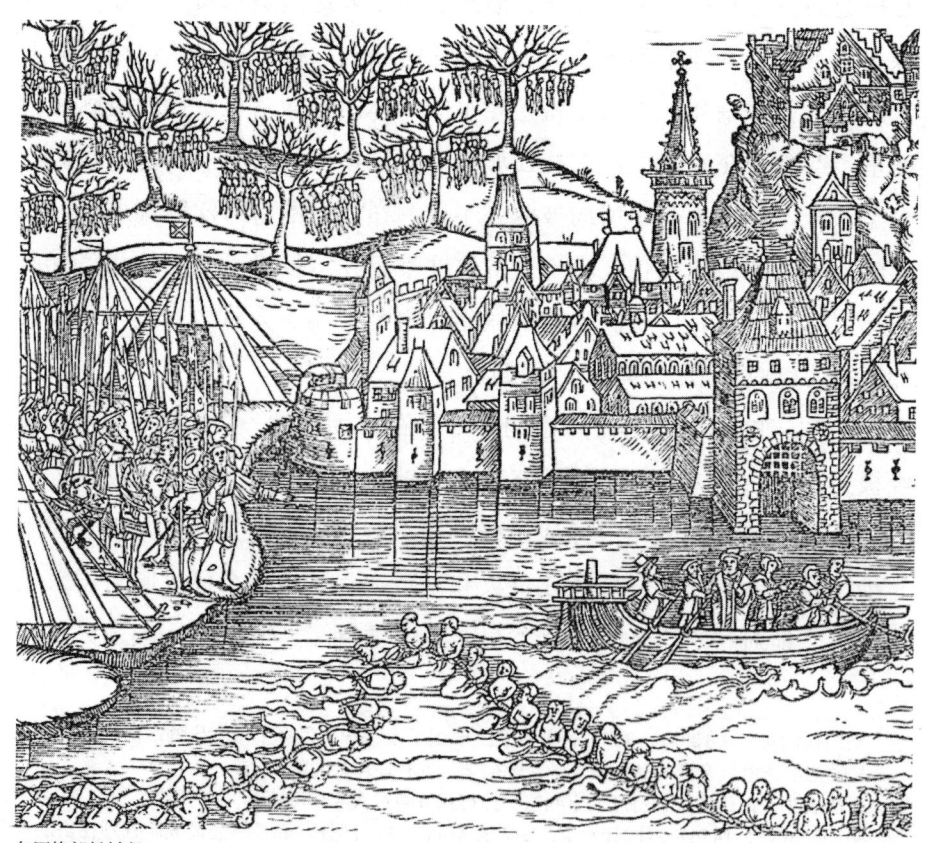
包围格朗松城堡

被押往城后的一座小山。在一块至今仍以"莫孔赛依之石①"命名的宽阔岩石旁,勃艮第公爵大胆查理下令将他们绞死在营地四周的树上。

听到格朗松城堡投降的消息后,旧瑞士邦联军以最快速度向格朗松挺近。1476年4月3日凌晨,由卢塞恩、施维茨和伯尔尼高地的士兵组成的先头部队抵达纳沙泰尔湖和侏罗山脉之间的葡萄园。在勃艮第军队进军时,旧瑞士邦联军正结成方阵队形跪在地上祈祷。勃艮第公爵大胆查理以为旧瑞士邦联军在跪地求饶,便大喊道:"圣乔治②,请怜悯这

旧瑞士邦联军跪在地上祈祷

① 莫孔赛依之石,指莫孔赛依城堡的遗迹。该城堡在13世纪时由圣殿骑士团建造,是用来抵御攻击和关押囚犯的地方。
② 圣乔治(275—303),生于巴勒斯坦,是罗马军队中的一名士兵,后来被尊为基督教殉道者。在圣徒传记中,圣乔治是天主教、圣公会、东正教和东方东正教中最受尊敬的圣徒之一,也是"十四救难圣人"之一。

些恶棍吧！炮兵，向这些恶棍开火！"喊完这些话，勃艮第公爵大胆查理就发现自己错了。祈祷的旧瑞士邦联士兵们站了起来。与此同时，弗里堡和伯尔尼军队也已赶到。于是，旧瑞士邦联军队开始向勃艮第军队进攻。旧瑞士邦联军队的攻击"像冰雹一样砸在幸灾乐祸的骑士身上"。先头部队战斗了整整一个小时，最终凭借自身兵力击退了勃艮第公爵大胆查理的军队。之后，旧瑞士邦联主力军抵达战场。烈日昭昭，旌旗飘飘，长矛上闪耀着银色的光。乌里州和翁特瓦尔登州的号角声响彻战场。勇猛果敢的旧瑞士邦联军队斗志正酣。此时，勃艮第公爵大胆查理命令军队主力在平原上收缩，以便将旧瑞士邦联军队引入包围圈。但当看到主力部队的收缩和刚刚到达的旧瑞士邦联军时，勃艮第公爵大

旧瑞士邦联军与勃艮第军队交战

胆查理的后备军以为己方军队已经战败。于是,他们便高喊道:"快跑啊!"接着便四下逃散。尽管大惊失色的勃艮第公爵大胆查理不断地集结散落的零星部队并试图稳定军心,但始终无法抵挡瑞士人的冲锋。最终,手下将领劝说勃艮第公爵大胆查理撤离战场。因为士兵们的逃跑非常突然和迅速,这次撤退有一千人丧生。

获胜的旧瑞士邦联军队现在只在意两件事。第一件事是死去同胞的尸体还凄惨地挂在格朗松城堡旁边的树上,并且面目分明、清晰可辨。一些老战友将尸体从树上取下来并将其安葬,另一些人则悲愤欲绝,他们将半死不活的勃艮第人拖走,然后绞杀掉。在到达勃艮第公爵大胆查理的营地后,犹如井底之蛙的瑞士人看到堆积在营地里的前所未见的战

旧瑞士邦联军队到达勃艮第公爵大胆查理的营地

利品时不禁大吃一惊。勃艮第公爵大胆查理原本计划于1477年冬天在萨伏依登基，因而随军带来了价值连城的奇珍异宝。其中有王国之剑和一顶镶嵌着著名的萨伏依宝石的帽子。几经浮沉后，这颗萨伏依宝石曾辗转返回其故乡印度。1835年，阿纳托利·尼古拉耶维奇·德米多夫以五十万法郎的价格购得这颗萨伏依宝石。第二件事是一段小插曲。一个瑞士人在路上捡到了教皇的三重冕①，并以三法郎的价格卖给了一名牧师。时至今日，纪念格朗松战役胜利的盔甲、华丽的挂毯和旗帜仍悬挂在旧瑞士邦联教堂和军火库中，吸引着好奇的陌生人。

  勃艮第公爵大胆查理在经历格朗松惨败的可怕打击后并没有心灰意冷。在盟友离开而对手又幸灾乐祸时，勃艮第公爵大胆查理正忙着在领地内招兵买马和重整旗鼓。勃艮第公爵大胆查理派人将教堂里的钟铸成火炮，同时用或劝或抢的手段筹措军资。1476年6月月初，勃艮第公爵大胆查理来到纳沙泰尔湖对岸的穆尔滕，要求全镇的人向他投降，但穆尔滕人拒不投降。于是，担心格朗松再次沦陷的旧瑞士邦联军也开始在穆尔滕集结。1476年6月22日，即劳彭战役周年纪念日，瑞士人在穆尔滕赢得了另一场伟大战役②的胜利。法伊特·韦伯③曾参加此次战役。多才多艺的他用朴实无华的诗句淋漓尽致地描述了穆尔滕战役的经过。

    消息遍传四方，
    勃艮第入侵穆尔滕。
    众人为国策马奔腾，

---

① 三重冕，过去天主教教皇戴的三层冠冕，由主教冠和三面王冠组成，后有两条垂带，只在加冕等正式场合佩戴。
② 指穆尔滕战役。1476年5月，勃艮第公爵大胆查理集结重兵包围了旧瑞士邦联山区西部的重要城市穆尔滕，结果却遭惨败。勃艮第公爵大胆查理从此一蹶不振。
③ 法伊特·韦伯，瑞士弗里堡人，主要诗作为战争诗，曾参与穆尔滕战役与勃艮第公爵大胆查理作战并写下了《穆尔滕战役》一诗。

穆尔滕战役

与勃艮第作战。
将领们短暂辩论，
战争何时到来。
上帝啊！持久的争论何时结束？
将领们是否胆怯？
碧空烈日灼，
时光流逝，我们在贻误战机，
何时杀敌作战？

转瞬间敌人丢盔弃甲，
兵勇皆逃散，
广阔的战场呈现眼前。
长矛入地没膝深。
穿越密林，迂回战场，
躲避炎炎烈日。
有人逃入湖中，
惨被湖水溺毙。
敌军涉水渡湖，
像群鸭水中游弋，
如群鸭般逃散，
只能坐以待毙。
湖上追赶敌军，
以桨击杀之，
敌人痛声哀号，
碧湖染红。
敌人攀上高树，

如乌鸦般被射杀。
只得坐以待毙。

熙熙攘攘的营地，
落入瑞士人之手。
贫穷的旧瑞士联邦，
似乞丐一夜暴富。

法伊特·韦伯一手攥握利剑，
一手赋诗成章。
白日持剑劈敌，
夜晚吟唱诗歌。
张弓，挥剑，
既是提琴手和斗士，
又是女士和主的捍卫者，
亦是舞者和教士。

　　再次战败后，勃艮第公爵大胆查理逃到了日内瓦湖。此时的他只剩下一支大约三十名骑士的小分队。经过一场血战，勃艮第公爵大胆查理的军队有一万五千名到两万名士兵阵亡。1485年，这些阵亡士兵的骸骨被集中到一座藏骨堂中。这座藏骨堂就在靠近迈林根小镇的湖边。藏骨堂中刻有纪念胜利的碑文："向外侮展示团结的旧瑞士邦联是多么强大。"然而，这些遗迹并未能保留下来。15世纪末，旧瑞士邦联曾被法兰西王国军队占领。为避免辱及祖先，一支勃艮第军团将这座藏骨堂拆毁。这支军团在骸骨上堆起一处坟冢，并按照法式传统在坟冢上栽下一棵"自由之树"。不过，坟冢很快便被湖水冲走，只留下这些骸骨在湖

勃艮第公爵大胆查理战败逃走

岸上遭受风吹雨打。直到1822年，人们才对这些骸骨加以覆盖，并在上面建了一座简单的大理石方尖碑，以纪念穆尔滕战役的胜利。

　　战败逃走后的勃艮第公爵大胆查理几近精神崩溃。随着时间流逝，勃艮第公爵大胆查理逐渐转悲为喜。他将自己幻想成瑞士的征服者，并

再次在勃艮第招兵买马、筹措军资、铸造大炮及锻造长矛。1476年10月,勃艮第公爵大胆查理占领了大片土地,并包围了由洛林公爵勒内二世重新占领的南锡城。旧瑞士邦联军作为洛林公爵勒内二世的援军参战,并在南锡城外第三次——同时也是最后一次——击败了勃艮第公爵大胆查理。勃艮第公爵大胆查理的军队从战斗一开始就显得士气低落。所有杰出的将领都劝勃艮第公爵大胆查理不要冒险，以免再次战败。但这些将领的建议是徒劳的。勃艮第公爵大胆查理对逆耳忠言置若罔闻，结果逐渐走向毁灭。

与此同时，旧瑞士邦联军队乘胜进军。威廉·赫特将军制订并顺利实施了进攻计划。一支旧瑞士邦联军队迂回占领了山顶，并吸引了勃艮第公爵大胆查理的炮兵火力，然后迅速向炮兵们发起突击。勃艮第公爵大胆查理发现己方军队的左右两翼在几分钟内同时遭到了攻击。此时，勃艮第公爵大胆查理的前锋指挥官坎波巴索伯爵科拉·蒙特福特①背信弃

坎波巴索伯爵科拉·蒙特福特

---

① 波巴索伯爵科拉·蒙特福特（1415—1478），曾为意大利中南部那不勒斯东北的坎波巴索地区的伯爵。

义，向洛林公爵勒内二世投降。勃艮第公爵大胆查理已经走投无路，只能选择逃跑或死亡。勃艮第公爵大胆查理毫不犹豫地准备向对手发起冲锋。但他刚一戴上头盔，头盔上镶嵌的金狮就掉在了地上。勃艮第公爵大胆查理哀叹道："这是上帝的旨意啊！"说完，勃艮第公爵大胆查理便率领一支小队向敌人冲去。勃艮第公爵大胆查理一次又一次地冲锋，直到自己血流满面，身边的士兵越来越少。勃艮第公爵大胆查理手下的一名意大利科隆纳侍从目睹了勃艮第公爵大胆查理身陷重围的过程。勃艮第公爵大胆查理的战马滑倒在结了冰的地面上。第二天，人们在勃艮第公爵大胆查理坠马的地方发现了他的尸体。勃艮第公爵大胆查理的尸体上有旧瑞士邦联军人长戟留下的伤口。勃艮第公爵大胆查理死后，洛林公爵勒内二世恢复了对洛林的统治，并前来查看勃艮第公爵大胆查理的尸体。勃艮第公爵大胆查理虽然有很多缺点，但称得上是"天纵之才"。洛林公爵勒内二世握着勃艮第公爵大胆查理的手放声大哭道："好兄弟，虽然你给我们带来了许多不幸，但愿上帝保佑你。"

　　1477年1月5日，南锡战役[①]打响。勃艮第公爵大胆查理的死标志着勃艮第战争[②]的结束。虽然旧瑞士邦联军在战役中勇气可嘉、纪律严明，但任何一个真正的旧瑞士邦联爱国者都会认为南锡战役是一段不堪回首的历史。南锡战役确实使旧瑞士邦联军力一跃跻身于欧洲前列，并使旧瑞士邦联步兵享誉三个多世纪。然而，从为了得到法兰西王国贿赂的黄金而发动非正义战争的那一刻起，瑞士人便放弃了独立自主，并从此变得躁动不安，最终走向腐败和堕落。

---

① 南锡战役，是勃艮第战争的最后和决定性战役。由勃艮第公爵大胆查理对阵洛林公爵勒内二世和旧瑞士邦联军队。最终，洛林公爵勒内二世和旧瑞士邦联军队取得决定性胜利，而勃艮第公爵大胆查理阵亡，因此，勃艮第公国解体。
② 勃艮第战争，发生于1474年至1477年勃艮第公爵大胆查理与旧瑞士邦联及其盟友之间的冲突。1474年，双方爆发了一场公开战争。在接下来的几年中，勃艮第公爵大胆查理在战场上三次战败，最终于1477年在南锡战役中阵亡。

南疆戰役

发现勃艮第公爵大胆查理的尸体

旧瑞士邦联所有优秀的爱国者无不谴责发动南锡战役的这一行为。苏黎世教会的海因里希·布林格神父[①]曾于1574年评价道:"迄今为止,旧瑞士邦联建立不过100年,现在的旧瑞士邦联却使我们所有人蒙羞。"一位18世纪的作家曾说过:"勃艮第战争之后,路易十一的继任者们积极效仿瑞士人腐败贪婪的习性。这些继任者无不沉瀣一气。"

在这之后,瑞士人必然吞下苦果。在南锡战役之后,成千上万的年轻人在事不关己的战争中死去,田园逐渐荒芜,艺术和科学也完全凋敝。16世纪时,苏黎世和伯尔尼宣布放弃与法兰西王国结盟。在此期间,苏黎世和伯尔尼产生的一些艺术作品也间接反映了南锡战役造成的恶果。1477年6月,旧瑞士邦联代表致函路易十一,并向他表达了旧瑞士邦联对战勃艮第的真正动机——希望得到奖赏和恩惠。旧瑞士邦联在信中向路易十一摇尾乞怜道:"请国王陛下不要忘记我们忠心耿耿地为您追杀勃艮第公爵大胆查理。虽然勃艮第公爵大胆查理及其祖先与我们无冤无仇,我们原本也乐于与其继续睦邻友好关系,但为了国王陛下,我们才不惜与勃艮第公爵大胆查理为敌,并对他穷追猛打。"

---

① 苏黎世教会的海因里希·布林格神父(1504—1575),苏黎世新教牧师,旧瑞士宗教改革家,苏黎世教会领袖。

第10章

与奥地利大公国的战争

（1477年—1513年）

旧瑞士邦联瓜分了勃艮第战争的战利品和法兰西王国的抚恤金。与此同时，作为一个受人尊敬的国家，旧瑞士邦联的号召力也大大提升。于是，战争期间的重要盟友——弗里堡和索洛图恩——都申请加入旧瑞士邦联。1481年，旧瑞士邦联在施坦斯①召开会议，同盟州阿彭策尔州和圣加仑州也派代表出席。弗里堡和索洛图恩两座城市的代表提出了加入旧瑞士邦联的请求。

弗里堡和索洛图恩代表提出的请求立即在会议上引发了激烈的争议。各城市一致赞成接纳这两座城市，但保守的老三州——乌里州、施维茨州和翁特瓦尔登州——则一如既往地全力反对。这三个州的代表认为农民们本就已经对城市嫉妒万分，因而任何新城镇的加入都会使农民变得更加无足轻重。双方互不相让，内战一触即发。

此时，施坦斯的牧师海因里希·伊姆格龙德想到了一个不得已的办法。他拿起手杖匆匆上山，来到上瓦尔登州萨克瑟恩附近的一个地方。一位隐士——同时也是一位家喻户晓的圣人——居住在萨克瑟恩一

---

① 施坦斯，是下瓦尔登州首府。1150年，翁特瓦尔登州以克恩瓦尔德大森林为天然边界分裂成上瓦尔登州和下瓦尔登州。萨尔嫩是上瓦尔登州首府。

尼古拉·冯·弗鲁

块孤零零的岩石上。翁特瓦尔登州的所有农户都叫他"尼古拉·冯·弗鲁[①]"或"克劳斯兄弟"。这位朴实的圣人曾创造过许多奇迹。有人说尼古拉·冯·弗鲁只靠树根和水维持生命，而另一些人则坚称尼古拉·冯·弗鲁已经许多年不食人间烟火——通过十九年的虔诚祈祷和严格禁食，已辟谷成圣。尼古拉·冯·弗鲁的妻子和孩子们住在附近尼古拉·冯·弗鲁曾耕种过的农场里，他们还曾在战争期间参加过战斗。有一首古老的歌谣描述了尼古拉·冯·弗鲁的外貌。

---

① 尼古拉·冯·弗鲁（1417—1487），旧瑞士邦联隐士和苦行僧，被奉为瑞士的守护神，有时被称为克劳斯兄弟，他被认为是一个毫无瑕疵的人。

> 仔细端详克劳斯兄弟的相貌，
> 英俊而高大，
> 挺拔的身躯消瘦非常，
> 皮肤下瘦可见骨。
> 棕色的皮肤。
> 曾经乌黑的头发，
> 现在却青丝变白发，可叹！
> 胡须整齐地分成两缕，
> 既不宽也不长。
> 乌黑的眼睛和俊美的脸庞，
> 仿佛散发圣光，
> 令人肃然起敬。
> 威仪非凡，气宇轩昂！

听完牧师的讲述后，尼古拉·冯·弗鲁当即决定和他一道返回施坦斯。当两人马不停蹄地赶到议事厅时，众人还在激烈地争吵。看到老隐士来了，众人都起身相迎。作为神的使者，尼古拉·冯·弗鲁说话一言九鼎，他说的话关系瑞士人的和平与友好。尼古拉·冯·弗鲁以护佑瑞士人及其祖先战胜敌人的上帝的名义为众人做出了裁决。尼古拉·冯·弗鲁高呼道："凭借团结一致的力量，你们才变得强大。现在分裂又有什么好处？所有城市都不应再因强调公民权利而损害旧瑞士邦联的利益。各州都应该谨记弗里堡和索洛图恩曾和你们一起并肩作战。你们应该接受这两座城市加入旧瑞士邦联，但你们也要小心外敌、远离卖国求荣之徒。"老隐士朴实的话语得到大家的认可。最终，各州都做出了让步。于是，旧瑞士邦联正式接纳了弗里堡和索洛图恩这两座城市，并签订了《施坦斯协议》。《施坦斯协议》对所有的旧协议进行了追认，其中还包括一项关于限制教士权力的法令。这项名为《牧师宪章》①的法令，是旧瑞士邦联16世纪进行伟大宗教斗争的导火索之一。

完成使命后，尼古拉·冯·弗鲁便立即回到了他简陋的住处。1487年，尼古拉·冯·弗鲁带着功成身退的欣慰平静地离开了人世。在整个翁特瓦尔登州，尼古拉·冯·弗鲁的雕像随处可见，教堂、屋舍和路边的小旅馆里都有他的雕像。在萨克瑟恩一座用黑色大理石柱装饰的美丽教堂里，尼古拉·冯·弗鲁的遗体被保存在高高的祭坛前的一个玻璃柜中。虔诚的农民们总会怀着崇敬前来祭拜这位爱国者和圣人。

从阿尔卑斯山脉到侏罗山脉，和平再次降临旧瑞士邦联，教堂里欢乐的钟声传遍四方。然而，和平的恢复并不能让瑞士人找回那份曾经的质朴。勤恳劳作不再是美德，人人都想参军发财。一旦参军不成，就落草为寇、杀人越货。旧瑞士邦联到处罪恶横行，仅1480年一年，旧瑞士邦联就有一千五百人被处死。于是，巴登城议会做出决议，即使是偷一根绳子这样的小罪，也要处以绞刑。与此同时，成千上万的年轻人挥舞着旗帜，吹响号角。他们翻山越岭，投身外国军队或参与家乡附近的小规模战争以求发迹。在15世纪的最后几年中，旧瑞士邦联多地动荡不安。凭借率部参与穆尔滕和南锡战役登上苏黎世市市长宝座的汉斯·瓦尔德曼②先是与贵族和教士对立，之后又与不堪重负的农民发生冲突。人们指责汉斯·瓦尔德曼骨子里带着贵族的傲慢。

这场冲突以汉斯·瓦尔德曼被处决和一份保障平民部分权利公约的通过而告终。平民受保障的部分权利包括种植葡萄、自主管理土地和选择定居地点的权利。然而，在这些权利中，最重要的是平民在所在村庄

---

① 《牧师宪章》，1291年，瑞士中部三个森林州施维茨、乌里、翁特瓦尔登结为"永久同盟"。此后，卢塞恩、苏黎世、楚格、格拉鲁斯、伯尔尼各州相继加入同盟。1370年，上述八州签订《牧师宪章》，结成旧瑞士邦联。
② 汉斯·瓦尔德曼（1435—1489），曾任苏黎世市市长，旧瑞士邦联军事领袖。在勃艮第战争中，汉斯·瓦尔德曼率领旧瑞士邦联军击败了勃艮第公爵大胆查理。

汉斯·瓦尔德曼被处决

制作一切手工艺品的权利。人们的原始思维中似乎还没有现代人那种懒惰权①的概念。1489年5月9日,这份公约由各州代表共同签署生效。

当时的圣加仑修道院院长试图在罗尔沙赫庄园中新建一座修道院,结果激怒了圣加仑人。圣加仑人向邻居阿彭策尔人求助。阿彭策尔人很高兴能有机会阻止圣加仑修道院院长,因而迅速做出回应。在放火烧毁了建

---

① 懒惰权,1883年,卡尔·马克思的女婿保尔·拉法格在《懒惰的权利》中首次提出人人享有"懒惰权"。批判了企图让工人沦为"片刻不停地运转机器"的所谓"资本主义精神"。

了一半的修道院后，阿彭策尔人开始彻夜饮酒高歌，然后高高兴兴地返回了阿彭策尔。然而，阿彭策尔人很快便乐极生悲。因为，圣加仑修道院院长向旧瑞士邦联各州提起了上诉。最终，圣加仑州被迫赔偿了一大笔钱，而阿彭策尔州则被迫放弃了对莱茵塔尔和萨克斯的部分统治权。

很快，内部不和的瑞士人又因为一场对外战争——施瓦本战争①——团结起来。瑞士人与奥地利人再次兵戎相见。马克西米利安一世②迎娶了

马克西米利安一世

---

① 施瓦本战争，是旧瑞士邦联与神圣罗马帝国统治者马克西米利安一世之间的一场大规模武装冲突。
② 马克西米利安一世（1459—1519），神圣罗马帝国皇帝，罗马人民的国王。1493年至1519年为奥地利大公国大公。他是神圣罗马帝国皇帝及奥地利大公国大公腓特烈三世的长子，也被称作"马克西米利安大帝"。

马克西米利安一世迎娶勃艮第的玛丽

勃艮第公爵大胆查理的独女、欧洲最伟大的女继承人勃艮第的玛丽①。马克西米利安一世成了施瓦本同盟的领袖,他希望旧瑞士邦联也加入该同盟。就像当初拒绝马克西米利安一世邀请旧瑞士邦联加入神圣罗马帝国时一样,瑞士人再次回绝了马克西米利安一世。马克西米利安一世对此非常恼火。在因斯布鲁克与旧瑞士邦联代表举行会谈时,马克西米利安一世大发雷霆并威胁道:"总有一天我会提着剑来拜访你们。"旧瑞士邦联代表则谦恭地请求皇帝陛下无须多此一举,因为"我们瑞士人生性粗鲁,不敬王冠"。美因兹大主教怒气冲冲地说道:"马克西米利安一

---

① 勃艮第的玛丽(1457—1482),勃艮第公爵大胆查理的独女。

世可以大笔一挥将旧瑞士邦联置于神圣罗马帝国的禁令之下。"旧瑞士邦联代表则回答道:"您想通过威胁达到的目的,别人已经用长戟试过了。长戟虽然比鹅毛笔硬得多,但依然徒劳无功。"

在奥地利人威逼失败后,施瓦本战争很快爆发。此时,邦联又迎来了两个新的盟友——上帝之家同盟和灰衣同盟。之后,阿彭策尔州、瓦莱州、巴塞尔州和沙夫豪森州也加入了邦联。1499年2月,神圣罗马帝国军队进入格劳宾登州,并在起初取得了一些胜利。不过,形势很快便发生逆转。在不到八个月的时间里,瑞士人陆续在康斯坦茨城和布雷根茨附近的圣约翰和梅瑟海德的八场战役中获胜。旧瑞士邦联军队一时间攻无不克,战无不胜。所有旧瑞士邦联士兵都奋勇当先,仿佛战争的成败与每一个人息息相关。在施瓦本战争中,旧瑞士联邦士兵们身上发生了许多可歌可泣的感人事迹。有很多将士身受致命重伤依然坚持战斗,譬如格劳宾登州的本尼迪克·丰塔纳在战斗中高呼道:"不要管我,死就死了,一条命而已!"再如格拉鲁斯州的约翰·瓦拉,他曾凭借一己之力对抗奥地利三十名骑兵。

接连战败的消息让马克西米利安一世心神不宁。于是,马克西米利安一世向神圣罗马帝国所有贵族发出了请求,他请求这些贵族"派遣援军对付这群粗鄙的农民",因为"这些农民身上不仅没有美德、高贵的血统和宽宏大量的气度,而且粗俗、傲慢、背信弃义,甚至对日耳曼民族充满仇恨"。或许因为不屑于和"粗鄙"的瑞士人产生纠葛,血统高贵又宽宏大量的君主们拒绝向马克西米利安一世提供援助。正当贵族们借故推辞时,马克西米利安一世收到了更糟糕的消息。翻越恩加丁山谷前去镇压格劳宾登同盟①的神圣罗马帝国军队全军覆没,其中一部分人死于旧瑞士邦联军从高处投掷下来的石块,而另一部分则死于雪崩和饥

---

① 格劳宾登同盟,指在格劳宾登形成的一个类似于旧瑞士邦联的联盟,由上帝之家同盟、灰衣同盟、十辖区同盟组成。

多尔纳赫战役

荒。不久，在多尔纳赫附近，一支六千人的旧瑞士邦联军队赢得了一场胜利。这支旧瑞士邦联军队打败了一支一万五千多人的奥地利军队，并杀死了五分之一的奥地利士兵，其中包括奥地利军队中高贵的将军。

在施瓦本战争中，数百个村庄、城市和城堡遭到摧毁。马克西米利安一世及其同盟者损失了两万多人，最终明智地决定停战。1499年9月，马克西米利安一世与旧瑞士邦联在巴塞尔达成和平协议，从而结束了神圣罗马帝国推翻旧瑞士邦联的最后一次尝试。不久之后的1501年夏天，为感谢巴塞尔和沙夫豪森的帮助，这两座城镇被接纳为旧瑞士邦联永久同盟的成员。一时间，旧瑞士邦联举国欢腾。

在巴塞尔，旧瑞士邦联代表会和市长及镇议会议员公开到大教堂做弥撒，然后来到巴塞尔城的集市上互相宣誓。城里所有的吊钟都发出了欢乐的鸣声。巴塞尔城撤下了把守城门的卫兵,并让一位老妇人坐在敞开的城门口纺纱,以显示巴塞尔州加入旧瑞士邦联所获得的安全。

人们也没有忘记阿彭策尔州的请求。长期以来,阿彭策尔州一直通过永久条约与其他各州团结在一起。1513年,阿彭策尔州正式成为旧瑞士邦联的一员并取得了与其他各州一样平等的地位。至此,由十三个州组成的旧瑞士邦联正式成立。在此后近三百年的时间里,旧瑞士邦联再未接纳任何新成员。

16世纪初,旧瑞士邦联雇佣兵加入外国军队作战的风气正盛。但当时的旧瑞士邦联雇佣兵与后来的旧瑞士邦联雇佣兵在参军动机上大不相同。此时的年轻人对于参军基本上抱着随心所欲的态度。有些年轻人是单独参军,而有些年轻人则是成群结队地参军。地方官们组建起旧瑞士邦联雇佣兵团[①],并派了军官负责指挥雇佣兵团。同时,地方官们制定军纪,以约束雇佣军团。此外,由作为雇佣方的外国势力定期为旧瑞士邦联雇佣兵团支付报酬。欧洲各国君主很快就充分利用了旧瑞士邦联雇佣兵待价而沽的特点。欧洲各国君主纷纷贿赂旧瑞士邦联议会大臣以便优先得到精兵猛将,即便这样做会冒犯到瑞士人所剩无几的自尊和爱国情怀。法兰西王国大使吹响了号角,并召集地方官聚集在一起领取抚恤金。在弗里堡,法兰西王国大使将银币倒在地上,然后轻蔑地问道:"难道银币的叮当声不比皇帝的空话更动听吗?"于是,各州不再一心向着旧瑞士邦联,而是先后为米兰公国、法兰西王国和西班牙王国出兵作战。后来,连罗马教皇都加入了雇主的行列。1503年,教皇尤利乌斯三世[②]最先开始雇佣旧瑞士邦联雇佣兵。此后,旧瑞士邦联雇佣兵在欧洲逐渐声名远播。与此同时,在国外征战的旧瑞士邦联雇佣兵也一直恪守着作战勇敢和纪律严明的品格。

---

① 旧瑞士邦联雇佣兵团,中世纪欧洲战斗力最强的重装步兵,由来自阿尔卑斯山脉的山民们组成,以作战勇猛著称。
② 尤利乌斯三世(1487—1555),1550年至1555年任意大利枢机主教。

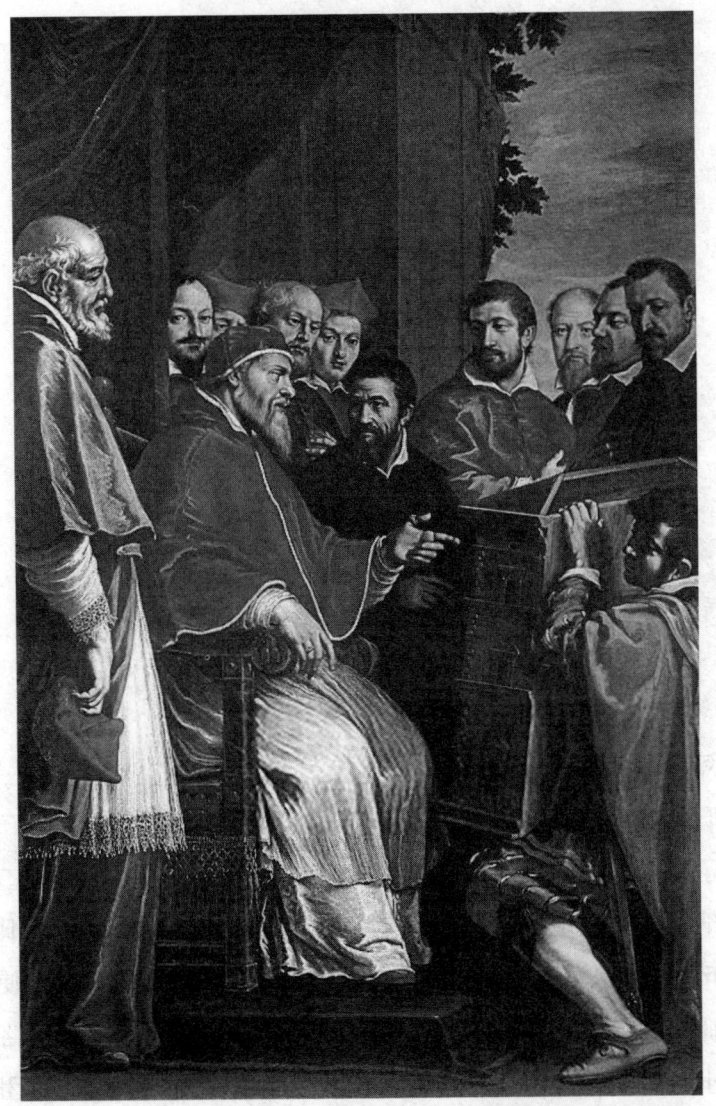

教皇尤利乌斯三世(坐者)

法兰西王国国王路易十二

在旧瑞士邦联雇佣兵的帮助下,法兰西王国国王路易十二[1]在二十天内征服了整个伦巴第地区。作为奖赏,法兰西王国国王路易十二将包括贝林佐纳和军事重地圣哥达山口在内的三个意大利管辖区赠予旧瑞士邦联雇佣兵。接着,瓦莱州锡安前枢机主教马特乌斯·施纳[2]又促使旧瑞士邦联雇佣兵改变立场,并加入了教皇的军队。法兰西王国国王路易十二对旧瑞士邦联雇佣兵团非常吝啬,但教皇为旧瑞士邦联雇佣兵团提供了

---

[1] 路易十二(1462—1515),法兰西王国瓦卢瓦王朝国王,1498年至1515年在位。被称为"人民之父"。

[2] 马特乌斯·施纳(1465—1522),出生于瑞士瓦莱州,曾任锡安主教、枢机主教和外交官。

丰厚的待遇。除了赐予他们一柄金剑和两面州徽上饰有圣彼得钥匙[①]的旗帜，教皇甚至将旧瑞士邦联雇佣兵称作"教会的捍卫者"。虽然教皇表面上提供的待遇并不比国王高，但通过占领意大利的城镇和勒索赎金，这些"教会的捍卫者"仍能通过各种手段中饱私囊。

1513年6月，在诺瓦拉战役[②]中，旧瑞士邦联雇佣兵虽然帮助米兰公爵马西米利安诺·斯福尔扎[③]战胜了法兰西军队，但自己也损失了两千名

诺瓦拉战役

---

① 圣彼得钥匙，传说是基督给圣彼得的金黄色和银白色的两把钥匙，象征着将天上和地上的一切权力都交给了圣彼得。
② 诺瓦拉战役，1513年6月6日，意大利战争中的诺瓦拉战役打响。效力于威尼斯的旧瑞士邦联雇佣兵大败法兰西王国军队并迫使法兰西王国放弃米兰。
③ 马西米利安诺·斯福尔扎（1493—1530），米兰公爵，1512年至1515年统治着法兰西王国国王路易十二和弗朗索瓦一世的领地。

精锐。1513年9月，旧瑞士邦联雇佣兵在马里尼亚诺战役[①]——一位法兰西元帅曾称之为"巨人之战"——中战败。这场激烈的战役持续了两天。旧瑞士邦联雇佣兵虽然丢失了阵地，但依然扛着自己的和缴获的野战炮，同时将受伤的士兵护在队伍中间井然有序地撤退了。在马里尼亚诺战役中，旧瑞士邦联雇佣兵的两个连队被围困在一个燃烧着的村庄里。最终，

马里尼亚诺战役

---

① 马里尼亚诺战役，意大利战争期间，法兰西军队与米兰公爵属下的旧瑞士邦联雇佣兵于1515年9月13日至1515年9月14日在马里尼亚诺村附近进行的一次战役。

弗朗索瓦一世

这两个连队的成员拒绝投降并选择从容赴死。1521年，法兰西王国国王路易十二的继任者弗朗索瓦一世[①]再次成功地与旧瑞士邦联结盟。旧瑞士邦联雇佣兵曾在意大利为弗朗索瓦一世奋战多年。作为回报，弗朗索瓦一世请求旧瑞士邦联成为其幼子的支持者。这一荣誉的代价是旧瑞士邦联各州需派一名代表到巴黎参加宴会，同时携带五十枚达克特[②]作为出席洗礼仪式的礼物。在1525年的帕维亚战役[③]中，旧瑞士邦联雇佣兵有七千人阵亡和被俘，而法兰西王国国王弗朗索瓦一世也在帕维亚战役中兵败被擒。在

---

① 弗朗索瓦一世（1494—1547），法兰西王国瓦卢瓦王朝国王，1515年至1547年在位，被视为开明的君主。
② 达克特，中世纪晚期到20世纪晚期，一种在欧洲用作贸易货币的金币或银币。
③ 帕维亚战役，发生于1525年2月24日，是1521年至1526年意大利战争中的决定性战役。

帕维亚战役

法兰西王国国王弗朗索瓦一世在帕维亚战役中兵败被擒

写给母后萨伏依的路易丝的信中，弗朗索瓦一世留下了一句名言："除了荣誉，我已一无所有。"

最终，种种逆境促使旧瑞士邦联开始对"对外提供雇佣兵"这一错误行为进行自我修正。成千上万的瑞士人离开旧瑞士邦联后一去不返。为了得到国王和教皇赏赐的抚恤金，地方长官将同胞派去送死。瑞士人出奇地愤怒。于是，苏黎世、卢塞恩和伯尔尼的人民不仅奋起反抗"敲骨吸髓"之徒，对他们处以罚金或加以驱逐，而且对所在州的市政管理进行诸多改进，进而为"伟大改革"——宗教改革做好了准备。

第 11 章

瑞士宗教改革

（1513 年—1536 年）

伟大的宗教改革运动①起源于神圣罗马帝国。几乎同时，宗教自由的曙光照亮了旧瑞士邦联。16世纪初，日益腐化的旧瑞士联邦教会逐渐令有识之士感到厌恶。许多神职人员道德败坏，好吃懒做，并且因害怕教育会令人民质疑精神支柱耶稣基督而故意愚弄人民。名不副实的神职人员们打着旧瑞士邦联教会创始人本笃会隐士圣迈因拉德和圣加尔的旗号，非但并没有继承两人的品格，反倒为信徒们树立了一个足以动摇天主教信仰的反面教材。除了人们多年来对神职人员逐渐酝酿的不满情绪，四处兜售赎罪券②以筹措钱款在罗马兴建圣彼得大教堂③的方济各会修士们的出现也激怒了世俗权威和持有异议的爱国人士。1518年，为了兜售赎罪券，一个名叫伯恩哈丁·萨姆森④的修士来到施维茨州，结果遭

---

① 宗教改革运动，指16世纪欧洲基督教自上而下开展的改革运动。该运动奠定了新教基础，同时也瓦解了从罗马帝国颁布基督教为国家宗教以后由天主教主导的政教体系，打破了天主教的精神束缚。
② 赎罪券，又译"赦罪符"。1313年，天主教会开始借基督教士在欧洲兜售此券。教皇宣称教徒购买这种券后可赦免"罪罚"。
③ 圣彼得大教堂，又称圣梵蒂冈大殿，位于梵蒂冈。建于1506年至1626年，是天主教会重要的象征之一。
④ 伯恩哈丁·萨姆森，米兰方济各会修道士。1518年8月，他曾作为销售赎罪券的使徒总专员穿越圣哥达山口来到旧瑞士邦联兜售赎罪券。

到乌尔里希·茨温利①的公开谴责。后来，乌尔里希·茨温利在艾因西德伦建立了修道院，成为圣母隐修会教堂的布道者。

正如约翰·加尔文的名字与新教②的顺利发展紧密相连一样，乌尔里希·茨温利与旧瑞士邦联新教的兴起息息相关。1484年，乌尔里希·茨温利出生在圣加仑山区的威尔德豪斯村。乌尔里希·茨温利只比马

乌尔里希·茨温利

---

① 乌尔里希·茨温利（1484—1531），出生于瑞士圣加仑州塔根堡山区威尔德豪斯村。瑞士基督教新教改革运动的改革家之一。
② 新教，是基督教信仰和实践的一种形式，起源于新教改革运动。

马丁·路德

丁·路德小一岁,是当地村长的八个儿子之一,自小天真烂漫。然而,虽然生活清静,但关于勃艮第战争及其乡民们的丰功伟绩的种种传说依然激发了乌尔里希·茨温利的想象力。这些传说奠定了乌尔里希·茨温利爱国热情的基础,然而,对真理的热爱一直是乌尔里希·茨温利最突出的个性特征。乌尔里希·茨温利曾辗转求学于巴塞尔和伯尔尼。他热爱音乐和书籍,并与一众好友意气相投。朋友们都折服于乌尔里希·茨温利的和蔼可亲。一开始,乌尔里希·茨温利在维也纳大学就读,后

沃尔夫冈·卡皮托

来又回到了巴塞尔大学。他的同伴中有沃尔夫冈·卡皮托①和里奥·朱达②。多年以后，这两人成为乌尔里希·茨温利宗教改革的助手。

在成为一名神父后，乌尔里希·茨温利开始在格拉鲁斯的一个小教区布道。在这里，乌尔里希·茨温利非常努力地学习，研读拉丁语和希腊语作品，特别是《圣经》。与同时代牧师迥然不同的是，随着年龄的增长，乌尔里希·茨温利对教士道德的水平低下越发不能容忍。他坚信法兰西王国对其人民也造成了恶劣影响。相比之下，乌尔里希·茨温利对教皇的态度却完全相反。奉罗马教廷召唤，乌尔里希·茨温利不仅到

---

① 沃尔夫冈·卡皮托（1478—1541），宗教改革中的德意志新教改革者。
② 里奥·朱达（1482—1542），瑞士宗教改革家，曾在苏黎世与乌尔里希·茨温利共事。

教皇军团中担任随军牧师,而且参加了马里尼亚诺战役。1516年,乌尔里希·茨温利奉调前往艾因西德伦。每年都会有大量朝圣者成群结队地涌向圣迈因拉德的牢房①。乌尔里希·茨温利以一种闻所未闻的方式向朝圣者布道。乌尔里希·茨温利向众人宣讲唯有基督才能拯救世人的教义,并强调人的一切行为都应该以《圣经》为最高权威。1518年,乌尔里希·茨温利强烈抨击赎罪券的兜售者,直到他们落荒而逃。此时的乌尔里希·茨温利已引起人们的极大关注。1519年,乌尔里希·茨温利奉命前往苏黎世大教堂布道。当时的苏黎世是一个拥有七千人口的繁华都

苏黎世大教堂

---

① 圣迈因拉德的牢房,圣迈因拉德曾经被关押之地,后来成为黑圣母教堂。

市。刚一到任，乌尔里希·茨温利便开始向公众解读《圣经》，并将所有的讲解建立在自己从《圣经》中发现的真理的基础之上。如今，我们很难根据自己对《圣经》的肤浅了解去理解乌尔里希·茨温利宣扬的新颖观点对苏黎世人民所产生的巨大影响。乌尔里希·茨温利的言论很快便引起轰动。然而，带着赎罪券出现的伯恩哈丁·萨姆森甚至连苏黎世的城门都没能进去。尽管一开始，康斯坦茨主教对乌尔里希·茨温利表示支持，苏黎世的地方长官们也对乌尔里希·茨温利心悦诚服。但1520年，苏黎世的地方长官们命令乌尔里希·茨温利在自己的管辖范围内严格按照《圣经》原文向世人传授天主教教义。

1522年，宗教改革在苏黎世已成定局。苏黎世人推翻了康斯坦茨主教的统治并任命地方长官为教会领袖。乌尔里希·茨温利对教皇权威、弥撒和教士的选任、因行称义[①]、修道会、神职人员禁欲制、忏悔、禁食、节日、朝圣及赎罪券进行了一一驳斥。虽然乌尔里希·茨温利做出的某些改变非常激进，甚至涉及在朝拜仪式中弃用乐器等细枝末节的问题，但乌尔里希·茨温利仍保持着一种与个人伟大事业相称的温和与克制。在大多数情况下，乌尔里希·茨温利奉行通俗的新教教义，但有两个不同寻常的地方显示出了乌尔里希·茨温利宽容的天性。其一，乌尔里希·茨温利认为原罪是一种疾病而不是一种罪债，他也拒绝接受异教徒皆为罪人的普遍观念。其二，乌尔里希·茨温利心目当中的教会是由"那些注定得永生的被拣选者"[②]组成的，是"基督的身体和信徒的交往"[③]。

宗教改革运动迅速从苏黎世发展到旧瑞士邦联的几个大城市。1528

[①] 因行称义，指教徒必须依靠以教皇为首的教阶制度，通过复杂的圣礼善功甚至苦行才能得救，区别于因信称义。
[②] 选自《基督教思想史》，作者为美国作家胡斯都·L.冈察雷斯。
[③] 选自《基督教思想史》。

威廉·法惹勒

年，在一场乌尔里希·茨温利出席的大型公开教义辩论[①]之后，宗教改革运动迅速在巴塞尔、伯尔尼、圣加仑和沙夫豪森推广开来。新教教义甚至渗透到了格劳宾登山区。出身名门的法兰西人威廉·法惹勒[②]开始在日内瓦湖和纳沙泰尔湖畔狂热地宣扬新教教义。

在宗教改革进行得如火如荼时，瓦尔茨特滕各州依然在坚守古老的天主教信仰。早在旧瑞士邦联初期便表现出忠诚且保守的楚格州也依然信奉天主教。在格拉鲁斯州和阿彭策尔州，新教和天主教为了争夺霸

---

① 指1528年的伯尔尼辩论。
② 威廉·法惹勒（1489—1565），法兰西传教士，新教改革者。

主地位不断斗争，最终使阿彭策尔州一分为二。在索洛图恩和弗里堡，两座城市的政府通过禁止一切革新来延缓冲突的爆发。然而，位于公共领土——于百年前由旧瑞士邦联占领的地区①——的政府很快便陷入困境。旧瑞士联邦信奉天主教的各小州反对新教——这一新的信仰——扩散到公共领土。如果不加以压制，新教的扩散速度必然让人无法阻挡。同时，旧瑞士邦联各小州对因过于激进追随新思想潮流而遭到新教排斥的教派，诸如再洗礼派②之类，有一种天然的恐惧。再洗礼派主张建立一个财产共有和妻子公有的社会，宣称救世主耶稣基督已然降临，同时主张废除一切宗教和世俗权力。一名再洗礼派信徒曾声称自己便是耶稣临凡，而另一名穆雷格的信徒则不顾骨肉亲情，砍掉了亲兄弟的头以献祭上帝使其宽恕世人的罪过。

各州之间的敌意日益加剧，最终引发了许多暴力事件。弗劳恩费尔德的天主教派地方官沃里竭尽所能地镇压当地的福音派崇拜。苏黎世人却趁沃里出行将他抓住，然后不顾沃里还穿着带有翁特瓦尔登州徽的官服，未经审判便将他处决。出于报复，施维茨人又将乌茨纳赫的改革宗③牧师烧死。旧瑞士邦联各州之间开始反目成仇。在没有武装护卫的情况下，几乎没有人敢在各州之间行走。各行政辖区的处境变得极其艰难。这些行政辖区几乎每年都要被迫改变宗教信仰。一旦得知新上任的地方官是天主教教徒，福音派教徒便会战战兢兢。因为，在短暂的任期内，这位地方官必然会不择手段地迫害福音派教徒。这位地方官心里清楚，在下一年，天主教信徒们也同样会面临被迫害的下场。

---

① 公共领土，指前文的森帕赫战役后，各州将本应属于乌里州的土地划为公共领土。
② 再洗礼派，16世纪欧洲宗教改革时期新教中一些主张成人洗礼的激进派别的总称。再洗礼派否认婴儿洗礼的效力，主张能够行使自由意志的成人受洗才为有效。
③ 改革宗，基督教16世纪宗教改革初期产生的新教概念，也是乌尔里希·茨温利与路德宗领袖马丁·路德因圣餐礼改革产生分歧后松散地分布在五大洲不同国家、地区的教会与宗派统称。

1529年年初，各州纷纷厉兵秣马。一方面，苏黎世军队开始进军图尔高州和楚格州，而伯尔尼州集结了一支一万人的军队以准备随时应战。另一方面，瓦尔茨特滕各州和楚格州与神圣罗马帝国皇帝结成联盟，同时与一支一千五百人的瓦莱州军队合兵出征，保卫边界。1529年6月26日，格拉鲁斯市和斯特拉斯堡市派出调停人从中斡旋，敦促各州不要动武。各州最终达成和解。各州军队带着持久和平的愿望返回了家园。

但没过多久，新的战争爆发。苏黎世人成功地封禁了圣加仑修道院。拉珀斯维尔人放弃了古老的信仰，而托根堡人也准备效仿拉珀斯维尔人的做法。天主教各州最后表态称："似此僵局，唯武力可解。"乌尔里希·茨温利和苏黎世人也赞同这种看法。然而，伯尔尼人却故意耍花招。伯尔尼人一边不对瓦尔茨特滕地区开放粮市，准备以饥饿迫使瓦尔茨特滕各州投降，一边又声称不忍心手足相残。瓦尔茨特滕人一意孤行，宁可忍饥挨饿也要开战。他们派了一支八千人的军队进军卡佩尔，并袭击了驻扎在卡佩尔的一小股苏黎世军队。此时，苏黎世人的主力部队尚未翻越阿尔卑斯山脉。主力部队急匆匆地翻山越岭，当在深夜时分，他们筋疲力尽地赶到卡佩尔时，却发现兄弟部队已被歼灭。当时随军出战的人当中就有精

瓦尔茨特滕人在卡佩尔袭击苏黎世军队

神领袖乌尔里希·茨温利。乌尔里希·茨温利年轻时就曾参加过同罗马天主教军队的战斗。如今，乌尔里希·茨温利不想让新教的追随者失望。乌尔里希·茨温利拒绝使用任何武器。他举起双手高声呐喊以鼓励士气，但此举于事无补。鏖战数小时后，新教军队便因疲惫不堪和寡不敌众而溃不成军，最终逃之夭夭。六百名苏黎世将士战死沙场，身受重伤的乌尔里希·茨温利亦在其中。乌尔里希·茨温利临终时大喊道："这是何等的恶行？他们可以杀死人的身体，却不能杀死人的灵魂！"

当同伴们纷纷逃散时，乌尔里希·茨温利正仰卧在地上。在弥留之际，乌尔里希·茨温利依然保持着平静并仰望着他曾试图在尘世中实现的"天堂"。一些士兵上前命令乌尔里希·茨温利向圣母和圣徒祷告，但乌尔里希·茨温利已经虚弱得无法说话，只是摇了摇头。其中一名士兵拿剑刺向乌尔里希·茨温利。于是，旧瑞士邦联最伟大的宗教改革者

乌尔里希·茨温利身受重伤

乌尔里希·茨温利被杀

便溘然长逝。卡佩尔战争①始于1531年10月，止于乌尔里希·茨温利之死。1531年10月11日，以卢塞恩州为首的天主教州击败了以伯尔尼州为首的新教州，并迫使新教州达成和平协议。圣加仑修道院院长的职位重新归属于天主教州。索洛图恩州也恢复了天主教信仰。公共领土内的宗教改革进程彻底停止。

然而，在旧瑞士邦联西南部边界之外，人们对新教这一新的信仰同样感到异常的兴奋。瓦莱州的锡安和洛伊克地区出现了许多归正会②信徒。包括沃州的洛桑在内的许多城市和地区也都转而信奉新教。更重要的是，在经历动荡之后，日内瓦开始成为旧瑞士邦联改革宗的主要据点。

---

① 卡佩尔战争，此处指第二次卡佩尔战争，发生在1531年瑞士宗教改革期间旧瑞士邦联新教和罗马天主教各州之间的武装冲突。第一次卡佩尔战争发生在1529年。
② 归正会，由约翰·加尔文等人发展而来的主要基督教宗派，即广义归正宗，包括归正宗和长老宗等。

当时，主教、伯爵和市民三方势力将日内瓦切割得四分五裂。自古以来，作为精神领袖，主教不仅拥有日内瓦的统治权，而且统治着日内瓦以外的大片领土，这是法兰西王国历代国王赋予的权力。日内瓦伯爵们则掌握着日内瓦市的其他权力，因此，经常与主教和市民发生争执。然而，日内瓦危险的邻居——曾受邀帮助市民对抗日内瓦伯爵们的萨伏依公爵查理三世[①]——此时成了一位野心家，也希望获得繁荣的日内瓦的最高统治权。日内瓦市民们唯一可以倚仗的是众志成城的意志，以及由一位日内瓦主教于1493年促成的日内瓦与伯尔尼和弗里堡之间的联盟。

萨伏依公爵查理三世

---

① 萨伏依公爵查理三世（1486—1553），1504年至1553年任萨伏依公爵。

1504年，萨伏依公爵查理三世企图征服整个日内瓦市。此后，萨伏依公爵查理三世的两派追随者开始了长达二十年的斗争。一派名为马穆鲁克①，另一派是名为联邦党人②的新教教徒，后来成为胡格诺派③。萨伏依公爵查理三世残酷虐待胡格诺派教徒，导致许多教徒逃往伯尔尼或弗里堡。萨伏依公爵查理三世千方百计地侵扰日内瓦，而作为同伙的日内瓦主教则经常里应外合。在菲利伯特·伯塞利尔④和圣维克多修道院院长弗朗索瓦·博尼瓦⑤两位领袖的鼓舞下，日内瓦人奋起抵抗。果断而谨慎

弗朗索瓦·博尼瓦

---

① 马穆鲁克，中世纪埃及军事政治集团。马穆鲁克是中世纪服务于阿拉伯哈里发的奴隶兵，后来逐渐成为强大的军事统治集团并建立了自己的王朝。
② 联邦党人，基督教新教加尔文教派在法兰西王国的称谓。来源于德语"Eidgenossenschaft"，意指联邦。
③ 胡格诺派，16世纪至17世纪法兰西新教归正宗的一种。胡格诺派受到16世纪30年代约翰·加尔文思想的影响，在政治上反对君主专制。
④ 菲利伯特·伯塞利尔（约1465—1519），日内瓦爱国者，萨伏依公爵查理三世的强劲对手。
⑤ 弗朗索瓦·博尼瓦（1493—1570），日内瓦爱国者、教士和历史学家，乔治·戈登·拜伦写《西庸的囚徒》的原型。

的弗朗索瓦·博尼瓦曾最早号召人们起来反对教皇，并在改变信仰的问题上帮助过日内瓦人。

弗朗索瓦·博尼瓦直言不讳地对日内瓦人说道："虽然你们积极改革教会本身是一件好事，但你们不先改变自己，又如何能改革教会呢？你们抱怨修士赌博饮酒，而你们何尝不是这样。虽然新教牧师取代天主教牧师是一件好事，但如果你们只是想通过这种方式让自己可以声色犬马，那无异于引火烧身。如果你们想要改革教会，那就应该先改变自己。"弗朗索瓦·博尼瓦以同样的勇气致力于打破天主教的枷锁和萨伏依公爵查理三世的威胁。1530年，对弗朗索瓦·博尼瓦深恶痛绝的对手在沃州将其逮捕，然后将其押往西庸城堡，即我们熟知的天才诗人乔治·戈登·拜伦在《西庸的囚徒》[①]一诗中提到的西庸城堡。当我们沉浸在乔治·戈登·拜伦的作品中时，我们常常会忘记弗朗索瓦·博尼瓦这位爱国者。

古老的塔楼在黑暗中矗立，黑暗而美丽，
圆塔与广场交相辉映，
高大的要塞出现在眼前。
……
阳光依旧明媚，
洒在拍击城墙的波涛上，
对面的风景依然壮丽，
湖水之上城墙高耸，
巍峨的雪山凌驾万物，
如白发一般的苍白。
萨伏依公爵查理三世的严酷统治已不复存在。

---

① 《西庸的囚徒》，乔治·戈登·拜伦的一首叙事诗，写于1816年，总计392行，记录了日内瓦修士弗朗索瓦·博尼瓦1532年到1536年被囚禁的历史。

弗朗索瓦·博尼瓦被关押

在场的人鸦雀无声,
传令官和国王废除封建礼制。
旧瑞士邦联各州得以自由,
徒留一堆生锈的火枪,
和十数面红十字旗帜。
弗朗索瓦·博尼瓦被关入囚室,
曾是囚徒中的首恶。
幸运的是,一个夏日的清晨,
乔治·戈登·拜伦参观了弗朗索瓦·博尼瓦的囚室,
恶名昭著的西庸古堡,
一夜间名扬天下。

  虽然弗朗索瓦·博尼瓦锒铛入狱,菲利伯特·伯塞利尔也被捕牺牲,但没有什么能够阻挡觉醒的日内瓦人进行反抗。日内瓦人改革了政府机构,并成立了由二百名自由派人士构成的议会。最终,在弗朗索瓦·博尼瓦入狱多年之后,在日内瓦城墙附近发生的一场战斗中[①],日内瓦人终于鼓起勇气战胜了萨伏依公爵查理三世的追随者,并将对方逼入绝境,直到日内瓦军的头领哀求手下士兵们"留下足够的萨伏依人耕种土地"才作罢。萨伏依公爵查理三世曾试图切断日内瓦人的供给。但日内瓦人派出了载满士兵的船。日内瓦士兵在萨伏依公爵查理三世的领地登陆,然后几乎在对手的眼皮底下夺走了萨伏依公爵查理三世的军队的给养。在几百名伯尔尼人的增援下,日内瓦人发动进攻,摧毁了包括埃克鲁塞在内的许多萨伏依公爵查理三世领地的要塞。

  最后一个陷落的要塞是西庸。人们没有忘记弗朗索瓦·博尼瓦。在

---

① 指1602年12月12日凌晨,萨伏依公爵查理三世派雇佣军包围了当时独立的"日内瓦共和国"并妄图靠偷袭一举攻占日内瓦。

进攻西庸城堡前,士兵们高喊着"解救囚犯"。直到震耳欲聋的炮火轰击囚牢墙时,弗朗索瓦·博尼瓦才恍然大悟。牢房的墙终于坍塌。胜利者们踩着瓦砾冲了进来,他们的第一反应便是要确定弗朗索瓦·博尼瓦是否还活着。士兵们冲进囚禁弗朗索瓦·博尼瓦的地牢,对他喊道:"你自由了!"弗朗索瓦·博尼瓦问他们:"日内瓦也自由了吗?"士兵们回答道:"日内瓦也自由了。"起初,弗朗索瓦·博尼瓦那双许久不见天日的双眼无法忍受刺目的阳光。当众人将弗朗索瓦·博尼瓦救出地牢时,弗朗索瓦·博尼瓦频频回头,像一个马上要永远离开家园的人。令人津津乐道的是,在离开西庸之后,弗朗索瓦·博尼瓦首次公开出现是作为日内瓦议会成员投票反对对罗马天主教教徒采取严厉措施。

> 西庸的地牢幽深而陈旧,
> 里面有七根哥特式的石柱。
> 七根柱子灰白而高大,
> 坚实地挺立在狱中幽光下。
> 阳光在牢中会迷失路径,
> 刚刚透出厚墙的缝隙,
> 转眼间便踪影全无。
> 它在阴湿的地板上爬行,
> 好像沼泽上鬼火闪动。
>
> 莱芒湖紧挨着西庸的墙,
> 在墙下百丈深的深渊里,
> 湖水的潜流交汇奔流。
> 从西庸的洁白的城墙上,
> 一根测深线直伸到湖底。

滔天的波浪将城墙围起，
水和城墙围成双重防线，
将地牢变成活人的坟墓。
我们的黑洞就在湖水下，
日夜能听见水波的拍打声。
它在我们头上哗哗作响，
在冬天，我曾经感到水的浪花，
打进铁栅栏。
那咆哮的风，
正在天空中快乐地纵情奔腾。
那时连石墙都在晃动，
我虽感震撼却毫不慌张，
面向死亡我亦不觉幽怨，
死亡会让我重获自由。

——乔治·戈登·拜伦《西庸的囚徒》

第 12 章

约翰·加尔文在日内瓦

（1536 年—1564 年）

1536年8月5日，西庸陷落时，约翰·加尔文来到了日内瓦。至今，约翰·加尔文的名字依然在日内瓦和以他名字命名的神学领域中流传。1509年，约翰·加尔文出生在法兰西王国北部皮卡第大区的努瓦永。当马丁·路德在威滕伯格的教堂门口张贴他的著名论文①时，约翰·加尔文年仅八岁。虽然约翰·加尔文出身贫寒，但他的父亲杰拉德·考文是一个聪明人。凭借自己的才干和能力，杰拉德·考文成了努瓦永地区的地方检察官，从而为子女们营造了良好的教育环境。他的三个儿子都成了神职人员。十二岁时，约翰·加尔文就当上了兼职牧师，并开始有了收入。

1523年，约翰·加尔文跟随一个贵族家庭来到巴黎，并在之后就读于巴黎大学②马尔奇学院③。后来，他又进入巴黎大学蒙太古学院④深造。虽然约翰·加尔文拥有与年龄不符的学习热情，但因为性格孤僻和不苟言笑，他在同学中并不受欢迎。同学们还为约翰·加尔文起了个叫"指

---

① 指《九十五条论纲》。
② 巴黎大学，欧洲最古老的大学之一，坐落在法兰西共和国首都巴黎，前身是建于1257年的索邦神学院，但更早可以追溯到1150年至1160年由天主教修士建立的大学。
③ 马尔奇学院，巴黎大学早期学院之一，约翰·加尔文曾在此学习修辞学。
④ 蒙太古学院，巴黎大学早期学院之一，约翰·加尔文曾在此学习哲学。

控者"的绰号。十八岁时,杰拉德·考文将约翰·加尔文送往奥尔良大学①学习法律。约翰·加尔文勤读不辍,结果积劳成疾。在就读奥尔良大学期间,约翰·加尔文曾为一名亲戚翻译的《圣经》译本②作序并专注于研究各种文字版本的《圣经》。

1529年,约翰·加尔文返回巴黎。两年后,约翰·加尔文经历了所谓的"突如其来的转变"③。约翰·加尔文曾写道:"当我意识到自己

约翰·加尔文

---

① 奥尔良大学,即法兰西共和国国立奥尔良大学,由罗马教皇克莱蒙五世于1306年创立,为著名高等学府。
② 指加尔文的表兄,新教教徒奥立韦唐译的《圣经》法文译本。
③ 源自约翰·加尔文的同学们对他的评价。

的不幸时，一种恐惧攫住了我的灵魂。耶和华啊，我哭泣着祈求你。我将抛弃我所不齿的过往，走上你的光明之路。惶恐不安之中，真理如一束明亮的光，照亮了我的内心。"关于约翰·加尔文对他这段人生的记录，我们已经无从考证。我们也不可能了解约翰·加尔文为何突然信奉新教，我们只知道在去往大马士革的路上，"一道天堂的圣光"围绕着约翰·加尔文。或许就在去往大马士革的路上，约翰·加尔文和使徒圣保罗[①]一样对神秘的宿命论留下了深刻印象。而宿命论后来则成为加尔

圣保罗

---

① 使徒圣保罗（并非基督十二使徒之一）。1世纪时，他曾四处宣讲基督的福音。《圣经》中记载了圣保罗在前往大马士革的路上听到了上帝的召唤，于是开始信仰基督的故事。

文主义①体系中最著名的学说,并在约翰·加尔文实施的宗教改革中产生影响。

与此同时,约翰·加尔文听从了上帝的召唤。虽然开始意识到反对罗马教廷统治并不等于放弃使徒教会②,但约翰·加尔文并未像乌尔里希·茨温利那样,想立即将自己的观点传播到国外。约翰·加尔文渴望过一种隐居的生活,以便潜心研究《圣经》。然而,是金子总会发光的。约翰·加尔文为密友尼古拉·哥普③撰写了一篇充满宗教改革思想的就职演讲稿——《新学问》。很快,约翰·加尔文和尼古拉·哥普便引火烧身,并不得不为了保命而逃亡。在逃亡的四年中,约翰·加尔文曾经辗转于多个城市。约翰·加尔文首先来到努瓦永,并放弃了再也不能诚心诚意接受的有俸圣职④。在巴塞尔,约翰·加尔文发表了《基督教要义》,这是一部为新教教徒辩护的高尚著作。之后,约翰·加尔文还曾经见过贝亚恩⑤的纳瓦拉王后玛格丽特·德·纳瓦尔⑥和纳瓦拉女王胡安娜三世⑦。作为法兰西王国国王弗朗索瓦一世的姐姐和新教教徒的忠实保护者,纳瓦拉王后玛格丽特·德·纳瓦尔和纳瓦拉女王胡安娜三世值得人们铭记。

之后,在去斯特拉斯堡的路上,约翰·加尔文曾在日内瓦短暂逗留。虽然约翰·加尔文原本计划只在日内瓦住一晚,但那一晚改变了他

---

① 加尔文主义,法兰西著名宗教改革家、神学家约翰·加尔文毕生的许多主张的统称。现代神学论述习惯当中的加尔文主义指"救赎预定论"跟"救恩独作说"。
② 使徒教会,基督教会最早的组织形式。由耶稣生前选定的使徒组成其管理核心,以圣彼得为首,圣约翰辅之。约于1世纪30年代至1世纪40年代形成。
③ 尼古拉·哥普(1501—1540),旧瑞士邦联新教改革家,约翰·加尔文的朋友。
④ 有俸圣职,指依教会规定,附有特殊俸禄的教会职务,也称圣俸。
⑤ 贝亚恩,法兰西共和国西南部的传统省份之一,位于比利牛斯山脉其下的平原。
⑥ 玛格丽特·德·纳瓦尔(1492—1549),法兰西王国公主,纳瓦拉王国王后,丈夫为纳瓦拉国王恩里克二世,弟弟是法兰西王国国王弗朗索瓦一世。
⑦ 胡安娜三世(1528—1572),玛丽·德·美第奇之女,曾嫁给纳瓦拉的安托万,1555年至1572年任纳瓦拉王国女王,法兰西胡格诺战争的坚定领导者。

纳瓦拉王后玛格丽特·德·纳瓦尔

纳瓦拉女王胡安娜三世

的一生。日内瓦城四处流传着一条消息——有一个目光锐利的黄皮肤年轻人在一间客店下马留宿,而这个年轻人的长相与《基督教要义》的作者的长相完全一样。于是,威廉·法惹勒立刻前去拜访约翰·加尔文,并请求他留下来帮助自己。约翰·加尔文回答道:"我更擅长理论而非实践,而且我不希望被束缚在任何一个地方。"威廉·法惹勒答道:"你可以继续学习理论,但如果你不肯宣扬基督教教义,那上帝就会诅咒你。"约翰·加尔文仿佛听到上帝的先知在借威廉·法惹勒之口说话,而作为上帝的卑微奴仆,他不应该拒绝威廉·法惹勒的请求。

几天后,约翰·加尔文在日内瓦的圣彼得教堂①开始工作,并做了一系列的神学讲座。威廉·法惹勒撰写了一份信仰告白②,并将它遍示公众,这份信仰告白立即就被人们接纳。很快,关于改革宗市民生活方式的一系列严苛法律开始在日内瓦付诸实施;关于教会惩戒③和礼拜的严格规定也很快生效。地方官禁止民众跳舞打牌。一名理发师因为将一位新娘的头发梳得过于浮夸而入狱两天。日内瓦不再庆祝伯尔尼的四大传统节日④。

沉默寡言且天性懦弱的约翰·加尔文很快就发现自己采取的措施过于严厉,因而遭到了大部分市民的反对。约翰·加尔文与日内瓦市当局也发生了冲突。1537年,日内瓦议会投票决定将约翰·加尔文和威廉·法惹勒逐出日内瓦。约翰·加尔文去了斯特拉斯堡。1539年,约翰·加尔文娶了一位再洗礼派传教士的遗孀,并使其信奉新教。约翰·加尔文和妻子幸福地生活了九年,直到妻子去世。在约翰·加尔文和威廉·法惹勒被屈辱

---

① 圣彼得教堂,坐落于瑞士日内瓦老城区的标志性建筑。16世纪时,约翰·加尔文曾在此布道并使其成为宗教改革圣地。
② 信仰告白,也称信经,指信徒加入宗教团体或接受某种信仰时做的信仰声明。
③ 教会惩戒,指在教会成员被认为犯罪后,教会通过对罪人进行谴责以规劝罪人使之悔改的做法。
④ 伯尔尼的四大传统节日,包括天主教祭典、基督圣体节、洋葱节和牧人节。

流放三年之后，日内瓦议会和优秀市民阶层都希望两位改革者重新归来，他们认为日内瓦需要一个比自由派或放纵派更强大的政府。天主教教徒努力让日内瓦回归正轨，而约翰·加尔文是日内瓦唯一的希望。当约翰·加尔文归来时，百姓和官员们都出城迎接，他们给约翰·加尔文献上新披风，并央求约翰·加尔文别再离开日内瓦。

　　如今，整个日内瓦政府都在按照约翰·加尔文的意愿做事。和乌尔里希·茨温利不同，约翰·加尔文希望将教会与国家区别开来，或者更确切地说，约翰·加尔文希望教会可以凌驾于国家之上。由牧师和十二位长老组成的长老会以极其严苛的方式管理着人们日常生活的方方面面，并且每年对每户家庭至少进行一次巡视。家庭纠纷要接受议会的调查。酗酒的人要受到议会的严厉惩罚。最重要的是，任何在公众礼拜①和"布道"中散漫懈怠的行为，一经发现将由议会立即通报并严肃处理。所有儿童不仅要在学校接受约翰·加尔文《教义问答》②的培训，反复背诵圣歌和戒律，而且在由学校负责人送回家的途中，不能傻笑或说话。

　　由牧师们组成的"牧师团"③每月召开一次会议。在会议中，不管愿意与否，牧师们都要相互批评和参与讨论。牧师团还负责审查牧师候选人。牧师候选人必须在个人造诣和品格方面达到很高的标准。自约翰·加尔文往下，牧师们恪守着和他人一样森严的纪律，甚至可能更甚他人。

　　在制定民法的过程中，约翰·加尔文也发挥了主要作用。以摩西五经④为典范，约翰·加尔文试图使日内瓦成为16世纪的希伯来邦城⑤。在约翰·加尔文的严刑重典之下，消遣玩乐成了罪恶，而给孩子们起天主

---

① 公众礼拜，又称公开敬礼，指教会对天主之正式敬礼礼仪，以整个教会的名义举行。
② 《教义问答》，约翰·加尔文于1537年编写。
③ 牧师团，由教会所有牧师组成，每周四聚集商讨，目的是维护教会纪律。
④ 摩西五经，指《创世记》《出埃及记》《利未记》《民数记》和《申命记》。
⑤ 据《圣经》记载，犹太人的族长亚伯拉罕率领其族人从两河流域的乌尔城渡过幼发拉底河和约旦河来到当时被称为"迦南"的巴勒斯坦。此后，这些古犹太人便被称为"希伯来人"。

教圣徒的名字则属于刑事犯罪。任何异教神崇拜或亵渎上帝的行为都会招致死亡。1565年，即约翰·加尔文死后第二年，一名女性因为在圣歌中加入世俗言语遭到拷打；一位男士因为读了一本被认为亵渎神明的书遭到监禁；一名儿童因为殴打父母被处死。简而言之，监狱里多年来人满为患。而刽子手们也忙得不可开交。

随着约翰·加尔文权势日盛，天主教国家将约翰·加尔文称作"新教的教皇"①，并将日内瓦称为新教的"罗马"。然而，约翰·加尔文却始终安贫乐道。一次，枢机主教雅各布·萨多雷特②到约翰·加尔文的住

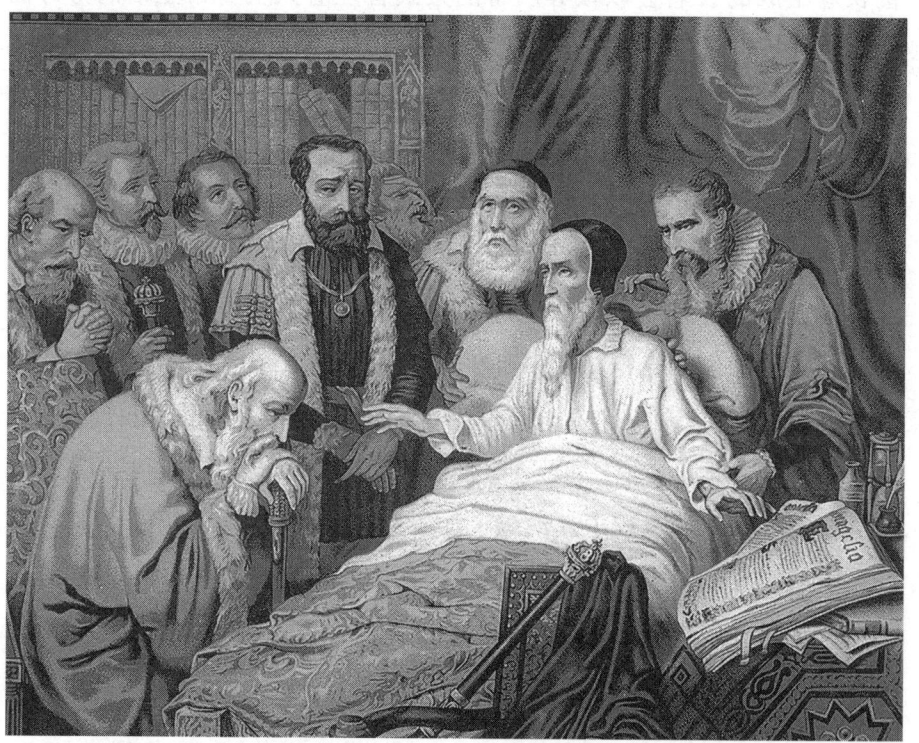

临终前的约翰·加尔文

① 约翰·加尔文曾被称为"日内瓦的教皇"。
② 雅各布·萨多雷特（1477—1547），意大利罗马天主教枢机主教和反宗教改革家，因与约翰·加尔文互相通信，并反对约翰·加尔文而闻名。

雅各布·萨多雷特

处拜访他。衣衫褴褛的约翰·加尔文接待了雅各布·萨多雷特,并亲自为雅各布·萨多雷特开门。约翰·加尔文本应该很富有,但他死后只留下二百克朗①的遗产。

虽然日内瓦的追随者们将约翰·加尔文尊为"具有神圣权威"的人,但作为一个凡人,约翰·加尔文始终不得人心。尽管约翰·加尔文将精力完全投入到了伟大事业中,为各地的新教教徒殚精竭虑,但他似乎不可能具备马丁·路德那种与生俱来的同情心。然而,正是这种同情

---

① 克朗,中世纪流通于旧瑞士邦联的一种货币,多以硬币为主,早已停止流通。

心，让马丁·路德了解到"民生疾苦"。约翰·加尔文排除异己，奉行"非我族类，其心必异"的原则，不允许他人信奉异教。此外，持续的健康问题让约翰·加尔文更加急躁易怒。他的一位朋友曾经说过，"与其和约翰·加尔文待在天堂，还不如和泰奥多尔·贝扎[①]一起生活在地狱"。约翰·加尔文认为新教统治者在惩处异教徒的问题上犹豫不决是一种缺乏宗教精神的表现。而约翰·加尔文掌权期间的最大污点之一便是处死了异端人士迈克尔·塞尔维特[②]。迈克尔·塞尔维特是一位聪明

泰奥多尔·贝扎

[①] 泰奥多尔·贝扎（1519—1605），法兰西新教神学家、改革家和学者，在宗教改革中发挥了重要作用，是约翰·加尔文的信徒，一生大部分时间生活在日内瓦。

[②] 迈克尔·塞尔维特（约1511—1553），西班牙神学家、医生、制图师和文艺复兴时期的人文主义者。他参与了新教改革并在后来提出一种三位一体和基督论的异端观点。在遭到法兰西王国天主教的谴责后，他逃到了日内瓦，最后被日内瓦市议会以异端罪处以火刑。

迈克尔·塞尔维特

但不安分的西班牙人。他曾经写了两本无神论的书籍，也曾致信驳斥约翰·加尔文，还曾以身犯险，冒险进入日内瓦。1553年10月27日，在约翰·加尔文的指使下，迈克尔·塞尔维特遭到逮捕和定罪，并被处以火刑。当时，约翰·加尔文正忙于镇压反对派的武装暴动。尽管约翰·加尔文最终获胜，但他也已经筋疲力尽。

人们纷纷辱骂约翰·加尔文，并将街上的流浪狗取名叫约翰·加尔文。一天晚上，有人在约翰·加尔文的房门前开了至少五十枪。在为

《圣咏集》①所作的序言中,约翰·加尔文无比悲怆地写下了镇压反对派时的冲突场景,而他本来天生厌战胆怯,只是不得已而为之。在生命的最后几年中,约翰·加尔文很欣慰地看到日内瓦没有再发生教派纷争,他创建的教会体制也在不断发展壮大。约翰·加尔文为逃离家园的新教教徒们提供了庇护,甚至连日内瓦也已经成为所有国家受压迫新教教徒的避难所。其中就包括苏格兰宗教改革领导者,伟大的约翰·诺克斯②。约翰·诺克斯曾在英格兰和苏格兰的宗教难民中宣传新教教义,并

约翰·诺克斯

---

① 《圣咏集》,指前文的《圣经旧约》中的诗篇。
② 约翰·诺克斯(1513—1572),苏格兰神学家、作家,苏格兰宗教改革领导者,苏格兰长老会创始人。

英格兰女王伊丽莎白一世

力图在苏格兰推广新教。1558年,约翰·诺克斯在日内瓦发表了《吹响反对女性邪恶统治的第一声号角》[1],不仅将矛头直指苏格兰女王玛丽一世[2],而且激起了英格兰女王伊丽莎白一世[3]的怒火。

约翰·加尔文对英格兰王国和苏格兰王国国内政治影响深远。约

---

[1] 《吹响反对女性邪恶统治的第一声号角》,是由约翰·诺克斯发表于1558年的辩论文章。约翰·诺克斯在这篇文章中攻击女性君主,认为由女性统治国家与《圣经》相违背。

[2] 苏格兰女王玛丽一世,又称苏格兰王国的玛丽女王,于1542年12月14日至1567年7月24日统治苏格兰王国。

[3] 伊丽莎白一世(1533—1603),英格兰王国和爱尔兰王国女王,都铎王朝五位君主中的最后一位。

翰·加尔文曾致信英格兰王国护国公萨默塞特公爵爱德华·西摩①并谈及新教福祉。约翰·加尔文也曾为英格兰王国首任坎特伯雷大主教托马斯·克兰麦②的福音派教会联合计划出谋划策。约翰·加尔文还曾向奥地利大公国、波兰王国、遥远的丹麦王国和瑞典王国等地的宗教改革者伸出友谊之手。约翰·加尔文的朋友兼伙伴,温文尔雅的泰奥多尔·贝扎曾经

托马斯·克兰麦

---

① 萨默塞特公爵爱德华·西摩(约1500—1552),萨默塞特第一任公爵,1547年至1549年都铎王朝时期的英格兰护国公。
② 托马斯·克兰麦(1489—1556),英国改革教会的首任坎特伯雷大主教。他对天主教教义、教规和仪式做出了改变,为使天主教英国教会变为英国圣公会进而成为英王私人教会做出了贡献。

说过,"约翰·加尔文一肩承担了所有教会事务"。约翰·加尔文虽然身体越来越虚弱,但依然夜以继日地工作,直到鞠躬尽瘁,死而后已。

卧病在床期间,约翰·加尔文仍在关注法兰西王国宗教改革的进程。当感到虚弱无力时,他就命人将自己抬到伯尔尼参议院参加会议。在行将就木之际,约翰·加尔文派人传唤参议院议员们在病榻前举行临终告别。一位伟大的艺术家曾用画作将这一会面的场景呈献给全世界。在这次会谈中,约翰·加尔文向议员们表达了由衷的谢意,并请求议员们原谅他屡次大发雷霆。约翰·加尔文认为,尽管自己有缺点,但一心为公,问心无愧。约翰·加尔文曾经告诫属下必须保持警惕和谦卑以避灾祸。在虔诚祷告之后,约翰·加尔文含泪送别众人。

两天后,约翰·加尔文召集日内瓦的牧师并向他们追溯了自己的生平。历经磨难的约翰·加尔文描述了他曾经如何遭人驱狗逐咬,以及如何在睡梦中被敌人的枪声惊醒。约翰·加尔文说道:"想想看,如果我还是昔日那个腼腆懦弱的潦倒学者,面对这样的遭遇将会是何等张皇失措!"约翰·加尔文请求众人原谅他的诸多过错,特别是他那急躁易怒的脾气。至于他的讲授和著作,约翰·加尔文只是说他相信神赐恩典,让自己能够一心一意地为新教的传播鞠躬尽瘁。之后,约翰·加尔文劝诫牧师们恪尽职守并在最后与众人一一握手。泰奥多尔·贝扎说道:"我们与约翰·加尔文诀别,热泪盈眶,心中充满了难以言喻的悲伤。"几天后,即1564年5月27日,约翰·加尔文与世长辞。

约翰·加尔文品格高尚,卓尔不群,正如环绕日内瓦的巍峨群山,但又是如此的粗犷,与脚下的绿色山谷和柔美湖泊格格不入。在日内瓦生活了许多年,约翰·加尔文却从未提及日内瓦的湖光山色。人们对约翰·加尔文更多的是钦佩和崇敬,但缺乏人文关怀。也难怪乔治·戈登·拜伦的诗中并未赞颂约翰·加尔文生活过的日内瓦城,而是赞美了日内瓦城外的美妙景色。

澄澈、透明、如镜的莱芒湖！
你与凡尘俗世迥然相异，
你似乎在静静地告诫我，叮嘱我：
应抛却尘世的苦水，追求纯洁的甘泉。
小船的白帆好似无声的翅翼，
要把我带离烦乱心境。我曾经爱过，
爱过那奔腾咆哮的波澜，
但湖水的温柔细语却像姐姐在轻声嗔怪：
为什么要在危险的波涛里以身犯险。
寂静的夜晚，四周的山岳，
人与周遭融为一团，显得朦胧而柔软。
景色虽蒙上一层夕暮，却仍然看得清晰，
除了那苍茫的侏罗山，它的顶峰，
高耸入云，显得那么峭崄。
船儿靠岸，一阵阵沁人心脾的芳香，
从幼嫩的花丛中传来。只听得见，
收起的橹桨上轻轻滴下的水珠声，
间或蚱蜢夜鸣，打破了寂静。

——乔治·戈登·拜伦《恰尔德·哈洛尔德游记》

第13章

宗教动乱

（1584年—1620年）

虽然日内瓦在过去四十年中声名远扬，但作为第十四名成员，旧瑞士邦联并不愿接纳这座历经动荡的城市。因此，日内瓦州仍是一个独立的共和政体，它与伯尔尼州结成防御同盟，休戚与共。刚刚征服了整个沃州的伯尔尼虽然能拥有大部分领土，但不得不与弗里堡州和瓦莱州共同治理沃州。伯尔尼帮助日内瓦镇压沃州人起义，并建立了一个抵御萨伏依人入侵的坚固堡垒。日内瓦州则深知，在关键时刻，伯尔尼州是一个可靠的盟友。

在约翰·加尔文去世后的八十四年里，旧瑞士邦联经历了长期的宗教战争和动乱。在动荡中，眼见权势不保的天主教教徒们纷纷作乱，而新教教徒则牢骚满腹，认为罗马教廷绝非善类。因此，1582年，旧瑞士邦联完全拒绝接受新历法。新历法由教皇格里高利十三世[1]下令修订，因而旧瑞士邦联宁愿接受内战也不愿接受任何来自罗马教廷的改革。动乱[2]首先在旧瑞士邦联的意大利语区爆发。在16世纪初的雇佣军战争中，瑞士人征服了该意大利语区。在洛迦诺，与乌尔里希·茨温利或约翰·加

---

[1] 教皇格列高利十三世（1502—1585），原名优尔·邦孔帕尼，第二百二十七任教皇，1572年至1585年在位。他在1582改革历法，形成现在的公历。
[2] 指瑞士宗教改革引发的内乱。

莱利奥·索齐尼

尔文相比，莱利奥·索齐尼①宣扬的教义——索齐尼主义——要更加自由，同时吸引了更多的人信奉索齐尼派②。天主教地方官刚一掌权，索齐尼派的信奉者们便遭到逮捕、流放或处死。1555年3月，所有福音派教徒最终被逐出洛迦诺地区。接到地方官的命令后，一百五十户人家的主人前往市政厅，在寒风中聆听被驱逐出境的判决。在判决宣读完毕后，教廷大使③走进来抗议判决过轻。他认为应该剥夺福音派教徒的一切权利，同时将这些教徒的子女留在洛迦诺，以使福音派教徒的子女信奉"正道"。然而，与教廷大使相比，信奉天主教的旧瑞士邦联更有人情味，因而拒绝改变判决。流亡的福音派教徒带着妻儿，顶风冒雪，一路翻山

---

① 莱利奥·索齐尼（1525—1562），意大利文艺复兴时期的人文主义者和反三位一体改革者。
② 索齐尼派，又译"索辛努派"或"苏西尼派"，16世纪欧洲基督教中的一个神学派别，由意大利宗教改革家莱利奥·索齐尼创立，故名"索齐尼派"。
③ 教廷大使，又译宗座大使。罗马教皇派驻到外交关系密切的天主教国家的最高使者。最初是教皇派至驻在国征集什一税等捐款的财政官，反宗教改革运动后，演变为外交性质的官职。

越岭，前往苏黎世寻求新教教徒的庇护。就像当初因为遭受同样的迫害而逃往英格兰王国的佛兰芒[1]工匠一样，这些流亡的福音派教徒也为接纳他们的苏黎世带来了福祉。流亡者们掌握着纺织丝绸的技术，因而很快便建起了染坊和纺织厂，为苏黎世成为繁华都市做出了贡献。利马特河[2]左岸有无数的工厂，而利马特河右岸则有众多的产品仓库。在于特利贝格[3]山脚下：

> 苏黎世卧于寂静的山谷，
> 哺育自由之子民。
> 葡萄树布满山丘。
> 银色的阿尔卑斯山顶，万里无云阳光灿烂。
> 年轻的心炽热地跳动，
> 集市上热闹异常。
> 人们远望着阿尔卑斯的冰雪光芒，
> 哈勒尔的多丽丝[4]唱着骄傲的歌，
> 希策尔的达芙妮随声应和，
> 歌声飘到克莱斯特和格莱姆的耳中[5]。
> 我们年轻人歌唱，人人都像诗人哈格多恩[6]。

---

[1] 佛兰芒人是比利时人的一支，属于日耳曼人血统，主要住在该国西部和北部。荷兰语是佛兰芒人的母语，也是比利时官方语言之一。
[2] 利马特河，从苏黎世湖北端引出，流经苏黎世市中心，再向西北方注入阿勒河。
[3] 特利贝格山，苏黎世市内最高山，海拔八百六十九点二米，位于苏黎世湖的西北面。人们从山顶可以俯视苏黎世湖和苏黎世市区全景。
[4] 哈勒尔的多丽丝，指阿尔布莱克·冯·哈勒的诗作《多丽丝》。阿尔布莱克·冯·哈勒（1708—1777），旧瑞士邦联解剖学家、生理学家、博物学家和诗人。
[5] 分别指埃瓦尔德·克里斯蒂安·冯·克莱斯特（1715—1759），德意志诗人和骑兵军官。约翰·威廉·路德维希·格莱姆（1719—1803），德意志启蒙运动时期诗人。
[6] 哈格多恩，指弗里德里希·冯·哈格多恩（1708—1754），德意志诗人。

旧瑞士邦联成立的目的是为了让各州能够和平共处。然而，因为利益相左，其他各州与旧瑞士邦联难免背道而驰。法兰西王国大使和罗马教廷大使不断骚扰各天主教州，妄图使完成宗教改革之后的旧瑞士邦联重返罗马教廷。否则，他们便会不择手段地损害各州的利益。罗马教廷大使试图使各州之间，特别是使各州与强势的伯尔尼州之间相互猜忌，同时妄图使日内瓦重新由萨伏依公爵统治。最终，教廷大使的计划落空了，伯尔尼和日内瓦坚定地站在一起。1581年，苏黎世与日内瓦结成了永久联盟。

当时，在教皇的著名捍卫者中，有一位叫卡洛·博罗梅奥的枢机主教。这位年轻的教士虔诚而精力充沛。他献身于教会事业，毕生都致力于巩固教会的势力以抵御威胁教会存在的势力。头脑清醒的卡洛·博罗梅奥意识到了教会进行内部改革的必要性。事实上，为提高意大利神职人员的道德水准和防止宗教改革的浪潮席卷意大利，卡洛·博罗梅奥做了很多工作。当然，卡洛·博罗梅奥也没有忽视旧瑞士邦联。他虽然不遗余力地反对改革旧瑞士邦联的学校制度，但为瑞士的年轻人在米兰建立了一所神学院①。这所神学院是同类院校中最知名的神学院之一。作为19世纪瑞士所有主日学校②的前身，卡洛·博罗梅奥创立的这所神学院已有三百多年的历史。

然而，卡洛·博罗梅奥为旧瑞士邦联做的另一项工作却令人不齿。卡洛·博罗梅奥曾鼓动各天主教州对福音派发动宗教战争。经过多年努力，1586年10月，旧瑞士邦联七州③宣誓结成"博罗梅奥联盟④"。旧瑞

---

① 指天主教米兰总教区神学院。
② 主日学校，又名星期日学校，指在星期日为贫民开办的初等教育机构，兴起于18世纪末，盛行于19世纪上半期。
③ 旧瑞士邦联七州，指乌里州、施维茨州、翁特瓦尔登州、卢塞恩州、楚格州、弗里堡州和索洛图恩州七个天主教州。
④ 博罗梅奥联盟，成立于1586年，成立的原因是旧瑞士邦联七个天主教州为维护自身宗教利益而成立的联盟，几乎致使旧瑞士邦联走向毁灭，同时造成阿彭策尔州的分裂。

卡洛·博罗梅奥

士邦联七州与瓦莱州和提契诺州共同构成了19世纪时的旧瑞士邦联天主教区。与弗里堡州同一天加入联盟的索洛图恩州坚守着自己的传统信仰和习俗,特别是对圣维雷娜①的信仰。直到19世纪,劳芬堡流传的民谣还在讲述圣维雷娜战胜魔鬼撒旦的故事。传说圣维雷娜居住在阿尔卑斯山脉脚下的幽谷中。病人只要路过圣维雷娜的家门口就会立刻痊愈。森林里那些桀骜不驯的野兽日夜守护在圣维雷娜的门前。魔鬼撒旦对圣维雷娜充满了仇恨和嫉妒,早就想除之而后快,却苦于无法得手。后来,撒旦自认为找到了下手的机会。

---

① 圣维雷娜(约260—约320),被科普特正教会、罗马天主教会和东正教会尊为圣人,经常与底比斯军团相关联。

在清晨玫瑰色的朝阳中，
圣维雷娜下跪，热切地祈祷，
而撒旦就站在她身后。
撒旦咧嘴笑，张牙舞爪，
现在她的生命掌握在撒旦手中。
看！魔鬼双手举起了巨石，
举到圣维雷娜的头顶，
让人不禁扼腕叹息。
下一刻，魔鬼便会抛出巨石，
一定会把圣维雷娜砸倒在地。
突然听到一阵沙沙声，
圣维雷娜转过天使般的脸庞，
如一道绚丽的美景，
耀眼的光芒让魔鬼炫目。
魔鬼举着巨石呆立当场，
完全忘却了他的愤怒。
魔鬼此刻六神无主，
忘记了他的目的，
双手颤抖不已，
巨石掉落砸向自己的脚趾。
最让他懊恼的是，
他的灵魂充满怨恨和耻辱，
从那天起，"跛脚的魔鬼"就成了他的名字。

　　索洛图恩州以圣维雷娜之名加入了博罗梅奥联盟，致力于消灭邪恶的福音派势力。自此，各天主教州与部分国家结成了无比团结的关系。

西班牙国王腓力二世

旧瑞士邦联军队与西班牙国王腓力二世并肩作战,以铲除荷兰共和国①的异教宗派。法兰西王国国王亨利三世雇用了八千名旧瑞士邦联雇佣兵帮助自己消灭胡格诺派臣民。在圣巴托洛缪大屠杀②当天,也是一名瑞士人对伟大的加斯帕尔·德·科利尼③造成致命一击。旧瑞士邦联军队所有

---

① 荷兰共和国,中世纪时,荷兰被划分为若干自治省。1568年,为了反抗西班牙国王腓力二世限制宗教和自由的专制统治,荷兰北方七省在威廉亲王的领导下进行起义,即荷兰"八十年战争"开始。1648年,荷兰共和国作为一个独立的国家获得承认。
② 圣巴托洛缪大屠杀。法兰西王国天主教暴徒对国内新教教徒胡格诺派的恐怖暴行,始于1572年8月24日,前后持续了几个月。因为胡格诺派不妥协的强硬态度,该事件成为法兰西宗教战争的转折点。
③ 加斯帕尔·德·科利尼(1519—1572),法兰西王国海军上将和政治家,是法兰西宗教战争时期胡格诺派最重要的代表人物之一。

圣巴托洛缪大屠杀

受伤后的加斯帕尔·德·科利尼

士兵都因为参与屠杀得到了法兰西王国国王查理九世的奖赏,其中有十个瑞士人获封为贵族。此外,旧瑞士邦联军队还参与了抢劫部分贵族家庭财产的行动。但旧瑞士邦联军队那些远在国内的同胞的道德水准还没有低劣到像凯瑟琳·德·美第奇[①]那样见利忘义,残忍成性。当胡格诺

法兰西王国国王查理九世

[①] 凯瑟琳·德·美第奇(1519—1589),意大利女贵族,1547年至1559年期间的法兰西王后,法兰西王国国王亨利二世的妻子,对法兰西政治产生了深远影响。她以生活骄奢淫逸而闻名,为获取金钱与权力,曾多次改嫁,并曾迫使儿子查理九世发动圣巴托洛缪大屠杀。

凯瑟琳·德·美第奇

派的逃亡者翻越侏罗山脉涌入瑞士并带来大屠杀的消息时，天主教各州感到震惊不已，开始郑重考虑是否放弃与法兰西王国结盟。就在此时，法兰西王国国王查理九世的手下赶来瑞士陈述事实。这名手下称，加斯帕尔·德·科利尼参与了一场针对法兰西王国国王查理九世的阴谋，而旧瑞士邦联卫队在宫殿的台阶上遭到胡格诺派教徒的袭击。事实上，旧瑞士邦联卫队从未遭到过袭击。然而，正如狼与羔羊的古老寓言讲的那样，欲加之罪何患无辞？最终，旧瑞士邦联各州信服了虚假的说辞，接受了法兰西王国法庭对胡格诺派教徒的残酷惩罚。

第 13 章 宗教动乱（1584 年—1620 年） | *223*

除了参与外国宗教争端，旧瑞士邦联国内也混乱不堪。阿彭策尔州因为内部斗争激烈走向分裂。在靠近康斯坦茨湖的阿尔卑斯山脉山脚地区，居住着德意志血统的织布工，他们都是新教教徒。而在森蒂斯山上，则居住着罗曼什牧羊人，他们恪守着父辈的信仰，说着罗曼什语。结束争斗的唯一方法是将阿彭策尔州一分为二，即内阿彭策尔州和外阿彭策尔州。历经十年磨难后，1597年9月8日，阿彭策尔州分离法案终于被签署。法案对武器、印章、旗帜、土地和阿彭策尔州的权力进行了尽可能平等的分配。从此，两个半州都拥有了各自的议会代表和议会投票权。虽然两个半州对旧瑞士邦联事务的影响微乎其微，但出于对自己所在半州的忠心，两个半州的代表们在每项问题上都会给对方投出反对票。这种保障各州权利平等的政治体制弥足珍贵。直到现在，两个半州仍然在所有欧洲法庭拥有自己的代表，而各欧洲法庭也会向两个半州分别派出代表。在法兰西王国国王路易·腓力一世①统治的十八年里，内阿彭策尔州拒绝承认他的统治。直到法兰西王国国王路易·腓力一世退位后，保守的牧羊人②才接受了他的君主身份。

在阿彭策尔州分裂几年之后，日内瓦成功地击败了萨伏依公爵卡洛·埃曼努埃莱一世③的新一轮进攻。1602年12月11日晚，萨伏依公爵卡洛·埃曼努埃莱一世制订了攻城计划。萨伏依人带领一支西班牙王国小分队借助三个梯子爬上了日内瓦城墙。然而，在听到轻微的响声后，一个站岗的哨兵立即开枪射击。随着警报响起，从城墙上射出的一颗炮弹同时摧毁了这三个梯子。与此同时，日内瓦城的铁闸门落下，将进入城中的侵略者与城外的军队一分为二。起初，城内的侵略者们并未意识到

---

① 路易·腓力一世（1773—1850），又译"路易腓力"，法兰西王国奥尔良王朝唯一的君主。
② 指内阿彭策尔人。
③ 萨伏依公爵卡洛·埃曼努埃莱一世（1562—1630），三十年战争时期的意大利萨伏依王朝公爵、军人和政治家。

萨伏依公爵卡洛·埃曼努埃莱一世

这一点,还在一边高喊着"西班牙人!萨伏依人!杀呀",一边继续战斗。然而,醒悟过来的市民们全副武装地涌上了街头,并很快让敌人追悔莫及。炮弹轰击着敌人的队伍。许多士兵横尸街头,或在沿梯子撤退时跌入城墙下方的护城河中。《日内瓦城纪事》记载了一名裁缝的英勇事迹和一名女性用铁锅打破了一个敌人的头的事迹。1602年12月12日,德高望重的泰奥多尔·贝扎在布道坛上发表了他的第一百二十四首赞美诗①。从此次敌军云梯登城战周年纪念日起,日内瓦人将这首赞美诗一直传唱至今。

几乎与此同时,经过最后一次宗教冲突,瓦莱人打倒了改革派。拒绝宣誓放弃信仰的改革派人士和牧师遭到驱逐。

此时,"黑死病"再次在旧瑞士邦联肆虐。旧瑞士邦联各城市的人口大幅减少。宗教冲突暂时中止。1610年,"黑死病"横扫巴塞尔,导致近四千人死亡。1611年,"黑死病"又席卷了伯尔尼、弗里堡和索洛图恩。仁慈的圣人们却未能保护人们免受"黑死病"的暴虐。1612年,"黑死病"又袭击了苏黎世、格拉鲁斯和阿彭策尔。在图尔高州,许多村庄灭门绝户,无一幸免。"黑死病"甚至蔓延到了格劳宾登高地的山谷。此后,格劳宾登州又爆发了一场几乎同样凄绝的漫长战争②。

各国势力觊觎美丽的瓦尔泰利纳③地区,最终爆发战争。西班牙国王腓力三世刚刚攻占了米兰,希望将领土拓展到奥地利大公国边境。因为害怕西班牙王国和奥地利大公国结盟,威尼斯共和国决定插手干预,并将敌人的企图告知了旧瑞士邦联。格劳宾登州的主要人物分成两派。一派支持西班牙王国,由鲁道夫·冯·普兰塔④领导;另一派希望与法兰西王国结盟,由赫拉克勒斯·冯·萨利斯⑤领导。正当两派吵得不可开交时,驻扎在米兰的西班牙总督富恩特斯伯爵佩德罗·富里茨·德阿塞韦多⑥悄悄地在科莫湖附近的山上建了一座堡垒,并用他的名字将堡垒命名

---

① 法兰西著名诗人克莱芒·马罗曾将《圣经》中的赞美诗译为法文,而泰奥多尔·贝扎曾在其中加入了一些赞美诗诗篇。
② 指三十年战争。
③ 瓦尔泰利纳,意大利北部阿达河上游地区,大部分在伦巴第大区松德里奥省(Sondrio)境内,历史上原属古代的雷蒂亚地区,1859年并入意大利王国。
④ 鲁道夫·冯·普兰塔(1569—1638),出身格劳宾登州普兰塔家族,骑士。
⑤ 赫拉克勒斯·冯·萨利斯(1565—1620),出身格劳宾登州萨利斯家族。其家族曾长期占有格劳宾登州的坎贝尔城堡。
⑥ 富恩特斯伯爵佩德罗·富里茨·德阿塞韦多(1525—1610),西班牙王国将军和政治家,西班牙王国第一任米兰总督。

富恩特斯伯爵佩德罗·富里茨·德阿塞韦多

为"富恩特斯"。米兰的西班牙总督富恩特斯伯爵佩德罗·富里茨·德阿塞韦多修建堡垒的目的是为了威慑基亚文纳和瓦尔泰利纳地区的山谷,并掌控进入意大利的必经之地——施普吕根山口。三十年战争随后爆发。在恩加丁山谷,两支全副武装的部队在特拉弗斯两兄弟的分别率领下互相残杀。

随着双方开火,部分士兵开始倒下。当地的妇女们奔走于丈夫和兄弟中间,劝双方放下武器。1618年,改革派牧师们在贝尔金召开会议并借机鼓动当时的政党反对天主教阴谋家。鲁道夫·冯·普兰塔逃往蒂罗

乔治·耶拿奇

尔。牧师们及其领袖乔治·耶拿奇①在图西斯建立了刑事法庭,并用最残忍的手段对付鲁道夫·冯·普兰塔的追随者们。

鲁道夫·冯·普兰塔被判有罪。虔诚而温和的瓦尔泰利纳大祭司尼科洛·鲁斯卡②和瓦尔泰利纳教区长赞布拉③在毫无证据的情况下被判有罪,并被拷打致死。

---

① 乔治·耶拿奇(1596—1639),瑞士三十年战争时期的一位政治领袖,17世纪格劳宾登州混乱历史中最引人注目的人物之一。
② 尼科洛·鲁斯卡(1563—1618),意大利科莫教区牧师,1618年被捕并被拷打致死。
③ 赞布拉,又名约翰·巴普蒂斯塔,曾任瓦尔泰利纳教区长,曾在格劳宾登三同盟叛乱中与瓦尔泰利纳大祭司尼科洛·鲁斯卡一同被捕并惨遭杀害。

尼科洛·鲁斯卡

遭受虐待的天主教教徒们聚在一起为自己申冤报仇，部分灰衣同盟成员向库尔挺进，而恩加丁和布雷蒂格地区则派兵阻截他们。虽然干预和调停随之而来，但和平还是再次被打破。1620年，鲁道夫·冯·普兰塔约请奥地利大公国入侵瑞士，而贾科莫·罗布斯泰利[①]和一群米兰流浪汉计划在瓦尔泰利纳实施一场可怕的大屠杀。1620年7月19日，一场效仿圣巴托洛缪大屠杀的恐怖活动在蒂拉诺拉开帷幕。老人、妇女和儿童惨遭无情杀戮。几天时间里，各村庄的新教人士被殴打、勒死或枪杀。他

---

① 贾科莫·罗布斯泰利，天主教支持者，曾在瓦尔泰利纳地区组织天主教反抗军，并在奥地利和意大利军队支持下，屠杀瓦尔泰利纳地区的新教教徒。

第 13 章 宗教动乱（1584 年—1620 年） | 229

们的尸体被扔进阿达河，鲜血染红了河水。蒂拉诺牧师的头颅被插在布道坛的长矛上警告那些天主教信奉者。天主教的神圣性遭到亵渎。

  各新教州终于被激怒。伯尔尼和苏黎世派出了三千人援助格劳宾登州。在战争的第一年，伯尔尼人就被击败，并且只有一名军官幸存下来。但在第二年春天，改革宗各州军队遭遇了灰衣同盟和天主教各州军队，被迫越过阿尔卑斯山脉进入乌里州。最终，奥地利大公国大公斐迪南三世[①]决定干预战事，他高喊道："既然你想要战争，那就给你战争。"随后，奥地利大公国大公斐迪南三世便率部亲征格劳宾登州。

[①] 斐迪南三世（1608—1657），奥地利大公国大公，1625年起任匈牙利王国国王，1637年成为神圣罗马帝国皇帝。

第 14 章

17 世纪的日内瓦

（1621 年—1650 年）

1621年秋，一支奥地利大公国军队出现在格劳宾登州。神圣罗马帝国将军安东尼·冯·巴尔第隆·迪特里希斯泰因①很快以"另一个荷罗孚尼"的名声而闻名于十辖区同盟。安东尼·冯·巴尔第隆·迪特里希斯泰因率部横扫瑞士，烧杀抢掠。夹缝中的人民不得不屈膝投降并宣誓效忠于奥地利大公国。方济嘉布遣会②修士们随军前来，他们鼓动人们重皈天主教并驱逐改革宗神职人员。普拉蒂高的农民们虽然躲进了茂密的森林，但丝毫没有屈服的意思。森林成了军火库。农民们砍下沉重的木棍并在一端镶上了大钉子。在农民们与奥地利大公国的早期战争③中，这些武器曾发挥了很大作用，现在又将发挥作用。农民的武器已经鸟枪换炮，原来的长刀变成了匕首，原来的镰刀换成了长矛。1622年的圣枝主日④，农民们袭击了奥地利大公国军营，杀死了四百人，并将其他人赶出了瑞士。格劳宾登州的新教教徒立刻起来响应这些农民。阿彭策尔州也派兵增援他们。

安东尼·冯·巴尔第隆·迪特里希斯泰因虽然已经撤退，但很快

---

① 安东尼·冯·巴尔第隆·迪特里希斯泰因，曾在布赖滕费尔德战役中担任神圣罗马帝国中央军步兵指挥官。
② 方济嘉布遣会，属天主教圣方济会分支。
③ 指三十年战争期间旧瑞士邦联对战奥地利大公国。
④ 圣枝主日，亦称棕枝主日、基督苦难主日，是圣周开始的标志。

又率领一支一万人的军队卷土重来。在得胜之后，安东尼·冯·巴尔第隆·迪特里希斯泰因在旧瑞士邦联全国各地开始了残忍的屠杀，老弱妇孺无一幸免。人民衣食不保，国土满目疮痍。安东尼·冯·巴尔第隆·迪特里希斯泰因的士兵们甚至抢走了教堂的吊钟。在幸存的难民中，一部分人逃往其他国家，另一部分人或死于瘟疫，或躲入森林销声匿迹。各天主教州幸灾乐祸，而同病相怜的旧瑞士邦联新教人士则深感有心无力。苏黎世市市长约翰·海因里希·瓦泽[①]致信称："亲爱的盟友们，不要指望我们能够给予任何帮助。我们已经自顾不暇。目前，你们只能尽最大努力拯救格劳宾登州于水火之中。"

对于格劳宾登州而言，不幸中的万幸是，获得里申阿尔卑斯山脉通行权后，奥地利大公国军队在意大利王国横行霸道耀武扬威，终于激起了法兰西人的怒火。一支法兰西军队出现了。紧随其后的是苏黎世州、伯尔尼州和瓦莱州的军队。苏黎世州、伯尔尼州和瓦莱州终于向被压迫的盟友伸出了援助之手。最终，奥地利大公国军队再次被驱逐，而瓦尔泰利纳回归意大利。奥地利大公国被迫向格劳宾登州纳贡。1629年，神圣罗马帝国皇帝派遣一支四万人的军队入侵格劳宾登州。一时间，武力凌驾于法律之上，自由似乎荡然无存，但仍有一部分格劳宾登人没有放弃希望，并最终得救。

三十年战争[②]的新教英雄瑞典国王古斯塔夫二世·阿道夫虽然在瑞典王国领土上对神圣罗马帝国皇帝马蒂亚斯[③]施加了很大的压力，但最后

[①] 约翰·海因里希·瓦泽（1600—1669），曾任苏黎世市市长，17世纪中期旧瑞士邦联最著名的政治人物之一。
[②] 三十年战争，1618年至1648年，由神圣罗马帝国的内战演变而成的一次大规模的欧洲国家混战，也是历史上第一次全欧洲大战。这场战争是欧洲各国争夺利益、树立霸权的矛盾及宗教纠纷激化的产物。战争以哈布斯堡王朝战败并签订《威斯特伐利亚和约》而结束。这场战争推动了欧洲民族国家的形成，是欧洲近代史的开始。
[③] 马蒂亚斯（1557—1619），以"奥地利的马蒂亚斯"而闻名，哈布斯堡家族成员，自1612年起担任神圣罗马帝国的皇帝。

瑞典国王古斯塔夫二世·阿道夫

神圣罗马帝国皇帝马蒂亚斯

还是被迫从瑞士撤军以防卫国境。当最后一批神圣罗马帝国军队退出瑞士边界、最后一批奥地利大公国堡垒被摧毁时，欣喜若狂的格劳宾登人民开始欢聚一堂。格劳宾登人民重新建立起祖先们在达沃斯和特伦斯村宣誓缔结的古老同盟[①]，从此再也没有重蹈17世纪上半叶的悲惨覆辙。几年后，格劳宾登人收复了他们的领土。1639年，全面和平协定在米兰达成。格劳宾登州的旧瑞士邦联成员身份得到了充分承认，但有一项附带条件，即天主教会将保留其在博尔米奥、瓦尔泰利纳和基亚文纳的权力。而施瓦本战争之后，奥地利大公国彻底失去了十辖区同盟的统治权。和其他同盟成员一样，十辖区同盟也获得了自由。达沃斯仍旧是军事重地，它自古以来的荣誉得到保留。国民议会仍然在达沃斯举行。三同盟的旗帜和案卷资料也永远保存在达沃斯。

旧瑞士邦联各州尽管并未像法兰西一样在三十年战争的黑暗时期里陷入悲惨的深渊，但度日如年。宗教信仰差异造成的分歧虽然不像旧瑞士邦联各州在卡佩尔对垒时[②]那样严重，但同样波及广泛。旧瑞士邦联各州将全部金钱投入外交和军备，同时将全部时间花在徒劳无功的议会讨论上。天主教教徒极力反对改革派的一切诉求，而改革派则不分是非地反对天主教教徒的每一项主张。天主教教徒与西班牙王国和奥地利大公国为伍并从中获益，而新教教徒则站在法兰西王国一边。因为法兰西王国与西班牙王国水火不容。这样一来，面对受迫害的格劳宾登人，伯尔尼州和苏黎世州坐视不理也就不足为奇了。

旧瑞士邦联各州只在一点上团结一致，即出于自卫本能坚决不允许荼毒旧瑞士邦联的外国军队进入本国领土。然而，在这一点上，各州依旧

[①] 指前文15世纪时迪森蒂斯地区起义后，迪森蒂斯修道院院长与人民最终在特伦斯村圣安娜老教堂达成永久契约。之后，三同盟相继成立并逐渐形成了现今的格劳宾登州。
[②] 指卡佩尔战争，瑞士宗教改革运动中爆发的战争。旧瑞士邦联中信奉天主教的卢塞恩州、乌里州、旋维茨州、翁特瓦尔登州和楚格州结成联盟，阻止苏黎世邦在公共领地上传布新教。最终，苏黎世邦军队落败。新教领袖乌尔里希·茨温利战死。

软弱无能。瑞典王国和神圣罗马帝国军队曾经先后驻军施泰因、苏黎世、沙夫豪森和巴塞尔主教区，给当地人民带来无穷的痛苦。对于瑞典王国和神圣罗马帝国军队的做法，旧瑞士邦联各州政府只是做了软弱无力的抗议。正当旧瑞士邦联政府奴颜婢膝地致信瑞典王国和神圣罗马帝国军队的将领时，旧瑞士邦联农民积极介入，以武力反抗表明对掠夺者的抗议。

一次次唇枪舌剑和厉兵秣马的结果却是赋税的日益加重和民怨沸腾。1641年，对苛捐杂税忍无可忍的伯尔尼埃曼塔尔乡民终于发动了起义。伯尔尼州集结重兵，前往各城镇平叛。而在苏黎世，一项倒行逆施的房产课税也引发了类似的暴动。因为克诺瑙和韦登斯维尔人民拒不缴税，闻风而来的军队便占领了村庄，解除了村民的武装，然后处死了发起暴动的首领，并对两座村庄处以巨额罚金。

还有一件令旧瑞士邦联地方官员感到烦恼的事是大量"流离失所者"的到来。"流离失所者"是指那些在三十年战争中家园被毁的日耳曼人或伦巴第人。对于一个人人都想安居乐业的国家而言，流离失所者的存在和治理无异于千钧重负。与一向受旧瑞士邦联百般维护的吃苦耐劳的他国难民截然不同，这些流浪汉东奔西窜，四体不勤，并且到处煽动人们反对地方官。流民的人数越来越多，最后竟让旧瑞士邦联成了过路之人唯恐避之不及的龙潭虎穴。旧瑞士邦联不得不对流民采取严厉措施。在阿尔高州的布雷姆加滕，一年之内有二百三十六个流民因不同罪名被处决。受到惊吓的流民们惶惶不安，一度销声匿迹。

我们暂且不谈这些动乱，将目光转向卢塞恩州。在所有大城镇中，似乎只有卢塞恩逃过了其他主要城市都曾经经历过的动荡。卢塞恩湖畔美不胜收。似乎只有皮拉图斯山云雾缭绕的峰顶上飘来的暴风雨才会惊扰到这里的平静。

弗拉克蒙特山

弗拉克蒙特山[①]下，

是埋葬本丢·彼拉多[②]的卢塞恩湖。

……

片石投湖，风暴骤起。

大雨倾盆，电闪雷鸣。

古籍有载，众所周知。

可怕的卢塞恩湖里掩埋着，

受诅咒的本丢·彼拉多的鬼魂。

---

① 弗拉克蒙特山，皮拉图斯山的别称。
② 本丢·彼拉多，罗马帝国犹太行省总督。根据新约圣经所述，本丢·彼拉多曾多次审问耶稣并判处耶稣钉死在十字架上，因而受到诅咒，后被杀死并丢进意大利锡比利尼山脉中的一处冰湖中。此湖后被命名为本丢·彼拉多湖。以上均为传说，并无依据。

在卢塞恩，人人都知道本丢·彼拉多的尸体经台伯河①、罗讷河和莱芒湖漂入卢塞恩湖，并在湖面上引起可怕风暴的传说。来自萨拉曼卡②的一名学生解救了这一个位于阿尔卑斯山脉的湖泊。传说这位学生用强大的法术压制住了本丢·彼拉多的鬼魂。鬼魂被迫骑上一匹黑马跳进湖的深处，并且只有在每年的耶稣受难日才能从湖中升起。结局当然是这名学生获胜。本丢·彼拉多的鬼魂归于平静，除非有人说他的坏话或将石头扔进湖中搅扰他，本丢·彼拉多的鬼魂才会再次出来作祟。我们以埃德温·阿诺德③的描述告别皮拉图斯山：

翡翠海岸之上红云缭绕，
他骄傲地孤立于翡翠海岸。
他似阿尔卑斯山脉的国王，
脚踏辽阔的疆土，
挺立于天地之间。

来自北方海岸的风暴，
携遮天蔽日之势，
将狂暴的怒火，
发泄在翡翠海岸的峭壁上。
峭壁哀鸣似在诉说，
听者闻之，铭刻于心。

---

① 台伯河，又译特韦雷河，位于意大利中部，是意大利第三长的河流。
② 萨拉曼卡，位于西班牙西部，是萨拉曼卡省的首府，属于卡斯蒂亚–莱昂自治区，坐落在托尔梅斯河北岸，是闻名世界的大学古城。
③ 埃德温·阿诺德（1832—1904），英国爵士，诗人、记者，以作品《亚洲之光》著称。

金光笼罩的山顶上，

有一个负罪的灵魂。

这是一桩远古的冤案，

永不会得到宽恕。

士兵手持武器守候在侧，

守护死去的耶稣。

当暴风雨击打峭壁，

鬼魂将驾驭波涛，

横扫过湖水，发出声声咆哮。

本丢·彼拉多哀叹着末日，

向暴风雨诉说着冤屈，

呜呼哀哉，不忍卒闻。

1648年，《威斯特伐利亚和约》[①]的签署标志着欧洲宗教战争[②]的结束。在和约签订之前的谈判会议中，虽然旧瑞士邦联并未参战，但仍然获准派出一名代表参会。依据《威斯特伐利亚和约》的规定，神圣罗马帝国皇帝斐迪南三世最终放弃了要求旧瑞士邦联各州成为神圣罗马帝国成员的所有主张。虽然在名义上，旧瑞士邦联仍然是神圣罗马帝国的一个"帝国行政区[③]"，但神圣罗马帝国统治势力在旧瑞士邦联已经所剩无几。旧瑞士邦联保留了公共建筑和钱币上的神圣罗马帝国雄鹰标志。神圣罗马

---

① 《威斯特伐利亚和约》，指1648年5月至1648年10月于威斯特伐利亚地区内的奥斯纳布吕克市和明斯特签订的一系列条约，标志着欧洲一系列宗教战争的结束。《威斯特伐利亚和约》的签订结束了欧洲历史上有近八百万人丧生的动荡时期。
② 欧洲宗教战争，指三十年战争。
③ 帝国行政区，15世纪末神圣罗马帝国改革中建立的行政单位。除选侯领地和皇帝世袭领地之外的神圣罗马帝国被划分为六个行政区。

签订《威斯特伐利亚和约》

帝国法庭仍然是旧瑞士邦联的终审法庭。在此次谈判上,旧瑞士邦联取得的成功主要归功于旧瑞士邦联巴塞尔代理市长约翰内斯·鲁道夫·韦特斯坦①。约翰内斯·鲁道夫·韦特斯坦的机智与活跃及朴拙的性格使他能在宫廷内部的尔虞我诈中明哲保身。约翰内斯·鲁道夫·韦特斯坦并未因为自己的功劳接受各州的报酬。虽然约翰内斯·鲁道夫·韦特斯坦一直洁身自好,但法兰西王国和神圣罗马帝国大使盛情款待了约翰内斯·鲁道夫·韦特斯坦,对他推崇备至,并将他称作"旧瑞士邦联之王"。

约翰内斯·鲁道夫·韦特斯坦

---

① 约翰内斯·鲁道夫·韦特斯坦(1594—1666),旧瑞士邦联外交家、巴塞尔代理市长,曾代表旧瑞士邦联签署《威斯特伐利亚和约》。

荣归故里之后，约翰内斯·鲁道夫·韦特斯坦逐一到各个村庄宣读旧瑞士邦联获得独立的宣言。欢庆的锣鼓声和号角声宣告了旧瑞士邦联的自由得到欧洲承认这一令人欣喜若狂的事实。自此以后，神圣罗马帝国皇帝不再将旧瑞士邦联各州称作"对神圣罗马帝国皇帝和神圣罗马帝国忠心耿耿、敬爱备至的州"，而是称作"坚强、坚定、令人尊敬和受人爱戴的州"。

至于三十年战争期间的日内瓦，笔者在《约翰·伊夫林日记》①的几页中找到了几张关于日内瓦的精美照片。日记中描述了，在1621年，约翰·伊夫林②从意大利回国途中参观日内瓦的见闻。约翰·伊夫林在日记

约翰·伊夫林

---

① 《约翰·伊夫林日记》，记录了约翰·伊夫林从1640年（当时他还是学生）到1706年（他去世的那一年）的成年生活期间，有关17世纪英国社会、文化、宗教和政治生活的珍贵史料，具有历史价值和文学价值。
② 约翰·伊夫林（1620—1706），英国作家，英国皇家学会的创始人之一。

中写道:"这是一座位于神圣罗马帝国、法兰西王国和意大利之间的城镇。这里的居民们熟练掌握三种语言。这是一座坚不可摧、防守森严的城市。部分城市建在高地之上。城中的房屋并不丑陋,房屋高处有木制的回廊。无论春夏秋冬,人们都要经过房屋高处的回廊,因而回廊下方的地板会严重变形。虽然城里有许多书商,但书籍的质量令人生疑。除了书籍,这里还有本地制造的手表、水晶和上好火枪等主要商品出售,所有的食物都物美价廉。市政府的房子用石头砌成,它的门廊前有四根黑色大理石柱。在同样用黑色大理石制成的台子上,镶嵌着日内瓦市徽。市徽下方有半鹰半匙的盾牌图案,中间还有一句格言——'黑暗过后是光明'。

"城镇周围的土地不像许多普通绅士的乡间农场那样宽阔。这些土地,特别是靠近萨伏依一侧的土地,一直都处在严密监视之下。一旦遭遇任何包围,旧瑞士邦联军队可以马上赶到……

"参议院大厅里,有十四个骨灰坛。这些骨灰坛是人们在清除防御工事中的泥土时挖出来的。离城不远是一片广阔的田野,当地人称之为'战神广场'[①]。与如今的罗马战神广场[②]相比,这个广场或许更加名副其实。每到星期天,在晚上做完祈祷后,这些一丝不苟的市民会允许孩子们锻炼臂力、练习远距离手枪和十字弓射击。孩子们表现得极其专业,他们的熟练程度不亚于世界上任何其他国家的孩子……广场旁边有一个非常知名的铁圈球,但需要用肘部转动。这里还有一家保龄球馆、一家酒馆和一家餐馆。还有人在这里骑马。这里曾经也是公开处决那些死刑罪犯的地方,尽管这些罪犯是在另一个国家犯下了罪行……

"周日,我聆听了穿着长袍、披着斗篷、戴着帽子的乔瓦尼·迪奥

[①] 此处指日内瓦城外的战神广场,现已不复存在。
[②] 罗马战神广场,位于意大利罗马,在古罗马时期是一个公有的地区,在中世纪,战神广场是罗马人口最稠密的地方。

罗马战神广场

达蒂[1]博士用法语进行的法兰西式布道。虽然教会政府严格遵循约翰·加尔文和泰奥多尔·贝扎制定的长老会教规，但长老会教规并不像苏格兰和英格兰地区教规那样死板。下午，多才多艺的青年、杰出的诗人、牛津大学首席教授拉尔夫·莫里斯[2]先生在宽敞的哥特式风格的圣彼得大教堂布道。这里以前是一座众多牧师进进出出的大教堂。圣彼得大教堂内

乔瓦尼·迪奥达蒂

---

[1] 乔瓦尼·迪奥达蒂（1576—1649），出生于日内瓦的意大利加尔文主义神学家和翻译家，是将《圣经》从希伯来语和希腊语翻译成意大利语的第一人。
[2] 拉尔夫·莫里斯（约1500—1570年），英国著名教士，曾就读于剑桥大学基督学院，1523年毕业，1531年开始担任英国坎特伯雷大主教托马斯·克兰麦的秘书。

有四座塔楼。其中一座塔楼上随时都有哨兵站岗，另一座塔楼上则装有大炮。教堂内部很讲究。一尘不染的窗户上画满了圣人的画像……

"周一，我应邀去了一个质朴的小花园。花园里有许多稀有的郁金香、银莲花和其他名贵花卉。罗讷河①穿城而过，将半个城市变成了郊区。人们仿效巴黎，将日内瓦称作圣热尔曼②郊区……在两座横跨罗讷河的木桥上，有几架水车和几家商店。商店大多是铁匠铺和刀具店。这两座木桥之间有一座岛。岛的中间有一座非常古老的塔楼，据说这座塔楼是恺撒大帝命人建造的。另一座桥的尽头是薄荷园，园中有一个漂亮的日晷。当我再次经过市政府门前时，我看见铁链上吊着一条大鳄鱼。一间屋子的墙上画着七位士师③，除了中间一位有手，其他人都没有手。我不知道这里面有什么故事。塔楼的尽头有一座设备齐全同时保存完好的军火库。

"晚饭后，拉尔夫·莫里斯先生带我们去了圣彼得大教堂的神学院，那里的建筑很漂亮。学院有九间教室、一个学生集会用的大厅和一座很漂亮的图书馆，而教学楼位于学院内的一处洼地。神学院工作人员向我们展示了一本非常古老的《圣经》和一份用古老的僧侣体④写就的手稿。这本《圣经》大约有三百年的历史，经文用法语写成，字迹看上去非常粗糙。学院里还有教授们的宿舍。我还去了医院，那里很宽敞。然而，主教的宫殿现在已经成了一座监狱。

"日内瓦并不以美女众多著称。即使在离阿尔卑斯山脉较远的日内瓦老城区，淑女们讲话也是声若洪钟。但我们的队长威廉·雷爵士⑤狂热地爱上了萨拉丁先生的一个女儿，他苦口婆心地劝说这位女士接受自

---

① 罗讷河，欧洲主要河流之一，发源于瑞士境内，流经日内瓦湖及法国东南部。
② 圣热尔曼，现为圣日耳曼昂莱，法国巴黎西部的一座城市，位于法兰西岛地区的伊夫林省。
③ 士师，《圣经旧约》中记载的以色列的部落首领，意为"审判官"或"拯救者"。
④ 古埃及时期书吏用来快速记录的手写体，与同一时期发展的圣书体关系紧密。
⑤ 威廉·雷爵士（1625—1669），阿什比第一任男爵，英国政治家，1645年至1660年曾多次担任英国下议院议员。

己的爱意,并为此拒绝了去法兰西的想法……虽然患病的我没有感到不便,但那是一个异常炎热和令人不快的季节。旅途也崎岖不平。"

这就是约翰·伊夫林对日内瓦的印象。令人欣慰的是,"一丝不苟"的日内瓦人通过骑马和打保龄球,甚至通过谈恋爱得到放松。"体面的教堂"里的窗户粉刷一新,同时画满了圣徒的图像。当然,对圣徒指名道姓仍然是一种罪过。在此时期,日内瓦取得了全方位的巨大进步。约翰尼斯·开普勒和尼古拉·哥白尼在日内瓦公布了各自的重大发现。勒内·笛卡儿也在日内瓦声名鹊起。日内瓦成为整个欧洲的科学发

约翰尼斯·开普勒

尼古拉·哥白尼

源地。胡果·格劳秀斯①的著作也传入日内瓦。胡果·格劳秀斯的国际法著作取代了马基雅维利主义②。1611年，日内瓦大学设立了哲学教授职位，1628年，又设立了数学教授职位。

与此同时，在瑞士东部，工业开始蓬勃发展。苏黎世的丝绸闻名遐迩。在里昂的市场上，圣加仑和阿彭策尔的亚麻布广受欢迎。在讲罗

---

① 胡果·格劳秀斯（1583—1645），荷兰基督教护教学者，近代西方资产阶级思想先驱，国际法和海洋法的鼻祖，同时也是近代自然法理论的创始人之一。其《海洋自由论》为当时新兴的海权国家如荷兰共和国、英格兰王国提供了相关法律原则的基础。

② 尼古拉·马基雅维利（1469—1527），意大利政治思想家和历史学家。1469年诞生于意大利佛罗伦萨，是名副其实的近代政治思想的主要奠基人之一。其思想常被概括为马基雅维利主义。代表作《君主论》主要论述为君之道、君主应具备哪些条件和本领、应该如何夺取和巩固政权等。

曼什语的几个州，法兰西文学的一缕光辉照亮了人间的黑暗。格劳宾登地区涌现出土生土长的历史学家，这些历史学家年轻时曾经身体力行地参与他们所记录的历史。一时之间，对立的天主教和新教停止了宗教冲突。孩子们既可以跟随改革宗——归正教——学习《海德堡要理问答》[①]，也能畅行无阻地前往各天主教州做弥撒。

[①] 《海德堡要理问答》，又译《海德堡教义问答》或《海德堡探题》，出版于1536年，改革宗信仰中著名的信条之一，是新教加尔文宗的教义问答书，在教授加尔文主义基督教教义时使用。

第15章

农民起义及托根堡战争

(1650年—1712年)

  17世纪中叶,除了瓦尔茨特滕地区的农民,旧瑞士邦联其他州农民的不满情绪正在不断蔓延。农民们仍然忍受着农奴制时代诸多遗留暴政的折磨,同时深感他们痛苦的命运与老三州[①]农民的命运形成了鲜明对比。老三州的农民们不仅人人享有地方长官选举权和法律投票权,还可以参与决定他们应该缴纳的赋税。相比之下,其他州的农民只能听天由命地接受贪官污吏的盘剥,或遭受毒打和监禁,然后唯唯诺诺地祈盼下一年可以过上好日子。但既然《威斯特伐利亚和约》宣告了全旧瑞士邦联的自由,农民们也自然而然地就产生了要将自由变为现实的想法。然而,这种想法和统治阶级贵族的意愿背道而驰。

> 从高耸的阿尔卑斯山峰俯瞰,
> 这片土地如上帝亲手写下的书卷。
> 知道上面写了什么吗?
> 啊,看它光芒万丈!
> 这就是自由,君王们!尔等领会否?
> 自由不是空谈阔论,自由不是纸上谈兵,

[①] 老三州,指乌里州、施维茨州和翁特瓦尔登州。

> 祖国的自由，只能用流血牺牲换取。
> 看那巍峨的高山，那高高在上的修士，
> 苍鹰在他的额上翱翔。
> 岩石做披风，白雪成两鬓，
> 星空做经文，玉宇做囚牢。
> 僧之所至，道之所往。
> 雪崩倾泻如雷鸣，修士岿然讲道。
> 皆关自由二字！诸公屏气敛容。
> 身为异端僧侣，不免银铐入狱。

虽然自由依然是主旋律，但自由的构想和实现不能靠诗情画意。当时，与农民息息相关的铜币——旧瑞士邦联的巴岑[①]大幅贬值。卢塞恩的恩特勒布赫人率先发难。居住在肥沃的埃门山谷中的恩特勒布赫人长得既高大又健壮。起初，恩特勒布赫人只是温和地进行抗议。他们请求政府准许以原来的巴岑估值纳税，或改成以谷物、牛奶和奶酪的形式纳税。卢塞恩政府拒绝接受恩特勒布赫人提出的一切主张，同时派出由市长和议会议员组成的代表团前去平息动乱，结果却和手持长矛和棍棒的农民们兵戎相见。于是，农民们在阿尔卑斯号角声中进军。为了向曾经在吕特利结盟的老三州代表致敬，队伍的前方走着三个身穿瑞士传统民族服饰的士兵。

然而，恩特勒布赫人的斗志很快就因苏黎世和伯尔尼的威胁而受挫。虽然恩特勒布赫人暂时屈服了，但因受到恩特勒布赫人的鼓舞，在伯尔尼辽阔的大地上，越来越多受压迫的农民揭竿而起。很快，卢塞恩又爆发了第二次起义。这次起义的目的是团结旧瑞士邦联十个州的所有

---

① 巴岑，瑞士邦联伯尔尼州从15世纪到19世纪中期生产的一种硬币，得名于钱币上印刻的熊（德语Batz指熊），后瑞士邦联其他州和德国南部各州纷纷效仿伯尔尼，铸造自己的巴岑。

尼克劳斯·洛伊恩贝格尔

下层阶级组成联盟①。1653年4月,卢塞恩、伯尔尼、巴塞尔、索洛图恩和阿尔高地区的农民都加入了联盟。这些农民聚集在苏米斯瓦尔德并推选尼克劳斯·洛伊恩贝格尔为首领,同时宣告他们希望卢塞恩成为旧瑞士邦联自由州的目标。遗憾的是,起义联盟既缺乏斗争目标,也缺乏斗争智慧。暴戾恣睢的人掌控了起义联盟,并胁迫和欺凌不愿盲从的人。

与此同时,各个城市也是动作频繁。1653年5月,苏黎世下令将整个旧瑞士邦联武装起来,以便在短时间内迅速地集结部队。几个星期以来,尼克劳斯·洛伊恩贝格尔的士兵在所到之处烧杀抢掠,并对阿尔高州的几座小城进行了徒劳无力的攻击。1653年5月月末,尼克劳斯·洛伊恩贝格尔的部队在黑措根布赫塞附近遭遇了由西格蒙德·冯·埃拉赫将军率领的部队。双方随后展开了一场殊死战斗,很快,起义军便落于下

---

① 当时旧瑞士邦联由十二个州组成。此处的十个州不包括作为敌对方的苏黎世州和伯尔尼州。

尼克劳斯·洛伊恩贝格尔被推举为首领

黑清根布赫塞战役

风，只好且战且退。甚至还有部分起义军在小镇的房舍中战斗。起义军虽然体力渐渐不支，但仍然背靠着教堂的墙壁作战。最后，幸存下来的一小股农民起义军逃入树林。农民起义遭到镇压。因为邻居和朋友的出卖，逃回家的尼克劳斯·洛伊恩贝格尔被处死。他的头颅被钉在了起义军联盟总部旁边的绞刑架上，而其他人则被处以罚款、监禁或死刑。各起义州被旧瑞士邦联处以重罚，而各得胜州则开始就战争费用问题争吵不休。

在农民起义刚刚结束后，由天主教州[①]和新教州[②]煽动的宗教仇恨的熊熊烈火便再次燃起。天主教州和新教州双方互不信任。天主教教徒指责新教教徒在城市周围修建了防御工事，并与荷兰共和国和英格兰王国结盟。新教教徒则反驳称天主教教徒对西班牙国王表现得过于友好，恢复与巴塞尔主教和萨伏依签订的条约是在重演旧的博罗梅奥联盟。因为天主教教徒和新教教徒各怀怨恨，政治僵局很快再次出现。

因为受天主教教徒的胁迫，施维茨州阿尔特村的一些新教家族或放弃信仰，或逃离家园来到苏黎世。为拿回未及时带走的财产，他们"带着祈祷和泪水"恳求苏黎世议会帮他们说情。苏黎世议会却做出仲裁称，施维茨人都应该信仰天主教。苏黎世议会不仅没收了新教逃亡者的财产，还对同样信仰新教的逃亡者亲属严刑拷打，甚至对他们处以监禁或死刑。

托根堡战争就此全面爆发。天主教州控制了阿尔比斯山和拉珀斯维尔城，占领了布雷姆加滕和梅林根。而苏黎世州则联同沙夫豪森州及其盟友米尔豪森攻占了图尔高。伯尔尼首先派出军队保卫边境，然后向苏黎世发出四十面旗帜[③]请求援助。然而，不幸的是，在这种关键时刻，

---

① 天主教州，指施维茨州、乌里州、翁特瓦尔登州、弗里堡州、索洛图恩州、巴塞尔州、沙夫豪森州、卢塞恩州、楚格州和格拉鲁斯州十个州。
② 新教州，指苏黎世州和伯尔尼州。
③ 中世纪时，部分欧洲国家以军旗作为调动军队或请求援助的标志。

Niclaus Lewenbergers

Im Schönholtz, der Khilchhöri Ruders=
wyl vnd Landtvogtey Trachsselwald,
Obmans vnd führers aller der vier
Eidgnoßischen orthen, Bern, Lucern,
Solothurn vnd Basel habenden
Rebellen *processus criminalis.*

Nachdem derselbig albereitt vor
der H. Osterlichen Zeit, Im vergleich,
so von mghh. vnd Oberen, mit Iro
vnderthanen des Emmenthals, durch
vnderhandlung der Herren Evangelisch
orthen zu Bern sich befindenden
Ehrengesandten, gemacht worden,
als ein Vßgeschoßner von seiner
Gmeind, neben anderen nit allein
angenommen, sonders biß geleistet
Eidtsglüpt von Räth vnd Burgeren,
Herren HH. Burgermeister Wasers
von Zürich gelopt, so wol für sich
selbsten darbej zu bleiben, als auch sein
Gmeind deß möglich hierzu halten,
Darbej auch wegen der Oberkeit
erzeigten vngehorsame, vnd ver=
übtes vngereimtes, gotrüwer
vnderthanen vngebürlichs Handlung
vst den Knüwen *deprecirt*, vnd
darauf sines mit anderen gescheten
führers gnad erlanget. Hatte nu
mghh. vnd Oberen verhoffet, Er
so o- bilch erlangte gnad, vnd

伯尔尼军队却纪律涣散，甚至连火炮弹药都没有便在维梅尔根村安营扎寨。此外，伯尔尼军队非但没有派出侦察兵探知对方的位置，反倒一味听信一些伯尔尼纨绔子弟的说辞，大敌当前却置若罔闻，军士们整日骑马寻欢作乐。就在此时，四千名卢塞恩士兵正潜伏在沃伦高地的树林后面。当伯尔尼军队走到一处凹地时，卢塞恩军队便突然从高处射击。伯尔尼军队虽然全力抵抗，但在两轮射击之后便弹尽粮绝，最后只能狼狈逃走。伯尔尼州援军赶至，却被天主教州军队消灭殆尽，全面溃败。

当战斗进行得如火如荼时，指挥卢塞恩军队的上尉路德维希·派弗[①]收到了一封信。这封信敕令对和平仍然抱有希望的卢塞恩军队停止进攻。因为对信的内容心存疑惑，路德维希·派弗并未拆看便继续追击逃窜的伯尔尼军队。在这场发生于维梅尔根的战争中，卢塞恩军队一共损失了约八百人和十一支枪。虽然还有几个营的伯尔尼军队就驻扎在不远处的葡萄园里，但看着友军落败的他们选择了按兵不动。因为他们根本就没有接到进攻的命令！不久，和平协议[②]达成。旧瑞士邦联的局面恢复到了战前状态。战争虽然只持续了九周，但耗费了巨大的人力和物力。因为对战果极其不满，天主教州便指责乌里州军队首领茨维尔上校与对手暗通款曲。艾因西德伦的一个修道士言之凿凿地散布茨维尔上校通敌的谣言，称苏黎世人用装在阉鸡[③]里的一千四百枚达克特买通了茨维尔上校。这是我们第一次听到有人对一名旧瑞士邦联军人提出这样的指控。随后便是无休无止的争吵和相互指责。

在17世纪接近尾声时，因为在巴塞尔附近修建了一座坚固的堡垒，法兰西王国国王路易十四引起众怒。和平再次遭到破坏。巴塞尔城内流

---

① 路德维希·派弗（1524—1594），旧瑞士邦联军事家，罗马天主教会在旧瑞士邦联各州的利益发言人，曾任卢塞恩最高行政官，是16世纪下半叶旧瑞士邦联最重要的政治人物。
② 和平协议，新教州在第二次维梅尔根战役（托根堡战争）中战胜了天主教军队，从而促成了和平协议的签订，确立了新教在旧瑞士邦联的统治地位，同时保护了天主教教徒的权利。
③ 阉鸡，尤指养肥供食用的阉公鸡。

法兰西王国国王路易十四

言四起。因被指控收受法兰西王国国王路易十四的贿赂而做出了让步，巴塞尔行政议会随后遭到了严厉调查。调查发现行政议会成员及其家眷操纵选举，因此，行政议会成员被处监禁和罚款。此外，还有许多人被罢免。巴塞尔市民拿起武器抗议，直到旧瑞士邦联屡次派出调解人斡旋才最终作罢。随之而来的是对巴塞尔市民的惩罚。许多巴塞尔市民被关押在桨帆船上。这在当时是一种比较盛行的刑罚，用来惩治那些因不同程度的罪行而被判处几年徒刑的囚犯。

18世纪初，圣加仑爆发了第二次小规模的农民起义。在外界看来，旧瑞士邦联好像是一个自由国度，但事实上，旧瑞士邦联各州依然在实行农奴制。曾经隶属托根堡贵族的广阔的托根堡领地也是如此。1468年，大部分托根堡贵族的土地所有权转让给了圣加仑修道院院长。1700年，圣加仑修道院由主教莱奥德伽尔·比尔吉斯尔[①]主持。莱奥德伽尔·比尔吉斯尔院长雄心勃勃，希望与形形色色有钱有势的人交好。抱着这种目的，莱奥德伽尔·比尔吉斯尔与格拉鲁斯州和施维茨州结盟，并摇身一变成为神

莱奥德伽尔·比尔吉斯尔

[①] 莱奥德伽尔·比尔吉斯尔（1640—1717），时任圣加仑修道院院长的莱奥德伽尔·比尔吉斯尔曾试图重申自己对托根堡的传统权力，结果激怒了新教联盟的苏黎世和伯尔尼，从而引发了托根堡战争。

圣罗马帝国名义上的亲王主教①。一旦时机成熟，他便可以作为旧瑞士邦联成员反对神圣罗马帝国皇帝，或作为神圣罗马帝国亲王主教反对旧瑞士邦联。两面三刀的莱奥德伽尔·比尔吉斯尔从此步入歧途。莱奥德伽尔·比尔吉斯尔首先对托根堡人的一切政治权利提出质疑，并称托根堡人为他的农奴，他妄图使托根堡人习惯这一称谓并放弃反抗。

事实上，当莱奥德伽尔·比尔吉斯尔成为圣加仑修道院院长时，当地贫民的权利和福祉已经所剩无几。钓鱼和打猎成为教会权贵及其友人的专属活动。修道院院长法庭已经成为最高上诉法庭，而法庭所有官职都由修道院院长的下属担任。一切群众集会遭到严格禁止。在许多年前，兵权就已经落入主教手中。圣加仑人对此敢怒而不敢言。直到1701年，当莱奥德伽尔·比尔吉斯尔命令人民自行出资修建，并运营一条穿过汉默瓦尔德的新路时，忍无可忍的人民终于爆发了。他们派出代表向莱奥德伽尔·比尔吉斯尔陈述修路给人们带来的沉重负担。然而，莱奥德伽尔·比尔吉斯尔却对人民处以罚款，并剥夺了人民仅存的一点点权利。

随后，受压迫的托根堡人民向两个保护州——施维茨州和格拉鲁斯州——申诉。施维茨州和格拉鲁斯州对遭受苦难的圣加仑人民深表同情，甚至连一向信奉天主教的施维茨州也传达出善意，并虚情假意地道："即使托根堡人是穆斯林或异教徒，也仍然是我们的同盟者和同胞。我们希望看到他们得到公正的对待。"但在后来，当苏黎世州和伯尔尼州站在托根堡人民一边时，因为担心归正会将永远设立在圣加仑，施维茨州宣布与"同胞"断绝关系。最终，托根堡问题愈演愈烈。神圣罗马帝国特使声称只有神圣罗马帝国皇帝才能做出决断。一方面，因为在几个世纪以前，托根堡是神圣罗马帝国皇帝祖先的封地。另一方面，英格兰王国、荷兰共和国和普鲁士王国大使怂恿伯尔尼和苏黎世对抗神

---

① 亲王主教，又称采邑主教，指以教会诸侯的身份治理一个或多个公国，同时拥有政教二重权力的主教。

圣罗马帝国皇帝。身为主教参赞[①]的莱奥德伽尔·比尔吉斯尔乘机制造托根堡天主教和福音派之间的矛盾，导致两派之间仇杀不断。

托根堡人民终于揭竿而起并将莱奥德伽尔·比尔吉斯尔管辖下的总督和军队全部驱逐出境，而莱奥德伽尔·比尔吉斯尔则集结所有属下扼守着圣加仑州境内的所有桥梁和道路。卢塞恩市市长呼吁各天主教州平定叛乱。伯尔尼市市长则号召所有新教教徒支持起义军。为支援托根堡起义军，伯尔尼和苏黎世纷纷出钱出兵。教皇公使[②]也从教皇财库中拨出两万六千克朗[③]资助瓦尔茨特滕和楚格州置办军备。祭司们四处奔走，为士兵们施咒，为子弹祝圣。风雨飘摇之际，在将自己的贵重物品运往林登保管之后，莱奥德伽尔·比尔吉斯尔撤退到了罗尔沙赫，并妄图向圣加仑、阿彭策尔和格拉鲁斯市民求助。

新教教徒包围并占领了维尔城。而在维尔城里，因为对指挥官费尔伯恨之入骨，在迫使维尔城军队投降后，莱奥德伽尔·比尔吉斯尔的士兵们便立即动手杀死了费尔伯。托根堡战争的胜利令作为改革宗的新教州非常满意，甚至连妇女和只有十二岁的男童都加入了向维尔城进攻的后备军。在攻占维尔城之后，苏黎世和伯尔尼军队以征服者的身份穿过图尔高，然后一路进军至圣加仑市，并驻扎在圣加仑和罗尔沙赫。莱奥德伽尔·比尔吉斯尔则带着心爱的财物逃往奥格斯堡[④]。接着，伯尔尼军队进入阿尔高城，并兵不血刃地占领了维伦林根城。一直负隅顽抗的巴登城中的教堂、房屋和城堡都遭到了严重破坏。托根堡起义军及其盟友连战连捷，一路奏凯。在整场战争中，天主教军队仅在辛斯桥附近小胜

---

① 主教参赞，指以主教身份参与所在教区政治事务的主教。
② 教皇公使，罗马教廷的一种外交官头衔，罗马教廷派往某个国家或国际组织的使节或常驻外交代表。
③ 克朗，部分欧洲国家曾使用过的货币，一克朗约等于现在的二十五便士。
④ 奥格斯堡，德意志联邦共和国巴伐利亚西南部的一座城市，从12世纪后便成为神圣罗马帝国下属的"帝国自由城市"。

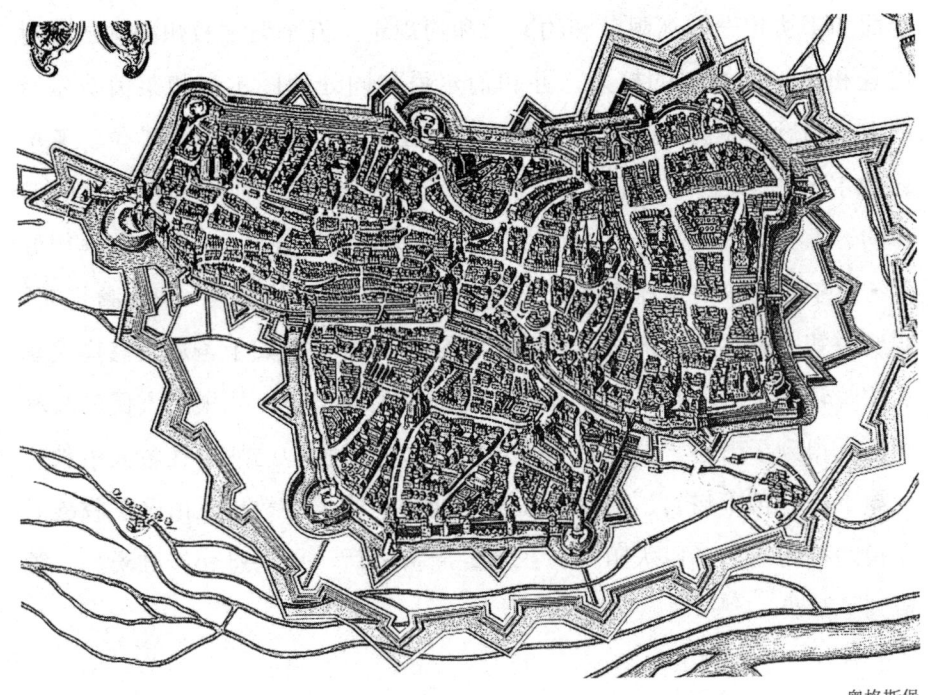

奥格斯堡

伯尔尼军队。最终,天主教军队不得不向五倍于己的伯尔尼军队投降。如果不是翁特瓦尔登州部队的指挥官严令属下不得杀降,也许投降的天主教军队早就被赶尽杀绝了。但在这场战争中,新教教徒也以牙还牙地对天主教教徒施以暴行,以报复天主教教徒在战争伊始的恶行。

1712年7月25日,在维梅尔根战场上,新教军队取得了决定性胜利,并一雪前耻[1]。至此,第二次维梅尔根战争宣告结束。在这场持续了四个小时的战役中,两千名天主教教徒遭到屠杀,其中许多人是在试图逃跑时被杀的。在维梅尔根战役乃至整个托根堡战争中,无论是在装备方面还是在军纪方面,伯尔尼士兵都证明了他们是旧瑞士邦联中首屈一指的。

1712年8月,天主教州和新教州在阿劳缔结了一项有利于得胜方的

---

[1] 在第一次维梅尔根战争中,天主教州击败了新教州。

全面和平协定——《阿劳和约》。和约规定，五个天主教州必须放弃对巴登和拉珀斯维尔的权力，并和伯尔尼共同处理图尔高和莱茵费尔登的主权问题。依据规定，天主教和新教在上述地区享有平等地位。莱奥德伽尔·比尔吉斯尔虽然一败涂地，但死不悔改，他不愿接受《阿劳和约》，至死都是"一个顽固不化和自我放逐的人"[1]。作为莱奥德伽尔·比尔吉斯尔的继任者，新任圣加仑修道院院长约瑟夫·冯·鲁道菲[2]聪明睿智，并懂得审时度势。虽然托根堡人民再次归于圣加仑修道院院长的管辖之下，但在苏黎世和伯尔尼的强力保护下，托根堡人民的权利和福祉得到了改善。这场耗费了巨大的人力和物力的战争让各天主教州一蹶不振、苦不堪言。而且，在战争期间，各天主教州在山区征收战时赋税的行为遇到了巨大阻力。在几经周折之后，卢塞恩和施维茨州才筹措到了军费。

---

[1] 摘自前文《康拉德·贾斯廷格伯尔尼编年史》。
[2] 约瑟夫·冯·鲁道菲（1666—1740），1718年6月16日，亲王主教莱奥德伽尔·比尔吉斯尔去世后，继任者约瑟夫·冯·鲁道菲签订了《巴登和平条约》。

第 16 章

瑞士邦联的衰落及塞缪尔·亨齐的阴谋

（1712 年—1749 年）

在《阿劳和约》签订之后的八十六年中[①]，旧瑞士邦联既未参与对外战争，也未爆发国内战争。旧瑞士邦联各州虽然不时发生骚乱，但规模也极其有限。然而，真正的和平与统一仍然遥遥无期。宗教差异、阴谋诡计和叛乱频发仍使同胞相互之间产生了嫌隙，各州之间相互怀疑。先辈们在旧瑞士邦联初期打下的坚实基础也逐渐被削弱。整个旧瑞士邦联如同空中楼阁一般摇摇欲坠。与强大的法兰西王国相比，旧瑞士邦联简直不堪一击。在这八十六年中，虽然人们对于旧瑞士联邦昔日的伟大不乏溢美之词，但真正的荣光似乎已经消逝。旧瑞士邦联是否已经死去或陷入沉睡，人们不得而知。直到有一天，号角声宣告了法兰西王国的入侵。与此同时，老三州仍然每年在吕特利集会以纪念1291年在吕特利会盟的先辈。然而，前来集会的人心中又都怀着对各大城市深深的仇恨和对维梅尔根惨败的痛苦回忆。诸如阿诺德·冯·温克里德、汉斯·瓦尔德曼和鲁道夫·冯·埃拉赫一样的英雄人物都已经成了冢中枯骨。英雄们的宝剑也已经生锈。而英雄的后人们却沦落到为了议会席位或外国列强的抚恤金争吵不休的地步。英雄们的精神已经成了过眼云烟，甚至只

[①] 指自1712年《阿劳和约》签订至1798年。

能通过每年祷念英雄之名，或通过如特伦斯教堂①里的经文一般粗陋的纪念碑和阿尔特多夫的威廉·退尔纪念堂上的壁画来祭奠英灵。

> 意大利的永恒之笔并非在此铸成，
> 亦无天赐之奇技淫巧，
> 纵有马拉松人的英勇。
> 面对这一片印记，
> 也不禁潸然泪下。
> ——威廉·华兹华斯《观阿尔特多夫威廉·退尔纪念塔有感》

在旧瑞士邦联，虽然部分瑞士人仍然保持着清醒的头脑和强烈的爱国热情，但他们怀才不遇，报国无门。少数派成员不断敦促修改和巩固邦联宪法。日内瓦的雅各布·萨拉斯建议成立最高邦联政府以缓解各州之间日常琐碎的冲突。雅各布·萨拉斯的建议遭到了嘲笑。局势恢复如前。因此，这一时期的旧瑞士邦联历史无非是一段充斥着各州骚乱的岁月。在苏黎世和沙夫豪森，各行各业之间的微末争端最终却带来了积极的影响——法令法规得到恢复，许多滥用职权的行为逐渐遭到废止。

1705年，在成为巴塞尔的亲王主教之后，雅各布·西格蒙德·冯·赖纳赫-斯坦布伦为破坏臣民的自由权利进行了一次尝试，但以失败告终。雅各布·西格蒙德·冯·赖纳赫-斯坦布伦从一开始就拒绝接受臣民的效忠，除非臣民宣誓放弃一切原有权利。蒙斯特塔尔②小山谷的人民坚决反对，并派方旗骑士③向作为巴塞尔保护者的伯尔尼求助。当一支一千人的伯尔尼军队出现在巴塞尔边境时，雅各布·西格蒙德·冯·赖纳赫-斯坦

---

① 特伦斯教堂，指前文特伦斯村圣安娜老教堂。
② 蒙斯特塔尔，德意志联邦共和国南部黑森林地区自治市，属巴登-符腾堡州。
③ 方旗骑士，骑士爵位，勋位在最低级的爵士和男爵士之间，有权率领随从在自己方旗下上阵作战。

方旗骑士

布伦自命不凡的姿态瞬间消失。忐忑不安的雅各布·西格蒙德·冯·赖纳赫-斯坦布伦不得不认可了蒙斯特塔尔人民的权利，并承诺下不为例，否则将遭到伯尔尼政府的质询或支付两万克朗的罚款。雅各布·西格蒙德·冯·赖纳赫-斯坦布伦自食苦果。教皇克莱蒙十一世①同样怒火中烧。但面对教皇的怒火，此时的瑞士人民表现得十分强硬。1711年，怙恶不悛的雅各布·西格蒙德·冯·赖纳赫-斯坦布伦又想在比尔湖畔的诺

教皇克莱蒙十一世

---

① 克莱蒙十一世（1649—1721），意大利籍教皇，1700年至1721年在位。

伊施塔特故伎重演，他解散了诺伊施塔特市议会并宣布诺伊施塔特市市长身份不合法。伯尔尼再次出手干涉。雅各布·西格蒙德·冯·赖纳赫-斯坦布伦再一次无奈让步。二十年后，雅各布·西格蒙德·冯·赖纳赫-斯坦布伦的继任者——弗朗茨·约瑟夫·西格蒙德·冯·罗根巴赫[①]坐上了亲王主教的宝座，试图剥夺波朗特吕人的权利，引得波朗特吕人民奋起自卫。弗朗茨·约瑟夫·西格蒙德·冯·罗根巴赫向各天主教州上诉，但各天主教州做出裁决称，"如果想要维持王公贵族的特权，那么臣民的特权也必须得到尊重"。因为未能将其他亲王主教的垮台作为前车之鉴，弗朗茨·约瑟夫·西格蒙德·冯·罗根巴赫拒绝听从这一逆耳忠言。1741年，弗朗茨·约瑟夫·西格蒙德·冯·罗根巴赫率领法兰西王国军队进入自己的领地并对臣民施以严惩，却未承想就此为日后自己的主教辖区内"神谴之日"[②]的降临埋下了祸根。

格拉鲁斯州政府和名为韦尔登贝格的地区在格拉鲁斯发生了一场小规模战争。1517年，韦尔登贝格地区由格拉鲁斯州从霍伊文的贵族手中购得，并由每三年改换一次的地方长官治理。在一次偶然的情况下，韦尔登贝格地区的特许状落入现任格拉鲁斯州地方长官的手中。自此以后，韦尔登贝格人民便极力要求格拉鲁斯州地方长官归还特许状。虽然格拉鲁斯州议会为韦尔登贝格人民重新出具了一份特许状，并承诺新的特许状具备相同的法律效力，仍然无济于事。韦尔登贝格人只想拿回原始文件并哭诉道："虽然特许状只是一件微不足道的东西，但毕竟是我们自己的。"当发现哭诉无济于事时，为夺回丢失的财富，韦尔登贝格人决定诉诸武力。

1721年10月21日，韦尔登贝格人袭击了当时在格拉鲁斯城堡的地方长

---

① 弗朗茨·约瑟夫·西格蒙德·冯·罗根巴赫（1726—1794），出生于今瑞士联邦巴塞尔城市州的茨温根，1782年至1794年任巴塞尔教区主教。
② 神谴之日，在《圣经旧约》中指神因异教崇拜而发怒，消灭那些不遵行旨意的人。

官,但遭到地方长官的重炮轰击。韦尔登贝格人不得不惊慌逃走。之后,韦尔登贝格人虽然又发动了第二次进攻,但被进入叛乱地区的格拉鲁斯州军队击退。手无寸铁的韦尔登贝格人逃到了莱茵河,他们宁愿流亡他乡也不愿失去权利,但由于天寒地冻,不忍心让女人和孩子受苦,韦尔登贝格人不得不回去乞求格拉鲁斯人的怜悯。尽管得胜之后的格拉鲁斯人一如既往地冷酷无情,但之后不久,格拉鲁斯州便撤军,将自由还给了韦尔登贝格人。即便在后来,他们也从未因为此时的宽宏大量后悔过。值得一提的是,在韦尔登贝格人的这次起义中,格拉鲁斯人民并无任何伤亡。这一定是因为格拉鲁斯守护神教皇希拉略的和平精神感化了格拉鲁斯人。

教皇希拉略

在格拉鲁斯州重新实现和平之后，楚格城又爆发了党派纷争。楚格小城建造在一处美丽的高山湖泊岸边，曾两次因堤岸松软坍塌而失去了许多漂亮的房屋和花园。在外观和风貌上，旧瑞士邦联没有任何一座城镇能像楚格城一样如此完整地保留中世纪建筑的所有特征。楚格城的城楼、城墙和城门都保持着初建时的样貌，既没有任何人为的改变，也不曾受岁月的摧残。除了纽伦堡，无论与任何一座城镇相比，楚格城都更像阿尔布雷特·丢勒[①]笔下的画作。楚格人固执而保守，其教堂和法庭也严格遵循旧制。在最近几年，楚格城才废除了刑讯逼供。不过，它们并非自愿放弃刑讯逼供的特权，而是被旧瑞士邦联政府强行剥夺。而如

阿尔布雷特·丢勒

---

① 阿尔布雷特·丢勒（1471—1528），文艺复兴时期欧洲杰出画家、版画家及木版画设计家。

今，在凯本瑟姆供游客展览的刑讯工具不仅是遥远而野蛮的往日遗迹，也是19世纪的楚格州刑罚的真实写照。

楚格州由楚格城和门青根、巴阿和埃格里等市镇级行政区组成。埃格里也是当年奥地利公爵利奥波德一世在莫尔加尔滕战役中遭遇失败的地方。各市镇都有各自的法律，并且与首府楚格城纷争不断。直到1702年，各市镇提出要脱离楚格州自立为州。旧瑞士邦联之所以拒绝这一要求，可能是认为即使在旧瑞士邦联的庇护下，这样一个小州也不可能兴旺发达。在1714年期间，楚格州的斗争双方分别是由活跃于奥地利大公国的游击队员组成的哈滕派①和投身法兰西王国的林登派②。这场斗争持续了二十年。起初，哈滕派获胜。胆敢谴责哈滕派或同情林登派的人会受到戴上枷锁示众的惩罚，有时还要忍受戴一年红色编织帽③的侮辱。随后，林登派又统治了楚格州一段时间。在林登派统治期间，以老头领施瓦茨·舒马赫为首的哈滕派也遭受了酷刑。施瓦茨·舒马赫被关押进了撒丁岛的桨帆船，被流放仅仅七周后，就去世了。施瓦茨·舒马赫的死并未终止楚格州各市镇无休无止的争吵。紧接着，各市镇争吵的话题转移到了食盐贸易上。人们争吵的焦点是继续允许勃艮第食盐④的垄断专营，还是从蒂罗尔进口食盐。经过多年竞争，勃艮第食盐占得上风。从那时起，勃艮第食盐就成了楚格州唯一的专用食盐。

1732年，外阿彭策尔州爆发了一场小规模私斗。私斗的起因是，关于地方长官的推选问题及应该将外阿彭策尔州的首府设在锡特尔河东面的特罗根⑤还是西面的黑里绍⑥。关于阿彭策尔州的来历，有这样一种说

---

① 哈滕派，指强硬派。
② 林登派，指温和派。
③ 红色编织帽，在中世纪欧洲部分地区，红色帽子代表耻辱。
④ 勃艮第食盐，中世纪很长一段时间内，修道院垄断了食盐贸易。后来，勃艮第人开始掌控食盐的开采、转运及销售。
⑤ 特罗根，旧瑞士邦联外阿彭策尔州自治市，外阿彭策尔州司法机关所在地。
⑥ 黑里绍，旧瑞士邦联外阿彭策尔州自治市，外阿彭策尔州政府和议会所在地。

黑里绍城市徽章

法。有一次，在用魔法搬运着满满一麻袋的房子飞过森蒂斯山顶时，魔鬼在麻袋上撕开了一个洞，然后将房子乱七八糟地倒了下去。但令人担忧的是，魔鬼随手将暴躁的脾气也丢了下去，从而使居民们无法和平相处。

外阿彭策尔人想出了一个权宜之计。他们允许特罗根和黑里绍各自推选自己的地方官，结果却导致特罗根和黑里绍越发嫉妒对方。特罗根和黑里绍这两座城镇各有一个名门望族。特罗根的泽尔韦格家族[①]有钱有势。而黑里绍的威尔特家族[②]则繁荣兴旺。很快，因为付给一向热衷于插手双方事务的邻居圣加仑的通行费问题，泽尔韦格家族和威尔特家族发生了争执。泽尔韦格家族希望根据托根堡战争后签订的《阿劳和约》缴纳通行费，却被黑里绍的威尔特家族诬蔑为林登派。威尔特家族甚至宣

---

① 泽尔韦格家族，商人家族，18世纪至19世纪时崛起于瑞士特罗根，活跃于纺织品贸易行业，曾经建造了特罗根。
② 威尔特家族，起源于德意志图林根，以其对新兴封建社会繁荣和文化的贡献而闻名，拥有众多地产和庄园。

称签署《阿劳和约》的阿彭策尔州的代表是叛徒，同时宣称黑里绍绝不会按照《阿劳和约》的规定缴纳通行费。

有一天，趁外阿彭策尔州的众首领齐聚黑里绍，哈滕派人士冲进泽尔韦格家族的议事厅。哈滕派人士将泽尔韦格家族成员拖到窗户前，并准备将这些成员扔到在窗户下面聚集的暴徒中。泽尔韦格家族成员没有想过当殉道者。于是，泽尔韦格家族成员便站在窗台上宣布放弃自己的主张，但一被释放，他们便重申自己的主张。虽然两个家族都向各新教州求助，并在弗劳恩费尔德绝食抗议，但最终因犹豫不决，一事无成。哈滕派的人冲进黑里绍，并坚决要求旧瑞士邦联调解人命令林登派的人投降。旧瑞士邦联调解人发现自己面临着尴尬的处境，他们尽管不愿对那些遵守各州所立条约的人①采取行动，但害怕与群情激愤的哈滕派作对。最终，旧瑞士邦联调解人决定少数服从多数，并命令奉公守法的林登派做出让步。

林登派坚决反对这一决定。于是，两派在以风景如画和乳清疗法②闻名于今的盖斯小镇上大打出手，用棍棒进行着原始的战斗。最后，哈滕派夺取了林登派的谷仓和地窖，从而赢得了胜利。第二天，虽然双方持火枪利剑再次短兵相接，但在这一次争斗中，阿彭策尔州政府对两派进行了干预，并成功平息了事端。心灰意冷的林登派在洪德维尔召开大会，并宣布他们拒绝向圣加仑支付通行费。但此次斗争以落败的林登派领导人支付巨额罚金而告终。

塞缪尔·亨齐的阴谋动摇了繁荣的伯尔尼城的根基，摧毁了该城的许多贵族家庭，甚至几乎成功推翻政府。伯尔尼城的缔造者柴林根公爵贝希托尔德四世将伯尔尼的主权授予广大市民。市民们便理所当然地从

---

① 指遵守《阿劳和约》的各州。
② 乳清疗法，乳清是18世纪中期流行的一种补品，从意大利传至瑞士盖斯，据说可以治疗体弱多病。

贵族家庭中推选行政长官。贵族家族逐渐掌控大议会①后，平民集会越来越少，甚至销声匿迹。1531年，伯尔尼的第一部法律在未经市民认可的情况下通过。1536年，伯尔尼人再次团结一致，宣布对萨伏依公爵查理三世开战。柴林根公爵贝希托尔德四世的古老授权和赋予伯尔尼市民权利的法律，伴着伯尔尼市政府的印章被锁在金箱子中静静地沉睡。法律成了一纸空文。如牛刀杀鸡一般，印信也无非被用来处理一般公文。

虽然篡夺权力的贵族们不时听到人民的怨词詈语，但抱怨贵族的人很快就会身陷囹圄或被驱逐出境。1744年，塞缪尔·亨齐终于举兵造反。贵族们却对塞缪尔·亨齐虚与委蛇。具有非凡才干同时性情刚烈的塞缪尔·亨齐联络了二十四个人发起反对伯尔尼议会偏袒不公的请愿书。然而，伯尔尼议会的回应则是将塞缪尔·亨齐驱逐出州境。在纳沙泰尔停留了一段时间后，塞缪尔·亨齐得到了赦免。在返回伯尔尼后，塞缪尔·亨齐却发现自己已经成了一个身无分文的人，并且谋生无路，求食无门。

很快，塞缪尔·亨齐就成了一群反叛人士的头领。在深夜，这些反叛人士秘密集会，他们的目标是让伯尔尼的政局恢复原来的秩序。起初，众人虽然并不想诉诸暴力，但并未放弃武力反抗的打算。不过后来，他们认为恢复自由的武器是枪杆子，而不是笔杆子。反叛人士们计划在1749年6月13日攻占军火库，并通过武力解散旧议会，然后向人们宣告解放伯尔尼。塞缪尔·亨齐及其友人对这一决策感到震惊，并决定立刻离开伯尔尼。恰在此时，其中一名同谋惊慌失措地将整个计划向伯尔尼议会和盘托出。

最终，塞缪尔·亨齐被捕入狱。他的两名同伴伊曼纽尔·富特尔②和塞缪尔·尼克劳斯·韦尼耶③也被逮捕，而其他人则逃走了。不久，

---

① 大议会，指王位继承权不明时形成的议会，也指集中各派势力共同出谋划策的集会。
② 伊曼纽尔·富特尔，曾为旧瑞士邦联伯尔尼政府军官，塞缪尔·亨齐阴谋叛乱计划的头目之一。
③ 塞缪尔·尼克劳斯·韦尼耶，旧瑞士邦联伯尔尼商人，塞缪尔·亨齐阴谋叛乱计划的头目之一。

逃走的人惊讶地得知，因为害怕遭受酷刑，伊曼纽尔·富特尔和塞缪尔·尼克劳斯·韦尼耶对抢夺和烧毁伯尔尼，并屠杀无辜市民的阴谋供认不讳。一时间群情激愤。紧接着，三名囚犯被判处死刑。尽管伊曼纽尔·富特尔和塞缪尔·尼克劳斯·韦尼耶苦苦哀求，但塞缪尔·亨齐并未摇尾乞怜，他不愿忍辱偷生。1749年6月16日，塞缪尔·亨齐与妻儿诀别。在看着同伴们人头落地之后，他平静地走上了断头台。

塞缪尔·亨齐的其他同谋及其家属遭到流放。在即将离开伯尔尼时，塞缪尔·亨齐的遗孀带着两个儿子站在莱茵河畔回望伯尔尼，她咬牙切齿地说道："终有一天，我的孩子会为他们的父亲报仇雪恨。我等着看仇人葬身鱼腹的那一天。"不过，塞缪尔·亨齐的儿子们并不想复仇。相反，其中一个儿子鲁道夫·塞缪尔·亨齐曾在荷兰王国的一位总督手下身居高位，他对伯尔尼商贾总是乐善好施。但塞缪尔·亨齐并没有白白丧命。后续的商讨使伯尔尼议会意识到了施政弊端。一些议会成员开始兢兢业业地改革流弊和修正旧政府的一些重大失误。伯尔尼暂时归于平静。风景秀丽的少女峰静静地守护着伯尔尼高地。

> 少女峰顶，直入苍穹，碧空如洗，
> 排排冰川耸立，宛如教堂里的风琴。
> 少女抚琴弹唱，令人如痴如醉。
> 美妙的歌声动人心魄，
> 自由！自由！伊人的歌声让人热血沸腾，
> 天哪！大地的女儿从未如此和谐共鸣。
> 天使亦高声唱和。

第 17 章

爱德华·吉本、伏尔泰和让－雅克·卢梭

（1750 年—1789 年）

1750年，莱文蒂纳发生了一场叛乱。整个旧瑞士邦联将全部力量都倾泻到了这座被乌里州高压统治了几个世纪的小山谷上。莱文蒂纳山谷从冰雪覆盖的圣哥达山，即"以上帝之名命名的险峻之山"，一直延伸到水流湍急的比亚斯卡，长达十一里格[①]。莱文蒂纳人已经从由意大利维斯孔蒂家族[②]统治变为由乌里人统治。莱文蒂纳人每年向乌里州缴纳少量赋税，同时向经过穿越莱文蒂纳山谷的圣哥达山路的所有旅客征收通行费。在那里，

> 四条河流从高处奔流而下，
> 源头隐匿无踪。
> 四条河分流向四个方向，
> 分道扬镳，各奔前程。

[①] 里格，一种适用于陆地及海洋的古老测量单位，相当于3.18海里或4.8公里，通常在航海时运用。

[②] 维斯孔蒂家族，在14世纪至15世纪意大利北部的历史中发挥支配作用的家族。15世纪时，该家族的权力达到顶峰，成为米兰公爵和帕维亚伯爵，控制着意大利北部的大部分地区。其统治曾延续至18世纪。

> 四条河从莱文蒂纳山谷的脚下出发，
> 奔流而去，永不相见。
> 两座尖峰高耸入云霄。
> 山峰高处白雪皑皑，
> 金色的朝露笼罩四周，
> 天空中云卷云舒，
> 独自穿过轻盈的迷宫，
> 远离所有凡人的目光。
> 群山女王安坐于永恒的宝座之上。
> 女王的头顶之上，天空宁静、蔚蓝而孤寂，
> 佩戴着钻石王冠。
> 烈日灼灼照耀其上，
> 山峰染金，却寒冷如故。

莱文蒂纳人虽然拥有壮美的风景，但非常贫穷。直到现在，精力充沛的莱文蒂纳的男人们依然要离开家乡四处求生，而女人们或跟随丈夫颠沛流离，或留在家中通过纺织来勉强维持生计。虽然生活穷困，但莱文蒂纳人与瑞士人同呼吸共命运并以此为傲。1478年12月28日，莱文蒂纳人与瓦尔茨特滕军队并肩作战，并在极端不利的情况下战胜了米兰公国军队。莱文蒂纳士兵和瓦尔茨特滕士兵表现得一样出类拔萃。在身负重伤的情况下，莱文蒂纳的军队首领施陶萨依然坚持战斗，回到家后便倒在自家的门槛上死去。

即便如此，在和莱文蒂纳人来往时，乌里州人的言语之间也总是高人一等。莱文蒂纳人不得不称乌里州人为"最杰出、最强大的领主和我们最仁慈的主人"，而称自己为"最谦卑、最忠诚的仆人和臣民"。因此，乌里州根本不打算对起义的莱文蒂纳人做出让步。当一些颇负名

望、心怀不满的莱文蒂纳人看到摆脱旧瑞士邦联霸权的机会时，便撺掇全体莱文蒂纳人举起义旗。这些人以自行收取通行费——这一讨喜的理由——哄骗莱文蒂纳人。起初，莱文蒂纳人一头雾水，被蒙在鼓里，因而很快就有两千人拿起武器响应。

乌里州人立即吹响了进攻的号角。旧瑞士邦联几乎所有成员都派兵参战。乌里州士兵冒着风雨，拖着大炮沿圣哥达山口的崎岖小道行军，并出其不意地出现在提契诺河源头的上方。乌里州士兵的出现令莱文蒂纳起义军大惊失色。为消灭入侵者，莱文蒂纳起义军首领乌尔斯、议会成员萨托里和莱文蒂纳谷方旗骑士福尔诺制订了简单的作战计划。他们试图将乌里州士兵吸引到地处法伊多上方的普拉蒂弗山中的一处狭窄裂缝中——提契诺河从此处奔流而过。这个地方地势险要，只要少量兵力就可以把守。莱文蒂纳军队潜伏在山谷深处，倾巢而出就可以将对方包围并消灭掉。

但旧瑞士邦联军队并未落入乌尔斯及其同伙设下的圈套。乌里州军队在乌塞伦河谷按兵不动，而卢塞恩军队则翻山越岭进入龙卡谷，其余旧瑞士邦联军则将山谷团团围住。1755年5月21日，当莱文蒂纳人意识到他们坠入天罗地网时，乌里州军队和翁特瓦尔登州军队开始自圣哥达山口发起进攻。当看到旧瑞士邦联军队倾巢出动并严阵以待时，莱文蒂纳起义军顿时吓得魂飞魄散。胆战心惊的起义军不战自退，绝望地逃进了村庄和森林里。在乌里州军队和翁特瓦尔登州军队的稳扎稳打和步步紧逼下，莱文蒂纳起义军首领接连落网。最终，躲入嘉布遣女修道院①的乌尔斯也束手就擒。

在战事结束之后，莱文蒂纳人庄严地举行了集会。1755年6月2日，在法伊多美丽的栗子树下，来自不同地区的三千名莱文蒂纳人聚集在一

---

① 嘉布遣会女修道院，由意大利方济各会修士马泰奥·巴西（1495—1552）于1525年创立。

起等待厄运的到来。全副武装的旧瑞士邦联军围成一圈。三千名莱文蒂纳人脱下帽子，然后跪在旧瑞士邦联军围成的圈中并宣誓将无条件服从乌里州。接着，这些莱文蒂纳人又被迫跪着目睹了处决三位起义首领的可怕场面。之后，这些悲伤的莱文蒂纳人回到了满目疮痍的家园。1755年6月3日，得胜的旧瑞士邦联军翻越圣哥达山口返回了旧瑞士邦联。在队伍前面，旧瑞士邦联军押着八个人，这八个人身上都套着刑具。旧瑞士邦联军认为这八人罪无可恕，因而决定把他们带回乌里州处决。旧瑞士邦联军大获全胜。自此以后，莱文蒂纳人只能敢怒而不敢言。

因为政府内部腐败至极，此时的卢塞恩也变得动荡不安。18世纪末，弗里堡也发生了一场革命。弗里堡政府的治理模式和弗里堡创建者柴林根公爵贝希托尔德四世定下的制度已经大相径庭。弗里堡曾经颁布法令，规定所有重大事项应该由全民公决。然而，此时的弗里堡有各种各样大大小小的议会，以及由神秘家族成员组成的六十人理事会，而市民的权利已经所剩无几。神秘家族的权力如日中天。于是，1784年，弗里堡通过立法禁止其他市民加入神秘家族。弗里堡人很快就感受到了专制政治带来的不良影响。当怀念起过去的美好时光时，对政治体制深感不满的人们不禁喟然长叹——曾经的弗里堡仅一个区就有两千名制革工人，而且每年向威尼斯出售两万多匹白布，弗里堡人无不引以为豪。

作为一位经营庄园的绅士，彼得·杰纳尔决定奋力一搏以谋求改变。虽然申诉权仍然存在，但单独请愿无济于事。1781年5月3日，在六十名武装人员的护送下，彼得·杰纳尔前往弗里堡市向弗里堡市议会申诉。弗里堡市议会不仅拒绝接受请愿，还将彼得·杰纳尔拒之门外，同时命令军队严阵以待。与此同时，每个村子的乡民都敲响了警钟，并大声疾呼要求伸张正义。

很快，彼得·杰纳尔就将全副武装的农民编成营队，同时率领两千五百人向弗里堡市进军。弗里堡人对此感到极其震惊。在这种紧急关头，弗里堡的老盟友伯尔尼仍未忘记盟约。在弗鲁瓦德维尔上尉的率领下，三百名伯尔尼龙骑兵①向起义军挺进，并要求他们放下武器，同时保证会公平聆讯彼得·杰纳尔等人的申诉。

当弗鲁瓦德维尔对起义军虚与委蛇时，弗里堡军队带着重炮赶到了。起义军不得不投降或逃跑。在试图逃跑时，彼得·杰纳尔被自己的手下杀害。他的头颅被高悬在罗蒙城楼上。之后，在三州调解人的帮助下，弗里堡开始商讨人们的申诉。虽然商讨的过程持续数周之久，但结果已成定局。即使弗里堡现行法律对篡权的贵族不利，弗里堡政府和三州调解人还是毫不费力地得出市民的请愿毫无根据的结论。1782年7月28日，弗里堡政府派人在所有教堂的布道坛上宣读了这一结论。当天晚上，弗里堡市民带着四面弗里堡州州旗列队来到弗里堡市市长门前。三位带头的市民站出来为彼得·杰纳尔等人辩护。虽然弗里堡市市长平静礼貌地聆听了市民的申辩，但没过几天，这三位带头的市民就被赶出了弗里堡。

即便如此，市民们仍然在为自己失去的权利唉声叹气。然而，市民们寄托情感的唯一方式是去参拜彼得·杰纳尔的坟墓，并在墓前通过赞美诗、十字架和旗帜追悼逝者。即使主教大声斥责祈祷的市民，也无法磨灭人们对逝去的彼得·杰纳尔的感激。

1749年至1789年，日内瓦州也处在动荡不安的状态中。日内瓦州仍然深受约翰·加尔文精神的强大影响，这种影响一直延续至今。欧洲普遍存在的政治不满情绪也在日内瓦积极酝酿。贵族家庭的贪得无厌导致动乱频仍。1707年，日内瓦市民抗议贵族家庭的专制统治，要求恢复市民参政权。面对市民的控诉，日内瓦向旧瑞士邦联同盟州求援。日内瓦政府不仅将人民权利的捍卫者或驱逐，或处死，而且为巩固城市的防御工事，越发胆大妄为，甚至提高赋税。这一做法引起人们的反感，因

---

① 龙骑兵，大多出现于17世纪晚期至18世纪早期的欧洲军队，最早可以追溯到1552年至1559年的意大利战争。龙骑兵骑马至目的地后即下马进行步战。

为日内瓦政府接下来必然要建立庞大的常备军来守卫城池。虽然无休无止的斗争接踵而至，但日内瓦市政府和人民双方都收效甚微。最不幸的是，争吵的双方开始不断谋求外部调解人介入。

1738年，苏黎世、伯尔尼和来自危险邻国法兰西王国的特别代表共同草拟了一部宪法，以期解决日内瓦的内部纷争。该宪法规定将日内瓦市政府的权力划分给至少四个议会，以使各议会之间互相牵制。由一千六百名市民组成的最大议会有权否决新法和拨款。此举只换来了短暂的和平。1768年，革命与调解的旧戏码再次上演。1782年，人民发动暴力革命，反抗地方长官。在革命中，有几名无辜群众丧生。调解人再次粉墨登场。只是这一次，调解人的武装军队也尾随而来。伯尔尼、萨伏依和法兰西王国军队合力包围了日内瓦。法兰西王国军队从伏尔泰在日内瓦乡间的住所"乐园"出发，然后向日内瓦发起进攻。在进行了软弱无力的抵抗之后，声称誓与城池共存亡的日内瓦爱国者们便乖乖投降。征服者们也表现得宽宏大量，仅驱逐了二十一名日内瓦起义军首领。

日内瓦动乱引起了法兰西王国等欧洲国家的极大关注。倒向自由主义的米拉波伯爵奥诺雷·加百列·里克蒂[①]高声反对法兰西王国将宪法强加于日内瓦的企图，但徒劳无功。新宪法在日内瓦强行通过。报业受到法律监督；政治集会和政治团体遭到禁止；民兵被解除了武装，而正规军则交由外国人指挥，士兵数量增加了一倍。米拉波伯爵奥诺雷·加百列·里克蒂曾写道："被象足踏毁的蚁冢，注定永无宁日。"在令人刻骨铭心的1789年伊始，日内瓦局势一片狼藉。

而在这一时期，法兰西人和英格兰人心目中的三位文坛巨擘的名字将永远与旧瑞士邦联联系在一起。在法国大革命的暴风雨来临前的短暂平静期，伏尔泰、让-雅克·卢梭和爱德华·吉本正在日内瓦湖畔生活和写作。

[①] 米拉波伯爵奥诺雷·加百列·里克蒂（1749—1791），18世纪末法兰西资产阶级革命的著名活动家，大资产阶级和资产阶级化贵族利益的代表者。

米拉波伯爵奥诺雷·加百列·里克蒂

莱芒湖！这些名字配得上你的美景：
让-雅克·卢梭、伏尔泰、德斯达，
我们的爱德华·吉本。
钟灵毓秀，即便后无来者，
他们也值得你永远铭记。

——乔治·戈登·拜伦《致莱芒湖》

第17章 爱德华·吉本、伏尔泰和让-雅克·卢梭（1750年—1789年）

爱德华·吉本

爱德华·吉本的父亲曾经将爱德华·吉本送到洛桑。爱德华·吉本寄宿在旧瑞士邦联一位牧师家里,开始再次信奉刚刚放弃的新教。爱德华·吉本虽然恢复了早年的信仰,但离经叛道地爱上了一位小姐——苏珊·屈尔绍。爱德华·吉本的父亲认为这桩婚姻门不当户不对,因此极力反对。爱德华·吉本无奈地说道:"作为一个情人,我只能叹息。作为一个儿子,我只得服从。"之后,爱德华·吉本暂时离开了旧瑞士邦联。苏珊·屈尔绍则安之若素地成了雅克·内克尔①的妻子,后来著名

---

① 雅克·内克尔(1732—1804),出生于日内瓦的银行家,后来成为路易十六的财政大臣。

的斯塔尔夫人的母亲。多年以后，爱德华·吉本重返洛桑，在洛桑完成了他的伟大使命[①]，并因此名垂青史。1787年6月27日的夏日深夜，在写完《罗马帝国衰亡史》的最后一章后，在花园中漫步徘徊的爱德华·吉本既倍感欣慰，又因写作此书耗去了生命中二十多年的宝贵时光百感交集。著书过程中，爱德华·吉本——

> 不顾脑汁枯竭，
> 年复一年地悉心钻研，将智慧积存，
> 日复一日地思考，孜孜不倦地治学，
> 将他用的武器磨得锐利万分，
> 用犀利的讽刺摧毁迂腐的教条。
> ——乔治·戈登·拜伦《恰尔德·哈洛尔德游记》

让-雅克·卢梭出生在日内瓦。16岁时，让-雅克·卢梭逃离了日内瓦，并在萨伏依和法兰西王国颠沛流离。1756年，让-雅克·卢梭返回故乡，并开始接受加尔文主义。此时的伏尔泰已经在日内瓦的"乐园"声名鹊起。虽然让-雅克·卢梭和伏尔泰这两位作家之间产生了深厚的友谊，但这段友谊注定不能长久。伏尔泰虽然很欣赏让-雅克·卢梭，但也情不自禁地嘲笑让-雅克·卢梭的怪癖和作品。让-雅克·卢梭则对伏尔泰的才华妒火中烧。因为嫉妒，让-雅克·卢梭退隐到了蒙莫朗西，并在这里创作了《新爱洛伊丝》[②]。在《新爱洛伊丝》中，让-雅克·卢梭以细腻的笔调，描写了梅耶里的一个小村庄里，平民出身的家庭教师圣普乐深深爱上克赖伦斯的贵族小姐朱莉的一段跌宕起伏的爱情故事。

[①] 指《罗马帝国衰亡史》全部问世。
[②] 《新爱洛伊丝》，让-雅克·卢梭的代表作，法国文学史上第一部将爱情当作人类高尚情操来歌颂并描写了大自然美丽风光的小说，对后来的法国文学产生了巨大的影响。

苏珊·屈尔绍

雅克·内克尔

斯塔尔夫人

让－雅克·卢梭

> 可爱的克赖伦斯！痴情的诞生处！
> 你的空气中流动着青春洋溢的气息，
> 你的所有树木都植根于爱的沃土。
> 远处的冰川仿佛爱神的倩影，
> 玫瑰色的夕阳凝视着积雪，
> 含情脉脉地洒在白雪之上。
> ——乔治·戈登·拜伦《恰尔德·哈洛尔德游记》

也是在日内瓦，让-雅克·卢梭创作了《爱弥儿》和《社会契约论》，并最终惹祸上身。巴黎高等法院宣布《爱弥儿》为禁书并加以焚毁，而在日内瓦，《爱弥儿》和《社会契约论》也遭到日内瓦当局焚毁。一时间舆论哗然。让-雅克·卢梭不得不离开了日内瓦，在布里恩茨湖的一个小岛上生活了一段时间。从此，让-雅克·卢梭与旧瑞士邦联再无任何关系。

> 狂放的让-雅克·卢梭，作茧自缚的哲人，
> 就从这里开始了他苦痛的一生。
> 他化痛楚为激情，因悲苦而犀利，
> 他述说着世间的悲哀。
> 他能将疯狂描述得异常美丽，
> 也能给离经叛道涂上绚烂色彩。
> 他的言辞好似耀眼的日光，
> 催人泪下，令人不忍卒读。
> ——乔治·戈登·拜伦《恰尔德·哈洛尔德游记》

1762年，伏尔泰离开日内瓦，并定居在法兰西王国和旧瑞士邦联边

伏尔泰

境的费尔奈。这样一来，一旦爆发战争，他就可以逃往其中任何一国。在伏尔泰居住在费尔奈期间，很多好奇或仰慕伏尔泰的人慕名来访。在费尔奈，伏尔泰也从事着一生中最兼爱无私的工作①。伏尔泰还曾经帮助舒瓦瑟尔公爵艾蒂安·弗朗索瓦②一同建立了韦尔苏瓦殖民地，同时收容那些被称为"土著人"的日内瓦人。这些"土著人"是生活在日内瓦的外国移民的子女，却被出生地日内瓦视为外人，在就业方面受到各种恼

---

① 指法兰西发生宗教上的派系斗争，造成大批逃亡者。伏尔泰在他的庄园内先后收留过上百户难民，还多次打抱不平，替穷苦人伸张正义和平反冤案。
② 舒瓦瑟尔公爵艾蒂安·弗朗索瓦（1719—1785），法兰西王国军官、政治家、外交官，1758年至1770年任法兰西王国国务大臣。

人的限制。伏尔泰至死都在尽力保护这些"土著人",也得到了"土著人"最真诚的感激。对这些"土著人"来说,伏尔泰只是一个愿意两肋插刀的朋友。而其他人眼中的伏尔泰——

> 他是火焰和浮躁的化身,
> 又像赤子朝三暮四、心猿意马,
> 快乐、阴郁、神圣而粗野。
> 他是诗人、历史家和哲学家,
> 满腹经纶,博大精深。
> 他是学术上的普罗多斯,
> 但他最擅长的才能却是讽刺,
> 恰如秋风扫落叶一般,摧枯拉朽,
> 将一切腐朽连根拔起,
> 令庸俗之人颜面尽失,
> 令君主亦为之震撼。
> ——乔治·戈登·拜伦《恰尔德·哈洛尔德游记》

第 18 章

法国大革命与瑞士

（1789 年—1798 年）

1789年，法兰西王国爆发了一场巨大的风暴①。在风暴面前，法兰西王权摇摇欲坠，旧秩序岌岌可危。革命精神以迅雷不及掩耳之势传遍四方，很快便蔓延到旧瑞士邦联及其盟国。1782年，一支法兰西王国军

法国大革命的标志性事件——攻打巴士底狱

---

① 指法国大革命。

队包围了日内瓦。这支军队曾在拉法耶特侯爵吉尔贝·迪·莫提耶[①]和罗尚博伯爵让·巴普蒂斯·杜纳坦·德·维缪尔[②]的领导下参加过美国独立战争,刚刚归来。占领日内瓦之后,这支法兰西王国军队开始向日内瓦人积极宣传人权新思想。1789年1月,日内瓦人因官员提高面包价格而发动起义。日内瓦市民们全副武装,甚至将消防车装满开水作为武器。很快,日内瓦市民们逼迫政府取消了重税,恢复了市民佩带武器的权利。

拉法耶特侯爵吉尔贝·迪·莫提耶

[①] 吉尔贝·迪·莫提耶(1757—1834),拉法耶特侯爵,法兰西将军、政治家。曾于1777年率军参加美国独立战争。
[②] 让·巴普蒂斯·杜纳坦·德·维缪尔(1725—1807),罗尚博伯爵,法兰西军事家、元帅。曾率军支援美国革命。

罗尚博伯爵让·巴普蒂斯·杜纳坦·德·维缪尔

不久,受日内瓦统治的各村庄也试图获得同样的特权。刚刚获得公民权,但尚不具备人权平等思想的日内瓦市民们对此惊恐万分。然而,农民们认为平等的权利意味着平等的财产,并跃跃欲试地准备掠夺富有家庭的财产。与此同时,法兰西王国爆发的每一次新动乱都在日内瓦引起了相应的运动。1790年,当参与法国大革命的革命派代表和巴黎平民一起宣誓结成联盟时①,日内瓦爆发了一场骚乱。在附近隶属法兰西王国

---

① 指1790年7月14日,一万多名革命代表和大约四十万巴黎平民一起宣誓效忠"民族、法律和国王"。当时,路易十六也亲临现场并宣誓维护"民族"和"宪法"。

的村庄里醉醺醺地欢庆了一整天后，日内瓦人戴着饰有三色帽徽[①]的帽子返回，并侮辱和威胁路上遇到的所有无辜市民。

1792年，当法兰西第一共和国[②]军队逼近日内瓦时，惊恐万分的日内瓦人向伯尔尼和苏黎世求援，随即得到响应。然而，当法兰西第一共和国军队刚一撤退，伯尔尼和苏黎世就召回了援军。日内瓦农民和下层市民立即发动革命占领了军火库，并废黜了议会。日内瓦农民和下层市民完全效仿法兰西第一共和国，通过国民公会和公共安全委员会进行统治，并做出种种枉矫过激行为。1794年7月，在攻占巴士底狱胜利一周年之际，一幕惨剧[③]在日内瓦上演，淋漓尽致地诠释了法国大革命时期的恐怖统治。日内瓦革命法庭判处七人死刑，而唯一的理由是，这七人是当时最杰出的公民。尽管有三百名武装人员被迫目睹这令人发指的一幕，但只有一个人敢于号召同伴营救无辜的人。然而，这个人在惊慌万分之下最终也逃之夭夭。当士兵们向七名无辜的受害者开枪时，在场的市民、法官、刽子手和日内瓦民兵都毛骨悚然、噤若寒蝉，之后便一声不响地回家了。但那个逃之夭夭的幸存者最终敌不过内心的愧疚，便趁着夜色再次潜入日内瓦城，蹑足屏息地来到死尸旁。死寂的脸庞揭穿了这场伪自由革命的滔天罪孽。

巴塞尔州与法兰西第一共和国接壤，因而深刻地感受到了法国大革命产生的影响。当时的亲王主教弗朗茨·约瑟夫·西格蒙德·冯·罗根巴赫延续着巴塞尔教会一贯的固执和愚蠢。在这个关键时刻，与前任巴塞尔大主教雅各布·西格蒙德·冯·赖纳赫-斯坦布伦一样，弗朗茨·约瑟夫·西格蒙德·冯·罗根巴赫选择限制农民合法集会。当农民

---

① 三色帽徽，"三色"指象征法兰西王国国旗的蓝、白、红三色。
② 法兰西第一共和国，1789年，法国大革命爆发，波旁王朝被推翻，路易十六也被送上了断头台。1792年9月22日，法兰西第一共和国诞生。
③ 1792年12月，认为受到政府压迫的日内瓦市民与农民和从巴黎返回的流亡者结盟，迫使政府进行改革。1794年7月，革命者占领了日内瓦，处决了许多杰出的公民并监禁了其他人。

庆祝攻占巴士底狱一周年

们奋起反抗时，弗朗茨·约瑟夫·西格蒙德·冯·罗根巴赫召来了奥地利大公国军队。1792年4月，在法兰西王国和奥地利大公国相互宣战后，一支法兰西王国军队立即进入巴塞尔主教辖区，赶走了奥地利大公国军队。最终，弗朗茨·约瑟夫·西格蒙德·冯·罗根巴赫落荒而逃。巴塞尔州全体臣民欢欣雀跃。曾经遭到弗朗茨·约瑟夫·西格蒙德·冯·罗根巴赫驱逐的人们返回了巴塞尔。1793年秋天，巴塞尔人公开废除了弗朗茨·约瑟夫·西格蒙德·冯·罗根巴赫主教的统治。人们在波朗特吕栽下了一棵自由之树，将一顶红帽子挂在了一根高高的杆子上，并宣布巴塞尔州为独立共和州。为了不忘记巴塞尔州曾是神圣罗马帝国的管辖地，人们将巴塞尔州称为"劳拉西亚共和国"①。不过，新成立的劳拉西亚共和国只存在了三个月。1793年3月，巴塞尔人迁往法兰西第一共和国。只有埃尔古尔和蒙斯特塔尔拒绝加入法兰西，并与老盟友伯尔尼相濡以沫。

旧瑞士邦联各州对巴塞尔的种种变故冷眼旁观。虽然巴塞尔州的解体值得警惕，但旧瑞士邦联不愿意再像曾经强迫苏黎世一样以武力逼迫巴塞尔州重返旧瑞士邦联。此时，旧瑞士邦联各州不仅害怕法兰西第一共和国的威胁，也害怕臣民造反，更害怕巴塞尔的今天就是自己的明天。在旧瑞士邦联各州中，伯尔尼尤其束手无策。因为伯尔尼城盛情接纳了法兰西第一共和国难民，所以巴黎政府对伯尔尼州心存疑虑。有了巴塞尔这个前车之鉴，巴黎政府的谨慎显然是大势所趋。因此，当遭到废黜的弗朗茨·约瑟夫·西格蒙德·冯·罗根巴赫主教向弗劳恩费尔德议会求助时，弗劳恩费尔德议会虽然对失去领地的弗朗茨·约瑟夫·西格蒙德·冯·罗根巴赫予以安抚，但婉拒了他的请求。然而，各州很快便再也无法保持沉默。

---

① 劳拉西亚共和国，源于劳拉西亚人，是约公元前400年定居在瑞士汝拉地区的凯尔特人。

当几乎所有法兰西第一共和国军队都在对上级将领阳奉阴违时，受雇于法兰西第一共和国的十一个旧瑞士邦联的雇佣兵团依然忠心耿耿。当听说那些曾经因抢劫而入狱的战友们现在得到赦免，并在国民大会上接受因助纣为虐而获得的荣誉时，沙托维厄兵团的旧瑞士邦联雇佣兵们不禁心生厌恶。法兰西第一共和国欧内斯特军团曾在艾克斯遭到袭击，危难之际，不愿苟且偷生的旧瑞士邦联雇佣兵们挺身而出，表现出了应有的忠诚。1792年8月10日，为保护法兰西王国国王路易十六及其王后

法兰西王国国王路易十六

玛丽·安托瓦内特，几乎所有旧瑞士邦联雇佣兵都惨死在袭击杜伊勒里宫[①]的暴徒之手。为了保卫阵地，七百名旧瑞士邦联雇佣兵死战不降，血洒当场。他们的遗骸散落在杜伊勒里宫花园里和附近的街道上，并被曝尸两日。"不惧王权"的旧瑞士邦联雇佣兵的英勇行为将旧瑞士邦联拉出了冲突的泥潭。旧瑞士邦联又找回了曾经的血性胆气。慷慨赴死的旧

玛丽·安托瓦内特

---

① 杜伊勒里宫，1559年，法兰西王国国王亨利二世去世后，其遗孀凯瑟琳·德·美第奇决定搬出亡夫居住的卢浮宫，另建新宫。1564年，凯瑟琳·德·美第奇下旨在卢浮宫西面约二百五十米远的地方营建杜伊勒里宫。

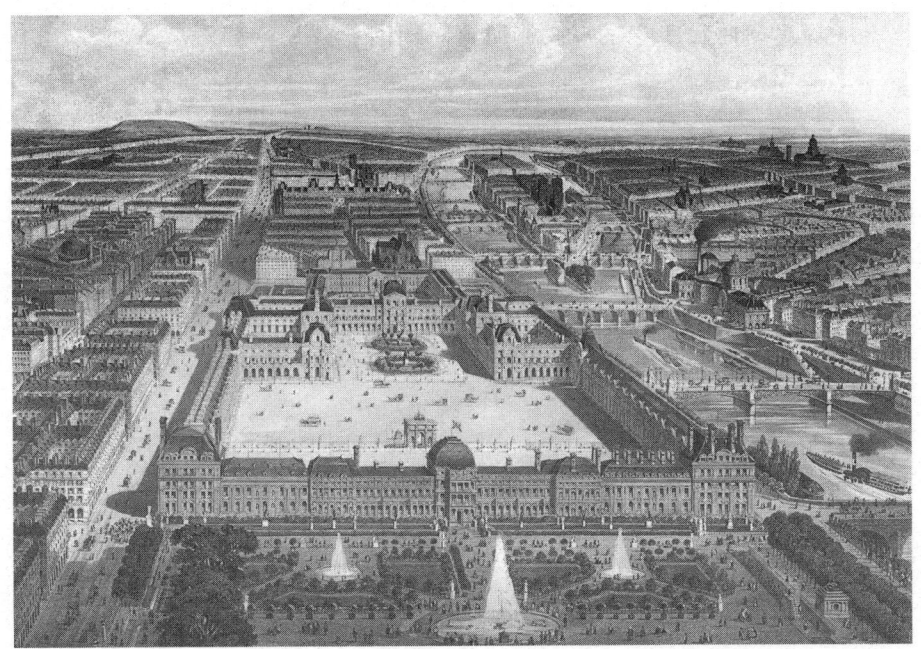

杜伊勒里宫

瑞士邦联士兵鼓舞了后来在翁特瓦尔登河和弗劳霍尔茨作战的人们。从此，旧瑞士邦联士兵的英名成为旧瑞士邦联的宝贵财富。瑞士人将这些英雄的名字连同那些在9月的日内瓦革命中无辜死难者的名字一起刻在了位于韦斯梅林高地下的一片树林中的纪念碑①上。

  当疯狂的法兰西人震动着王宫地板，
  高贵、英勇的瑞士人，迎来了末日！
  果敢的勇士一诺千金，
  坚定的士兵视死如归。
  舍生取义，杀身成仁。

---

① 纪念碑，指卢塞恩州的狮子纪念碑，是卢塞恩数一数二的雕刻作品，是为了纪念1792年法国大革命期间，在暴民攻击杜伊勒里宫时，为保护法兰西王国国王路易十六及其王后玛丽·安妮·瓦内特而死的七百八十六名旧瑞士邦联雇佣兵所建。

忠诚的征途陡峭而艰难,

也曾害怕,也曾气馁,但你们从未逃避,

坚持住,这是九死一生的责任!

虔诚地站在犬牙交错的岩石旁,

那是你的纪念碑,赫尔维蒂的感恩石;

令人肃然生敬,

巴特尔·托瓦尔森①的光荣奖杯属于你。

一头垂死的狮子镌刻在纪念碑上!

多么庄严的苦难,多么勇敢的野兽,

几乎在极度衰弱中,

受伤倒地,却并不屈服,而是骄傲地沉默,

为了伟大事业而听天由命。

垂死的英雄气息奄奄,

以虔诚的目光与圣灵对话,

这是勇气,这是信念,这是取义成仁。

——约翰·凯尼恩《卢塞恩纪念碑》

  其他旧瑞士邦联雇佣兵团则带上应得的饷银,心灰意冷地回到了家乡,并准备参加随后与法兰西第一共和国的战斗。然而,旧瑞士邦联仍然保持沉默。旧瑞士邦联各州天真地以为自己可以对战争和革命的惊雷充耳不闻,并保持中立。旧瑞士邦联各州各自为营,谨小慎微地保全自我。没有人站出来敦促整个旧瑞士邦联厉兵秣马,以应来犯之敌。只有信奉新教的伯尔尼与信奉天主教的弗莱堡和索洛图恩结成防御同盟,但这个防御同盟更主要的目的是为了抵御心怀不满的臣民,伯尔尼尤其

---

① 巴特尔·托瓦尔森(约1770—1844),丹麦著名雕塑家,创作了卢塞恩州的狮子纪念碑。

如此。虽然整个伯尔尼州的赋税不高,但政府依然不得人心。早在1714年,驻伯尔尼的大不列颠王国大臣就曾提及这一事实:"伯尔尼政府的任何温和措施都无法弥补人民无法分享权利的痛苦。"

不仅伯尔尼人民不满意,伯尔尼州下辖各行政区也心存不满,其中尤以沃州为甚。爱德华·吉本年轻时曾在沃州写过一篇文章。在这篇文章中,爱德华·吉本以激烈的言辞阐述了重税的罪恶。然而,沃州人所受到的种种压迫更令沃州局势火上浇油。据说,伯尔尼贵族在臣民的葡萄园里射杀鹧鸟的特权使许多沃州人产生了革命意识。如果伯尔尼能及时认识到维持和平所必需的因素,如果伯尔尼能主动解放沃州,并联合苏黎世为各行政区制定自由宪法,那么伯尔尼将永享和平。

然而,倒行逆施的沃州政府不仅拒绝减少税收,还拒绝恢复人民的固有权利。骚乱随之在人民中间爆发。极具煽动性的小册子开始在沃韦、罗勒和洛桑中间流传。蜂附云集的沃州热血青年为法国大革命的成功举杯痛饮。为防患于未然,伯尔尼派出一支武装部队进入沃州,不分青红皂白地对沃州人民予以惩戒,因此,许多人逃走或被驱逐。这些沃州人躲在安全的地方继续编写宣传册,以唤醒全体沃州人民摆脱伯尔尼的压迫。

在艺术和学术方面,旧瑞士邦联主要城市苏黎世也遭到了限制。贸易行会受到的种种限制及苏黎世市对整个苏黎世州商业的垄断,引发了人们的种种不满之词。随着邻国起义不断,不满的声音也越来越大。苏黎世人认为自己的自由受到了威胁。苏黎世湖畔小村庄施泰法主动要求获得自由贸易的权利和打破现有秩序的特权。施泰法发起的倡议活动蔓延到苏黎世州各个城市。在听到施泰法发起倡议活动的消息后,苏黎世市对该活动的领导者提起诉讼。施泰法的抗议犹如海底捞月,虽然施泰法人翻出旧宪章来为自己的主张寻找依据,但苏黎世市宣布旧宪章无效。苏黎世市诡辩称,制定旧宪章的目的只是为了抵御外侮,并且仅适用于特殊时期。苏黎世市出兵占领了施泰法，解除了施泰法人民的武装，并对他们处以重罚。最先找到旧宪章的施泰法司库[①]约翰·雅各布·博德默[②]被送上了断头台。刽子手用剑在约翰·雅各布·博德默的头上挥舞，以示约翰·雅各布·博德默罪有应得。随后，约翰·雅各布·博德默被关进监狱，直到1798年苏黎世遭法兰西第一共和国军队攻击时才被释放。

约翰·雅各布·博德默

---

① 司库，旧时指掌管兵器或金库或国库的官职。
② 约翰·雅各布·博德默（1698—1783），旧瑞士邦联作家、学者、评论家和诗人。

只有圣加仑修道院出现了一位知时识务的统治者。修道院院长贝达·安格尔恩①没有仗势欺人和倚老卖老，他虚心听取人民对修道院统治的抱怨。但修道院的修士们日益堆金叠玉，人民却日渐一贫如洗。作为同样出身图尔高的寒门之子，在成为圣加仑修道院院长后，贝达·安格尔恩并未数典忘祖，他希望公正地对待臣民。但修道院里的兄弟教士们不以为然。这些教士们只有一个念头，那就是将所谓的"法兰西式的疯狂自由"②踩在脚下。急于伸张正义的贝达·安格尔恩无奈地选择辞去职位，却遭到教皇的阻挠。最终，贝达·安格尔恩选择了一条更勇敢、更明智的道路③。

贝达·安格尔恩告诉手下的修士，在这种外侮猖獗的时候，统治者和人民不应相阋于墙。尽管得不到教士们的认可和帮助，但贝达·安格尔恩依然坚持己见。在贝达·安格尔恩的努力下，圣加仑废除了奴役制，牧师和士兵同样需要缴纳税款。人民可以分享权利，不仅有权享有土地，推选战争委员会成员，而且有权举行集会并提名政府官员人选。1796年1月，贝达·安格尔恩和圣加尔人民宣誓支持改革。不过，同样立下誓言的修士们却私下签署了一份秘密抗议书，不仅违背了誓言，而且一旦东窗事发便可矢口抵赖。1797年8月，一心想维护圣加仑修道院特权的旧瑞士邦联不得不接受了圣加仑改革的既成事实。

一度令旧瑞士邦联不堪重负的外部威胁正在迅速逼近。旧瑞士邦联的流亡者们④意图利用法兰西第一共和国的穷兵黩武，怂恿法兰西人入侵旧瑞士邦联。事实上，对于法兰西第一共和国和即将成为法兰西第一共

---

① 贝达·安格尔恩（1725—1796），曾于1767年至1796年任圣加仑修道院院长。
② 法兰西式的疯狂自由，指法国大革命之后，曾经的贵族和宗教特权不断受到自由主义政治组织及上街抗议的民众的冲击，从而引发的一系列混乱。
③ 指下文贝达·安格尔恩废除奴役制，与人民分享政权并支持改革。
④ 指法国大革命后，一部分希望在瑞士内部进行革命而遭瑞士驱逐的人。

和国灵魂人物的拿破仑·波拿巴[①]而言，在入侵旧瑞士邦联这件事情上，他们根本不需要别人劝说。1797年，拿破仑·波拿巴打败奥地利大公国并征服了意大利，同时将伦巴第变成新的奇萨尔皮尼共和国[②]。在法兰西第一共和国与奥地利大公国签订的《坎波福尔米奥条约》[③]中，早有预谋的拿破仑·波拿巴并未对旧瑞士邦联的领土权益做出任何承诺。拿破

拿破仑·波拿巴

① 拿破仑·波拿巴，19世纪法兰西伟大的军事家、政治家，法兰西第一帝国的缔造者。
② 奇萨尔皮尼共和国，是一个意大利统一前位于其中北部的历史政权，统治着伦巴第和艾米利亚-罗马涅，以及小部分的维内托和托斯卡纳。建国于1797年6月29日。
③ 《坎波福尔米奥条约》，是第一次反法同盟战争中，由法兰西第一共和国与奥地利大公国签订的条约。1797年10月17日，法兰西第一共和国与奥地利大公国签署条约，奥地利大公国向法兰西第一共和国割让多块领土。该条约的签订标志着第一次反法同盟的瓦解、拿破仑·波拿巴在意大利战场取得最终胜利和第一波法国大革命战争的终结。

签订《坎波福尔米奥条约》

仑·波拿巴早就在征服地图上将旧瑞士邦联列为山地要塞，以便在阿尔卑斯山脉两侧随心所欲，来去自如。浮想联翩的拿破仑·波拿巴仿佛已经看到一条雄伟的通道横穿辛普朗山口[①]，而这条通道将使他名垂青史。

此时，受制于格劳宾登州和乌里州的意大利各山谷的人们认为有机可乘。瓦尔泰利纳、基亚文纳和博尔米奥请求拿破仑·波拿巴允许它们加入奇萨尔皮尼共和国。拿破仑·波拿巴让格劳宾登人二选其一，要么成为享有平等权利的公民，要么离开格劳宾登州。格劳宾登人断然拒绝了拿破仑·波拿巴的提议。1797年10月，拿破仑·波拿巴将所有意大利山谷纳入伦巴第，并没收了所有格劳宾登家庭的财产。几个星期后，巴塞尔仅存的

---

① 辛普朗山口，瑞士南部本宁阿尔卑斯山脉与勒蓬廷阿尔卑斯山脉之间的山口。在拿破仑·波拿巴修建了一条穿过贡多峡谷的驿道之后，辛普朗山口才开始成为连接中欧和南欧的主要通道。

旧瑞士邦联领土并入法兰西第一共和国。勠力同心的阿尔高州和图尔高州的农民们极力要求伯尔尼州政府赋予他们反抗统治者的权力。莱茵塔尔、托根堡、威森和沙夫豪森农民也闻风响应，而在阿尔卑斯山脉另一侧的各意大利管辖区在提契诺河附近举起义旗。一时间，时局混乱，旧瑞士邦联内部人心惶惶。虽然阿劳城召开集会重申了古老的旧瑞士邦联盟誓，但人们已经没有了吕特利初次会盟时的踌躇满志。正当众人准备宣誓时，巴塞尔的信使闯入了大厅。巴塞尔信使告诉众人，有六百名全副武装的农民已经冲进了阿劳城，焚毁了城堡。恐惧的气氛开始在人们中间弥漫。在恐惧和混乱中，阿劳人的集会不了了之。在巴塞尔信使带来消息的同时，法兰西第一共和国的军队也正向瑞士边境挺进。

第 19 章

法兰西入侵与《调停决议》

（1798 年—1803 年）

在纪尧姆·马里-安内·布律纳将军和巴尔塔扎尔·亚历克西斯·亨利·肖恩伯格将军的率领下，法兰西第一共和国军队进入旧瑞士邦联领土。法兰西第一共和国军队的进军立即释放了一个信号，即旧瑞士邦联国内所有不满情绪即将爆发。沃州先下手为强，放弃效忠伯尔尼州，

纪尧姆·马里-安内·布律纳

并接受了法兰西第一共和国的保护。各州政府终于意识到了改革的必要性，并匆忙着手进行改革。伯尔尼州接纳了来自乡村地区的五十二名代表加入议会。卢塞恩州和沙夫豪森州则宣布臣民为自由民并结为同盟。苏黎世承诺修改宪法并赦免囚犯。甚至连弗莱堡也批准了彼得·杰纳尔为之捐躯的改革。在短短四个星期内，旧瑞士邦联各州议会曾嗤之以鼻的改革工作便大功告成。可惜的是旧瑞士邦联各州的改革开始得太晚了，并且晚了整整一百年。

面对法兰西第一共和国军队的大举进攻，忙于推行改革的旧瑞士邦联各州惊恐万分。长达两个世纪的和平时期令旧瑞士邦联各州军队的锐气丧失殆尽。面对即将到来的危险，旧瑞士邦联各州军队几乎束手无策。甚至连预备队①也纪律涣散，预备队的士兵们手持杂七杂八的武器，一边走还一边盘着念珠在嘴里念念有词地祈祷。而瓦尔茨特滕只凑成了几支弱旅。虽然伯尔尼、索洛图恩和弗莱堡派出了正规军，但将领们毫无战斗经验。1798年3月2日，战争爆发。法兰西第一共和国军队的轻骑兵当天就占领了弗莱堡和索洛图恩。1798年3月3日，纪尧姆·马里-安内·布律纳属下的一支勃艮第军团抵达曾经的穆尔滕战场，摧毁了小镇梅林根的藏骨堂和藏骨堂中刻着的纪念穆尔滕战役得胜的碑文：

> 旧瑞士邦联军队屹立不动。这是一支勇敢的军队，
> 曾经让法兰西一度战栗的君主已经倒下，
> 虽寡不敌众却有先辈的勇气，
> 团结一致举起武器，向对手发起了进攻。
> 弟兄们，你们要知晓，你们的力量，在于真正的勇气。
> 愿这种勇气感染所有回忆此战之人。

---

① 预备队，又译后备军，德语国家使用"landsturm"一词来指代三等步兵或民兵。

1798年3月月初，在诺埃内格和格劳侯尔兹，全力保卫伯尔尼的旧瑞士邦联军队打响了战役①。伯尔尼军队由伯尔尼市市长约翰·鲁道夫·斯泰格尔②和卡尔·路德维希·冯·埃拉赫③统领。卡尔·路德维希·冯·埃拉赫证明了他没有辱没伟大的先祖——劳彭的英雄。在战斗打响的前一晚，约翰·鲁道夫·斯泰格尔和卡尔·路德维希·冯·埃拉赫在驻地附近席地而眠。在临睡前，约翰·鲁道夫·斯泰格尔视察全军。约翰·鲁道夫·斯泰格尔虽然试图以先祖在莫尔加尔滕和森帕赫战役中的英勇精神激励全军将士，但约翰·鲁道夫·斯泰格尔的声音淹没在了手下涕泗横流的哭声中。军士们有的在辱骂对手，有的在辱骂自己的政府，甚至还有的在辱骂自己的将军。然而，当黎明来临后，士兵们仍然像英雄一样战斗。在被法兰西第一共和国军队的炮火打散后，伯尔尼军队的许多士兵手中只拿着镰刀或棍棒，便冲向敌人的炮火。伯尔尼军队的老幼士兵们抓住了炮车的轮子。因被伯尔尼士兵的英勇感动，法兰西第一共和国士兵要求伯尔尼士兵投降，但伯尔尼士兵不仅拒不投降，而且扑到前面去阻止大炮前进。这场不公平的战斗持续了两个半小时。法兰西第一共和国军队对伯尔尼军队万分钦佩。尽管法兰西第一共和国是战胜国，但在法兰西第一共和国的官方公报上记载了战败国旧瑞士邦联的功绩。

　　格劳侯尔兹战役决定了伯尔尼和卡尔·路德维希·冯·埃拉赫的命运。在部队全部被歼灭之后，卡尔·路德维希·冯·埃拉赫逃往图恩方向，并准备在伯尔尼高地继续组织抵抗。但不幸的是，在途中，卡尔·路德维希·冯·埃拉赫遇到了自己手下的一些士兵。士兵们对

---

① 指1798年3月5日，发生在诺埃内格的诺埃内格战役和发生在格劳侯尔兹的格劳侯尔兹战役。两场战役均为伯尔尼军队对战法兰西第一共和国军队。
② 约翰·鲁道夫·斯泰格尔（1778—1834），出生于瑞士伯尔尼贵族家庭，伯尔尼市市长，曾统领军队在诺埃内格战役中抗击法兰西第一共和国军队。
③ 卡尔·路德维希·冯·埃拉赫（1746—1798），其先祖为前文劳彭战役中的英雄鲁道夫·冯·埃拉赫。

诺埃内格战役

格劳侯尔兹战役

最近的兵败咬牙切齿,并打算随便抓一个人当替罪羊。卡尔·路德维希·冯·埃拉赫先是被捕,然后在一阵骚乱中,被他以死相报的同胞们撕成了碎片。

1798年3月5日,伯尔尼军队向法兰西第一共和国军队投降。随后,伯尔尼遭到洗劫。法兰西第一共和国军队抢走了一切可以带走的东西,连伯尔尼建城以来一直倍受尊崇的熊也未能幸免。在被法兰西第一共和国军队带到巴黎的植物园①后,这些熊成了顽皮的儿童嘲讽和讥笑的对象。但愿熊孩子们的恶意没有伤害到熊们厚厚的皮毛。其中,有一头血统高贵名为马丁的熊曾经是洛林公爵勒内二世赠予伯尔尼的一对熊的后代。而洛林则是伯尔尼对战勃艮第公爵大胆查理时的同盟者。除了抓走

巴黎植物园

---

① 即现在的巴黎植物园。

作为伯尔尼守护神的熊，法兰西第一共和国军队还洗劫了伯尔尼城积累了几个世纪的财富宝库。拿破仑·波拿巴用这笔财富为征战埃及准备了军资。多年以后，流通在尼罗河两岸的钱币上仍然印有伯尔尼之熊的标记。

> 高卢人的雷霆之击，
> 落在高贵的伯尔尼城上。
> 连卢塞恩湖亦不能幸免，
> 所有人都屈服于枷锁。

法兰西第一共和国宣布废除旧瑞士邦联，同时在旧瑞士邦联的基础上成立了"赫尔维蒂共和国"[a]。在赫尔维蒂共和国，所有公民都享有平等权利，由公民大会选举法官和立法委员会，由立法委员会选出赫尔维蒂共和国中央政府，并由中央政府任命各州州长和其他官员。法兰西第一共和国并不准备保留各州目前的范围，而是将整个旧瑞士邦联领土分割成十八个差不多大小的州。伯尔尼及其附属省被划分为四个州，即伯尔尼州、奥伯兰州[b]、阿尔高州和沃州。图尔高州和各意大利管辖区也被划分为四个州，而老三州与楚格州则合并为瓦尔茨特滕州。阿彭策尔州失去独立地位，并与圣加仑和莱茵塔尔合并为森蒂斯州。日内瓦和米尔豪森成为法兰西第一共和国的领地。在法兰西第一共和国占领的影响下，旧瑞士邦联各州的旧秩序似乎一去不复返。

然而，瓦尔茨特滕地区的抵抗精神生生不息。瓦尔茨特滕人决心为他们的独立做最后的抗争。瓦尔茨特滕人发表宣言称："我们的先辈

---

① 赫尔维蒂共和国，成立于1798年4月12日，后于1803年3月10日解散。历史上这一时期的瑞士被称为"赫尔维蒂共和国"。该名称来源于欧洲古代的赫尔维蒂人。
② 奥伯兰州，赫尔维蒂共和国的一个州的名字，现已不复存在，与伯尔尼高地位置相对应，首府在图恩。

阿洛伊斯·冯·雷丁

以战争和鲜血为我们赢得了宝贵的自由。我们也将以战争和鲜血来捍卫自由。"面对法兰西第一共和国军队,瓦尔茨特滕人宣誓效忠阿洛伊斯·冯·雷丁①将军。虽然在沃勒劳和辛德尔雷基两次落败,但瓦尔茨特滕人还是集结了所有兵力在莫尔加尔滕附近的罗滕图姆进行了最后的抵抗。在罗滕图姆,瓦尔茨特滕人再次勇敢地面对征服了半个欧洲的强大力量——法兰西第一共和国军队。瓦尔茨特滕士兵们虔诚地祷告,他们不求神灵拯救,只求无愧于祖先。瓦尔茨特滕的老人们穿着牧羊人的长袍,拉着从卢塞恩运来的大炮,一路穿过施泰因和萨特尔的崎岖山路,最后来到罗滕图姆。1798年5月2日,经过浴血奋战,瓦尔茨特滕军队三次将法兰西第一共和国军队赶回了埃格里,同时歼灭了法兰西第一共和国军队近

---

① 阿洛伊斯·冯·雷丁(1765—1818),出生于今瑞士施维茨州,瑞士爱国主义者、军官、政治家,以领导反对赫尔维蒂共和国的起义而闻名。

两千名士兵，但瓦尔茨特滕人也是伤敌一千自损八百，并未占据优势。1798年5月3日，虽然瓦尔茨特滕军队在阿尔特顽强作战，但因损失惨重和补给耗尽，军心开始动摇。在这种绝望的情况下，第一个获得独立，也是最后一个失去独立的老三州在阿尔特签订条约，加入了邦联。

> 阿洛伊斯·冯·雷丁不愿就范，
> 在布鲁曼平原①上拔剑。
> 虽然旗帜依然闪耀，
> 拔剑亦是徒然。
> 在我们先辈战死的地方，
> 在他们尸骨安息的地方，
> 阿洛伊斯·冯·雷丁奋力三战，
> 三次打败旧瑞士邦联的敌人。
> 然而，旧瑞士邦联的命运到此为止，
> 国土支离破碎。
> 翁特瓦尔登最终消亡，
> 翁特瓦尔登永存于心。

在图恩湖出口附近，矗立着阿洛伊斯·冯·雷丁的纪念碑。与14世纪常胜英雄们的名字一样，阿洛伊斯·冯·雷丁的名字受到瑞士人的尊敬。

> 一条铺满砾石的小路，
> 环绕着郁郁葱葱的山峦。
> 我们找到一块许愿石，

---

① 布鲁曼平原，瑞士施维茨州卢塞恩湖畔的度假胜地，与对面的吕特利草地相连，因而此处的布鲁曼草原指吕特利草地。

> 上面刻着阿洛伊斯·冯·雷丁的名字。
> ……
> 在夏日的光辉中,
> 阳光照耀着许愿石,
> 阿洛伊斯·冯·雷丁长眠于此,
> 述说着悲惨的故事。

就这样,在短短的七十四天时间里,已有四百九十多年历史的旧瑞士邦联被法兰西第一共和国的强大力量摧毁。然而,瑞士的麻烦并未因《阿尔特条约》①的签订而消失。在随后被法兰西第一共和国占领的四年里②,瑞士人经受了无法想象的苦难。因为不满足于掠夺瑞士富裕城市的财富,法兰西第一共和国的军队将领们开始征收战争税③,并将许多杰出的瑞士公民作为人质送到法兰西第一共和国以换取赎金。瑞士百姓一贫如洗,他们的一切都被法兰西第一共和国军队夺走。一贫如洗的债务人根本无力偿还债务。在一天之内,仅一名驻扎在瑞士的法兰西第一共和国军队士兵便可以将一个瑞士贫民家庭一周维持生计的东西糟蹋掉。而法兰西第一共和国军队骑兵们甚至连瑞士人的最后一点残羹剩饭都不放过。瑞士百姓变得家徒四壁,花园也变成了荒地。无望的生活令人心力交瘁,甚至当法兰西第一共和国军队士兵因百姓们拒绝提供给养以刀相逼时,百姓们也已无心还击。

在瑞士,每天都充斥着关于暴力或谋杀的新闻。几天之内,在伯尔

---

① 《阿尔特条约》,1798年5月4日,在阿洛伊斯·冯·雷丁领导的反法斗争失败后,旧瑞士邦联投降。无奈之下,战败各州在瑞士施维茨州阿尔特签订《阿尔特条约》,加入拿破仑·波拿巴一手筹建的赫尔维蒂共和国。
② 拿破仑的军队于1798年占领瑞士全境,并建立赫尔维蒂共和国(1798—1803),后来瑞士人成功击败了境内法军,重获独立。
③ 战争税,主要是为了筹措战争经费。

尼和卢塞恩就有六人被杀。在苏黎世的一个小行政区里，有七人同时被杀。在瓦莱州，一百五十名可怜的克汀病者被所谓自由和平的支持者们当作无用的垃圾从世间除去。瑞士人多么想大声疾呼，多么希望从法兰西第一共和国这个野蛮朋友的手中挣脱出来。然而，那些最早奋起捍卫自由的瑞士各州，也最先遭到法兰西第一共和国的镇压。这种痛苦的感受很快尽人皆知。一位大议会议员惊呼道："与其享受这样的自由，不如在暴政下呻吟。"在一片令人绝望的黑暗中，旧瑞士邦联的1798年结束了。

1799年夏天，德意志诸国和法兰西第一共和国再次交战。当法兰西第一共和国在施托卡赫战败后，一支奥地利大公国军队向瑞士挺进。为了安全起见，原本设在卢塞恩的赫尔维蒂共和国政府转移到伯尔尼。而瑞士雇佣兵们则身处不同的军队中互相残杀。在施维茨州，山民们立即组织起来反抗法兰西第一共和国军队，并很快就将法兰西第一共和国军

施托卡赫战役

第 19 章 法兰西入侵与《调停决议》（1798 年—1803 年） | 315

队打得落花流水。乌里州和瓦莱州也闻风响应。法兰西第一共和国军队与奥地利大公国军队四处开战，从山谷打到山顶，受到惊扰的羚羊四散奔逃。德意志诸国军队先是占领了格劳宾登州，后来又丢掉了，最后和从欧洲和亚洲攻来的俄罗斯帝国盟友一起成功进入苏黎世，但形势发生了逆转。在苏黎世附近，法兰西第一共和国军队司令安德烈·马塞纳①以惨痛的代价消灭了一支俄罗斯帝国军队。这支军队的统帅是新近获封

安德烈·马塞纳

---

① 安德烈·马塞纳（1758—1817），法国大革命和拿破仑战争时期的一名军事指挥官，法兰西第一帝国时期拿破仑麾下十八位元帅之一。

亚历山大·瓦西里耶维奇·苏沃洛夫

为奥地利大公国元帅的亚历山大·瓦西里耶维奇·苏沃洛夫①。据说，亚历山大·瓦西里耶维奇·苏沃洛夫的战术可以用"前进"和"进攻"两个词来概括。虽然这种战术使他平步青云并一路升任要职，但亚历山大·瓦西里耶维奇·苏沃洛夫赖以为护身符的战术最终遭遇了失败。亚历山大·瓦西里耶维奇·苏沃洛夫眼睁睁地看着手下的两万名俄罗斯帝国士兵全军覆没。这场战争②的结果是，1800年7月，赫尔维蒂共和国完全接受了法兰西第一共和国于1795年颁布的新宪法③。

---

① 亚历山大·瓦西里耶维奇·苏沃洛夫（1730—1800），俄罗斯帝国军事领袖，也是俄罗斯帝国最后一任总司令。他被视为民族英雄。
② 指1793年至1797年的第一次反法同盟战争。
③ 新宪法，指法兰西1795年宪法，又称"共和三年宪法"，法兰西督政府时期的共和制宪法，于1795年8月22日由国民公会通过。该宪法使公民的政治自由受到限制。

内部变化接踵而至。伯尔尼立法委员会废黜了督政府①。几个月后，新成立的执行委员会解散了立法委员会。年终时，为进行必要的改革，伯尔尼城大张旗鼓地召开了一次以赫尔维蒂议会为名的大会。之后，一部分赫尔维蒂议会成员宣布解散赫尔维蒂议会。1801年10月，以曾经在罗滕图姆作战的阿洛伊斯·冯·雷丁将军为首的伯尔尼新政府宣告成立。但在仅持续了五个月之后，新政府和阿洛伊斯·冯·雷丁便遭到镇压。在整个瑞士，类似伯尔尼这样的变革不断发生。在过去的艰苦岁月中，饱经风霜的瑞士人只能以漠不关心的态度来忍受这些变革。

只有一次偶然爆发的叛乱曾试图打破瑞士人这种漠不关心的态度。叛乱发生在因法兰西第一共和国占领而苦大仇深的瓦莱州。然而，叛乱的目的也只是为了控制一条越过阿尔卑斯山脉进入意大利的道路。1802年3月27日，《亚眠和约》②签订后，法兰西人终于离开了瑞士。这个国家虽然又恢复了往日的活力，但不幸的是，瑞士人依然自私自利、软弱无能。瓦莱州宣布自己成为独立共和国，而苏黎世、巴塞尔和沙夫豪森宣布脱离中央政府。老三州武装起来公开反对赫尔维蒂共和国中央政府。阿尔高州后备军向伯尔尼挺进。为避开祸端，赫尔维蒂议会迁往洛桑并由赫尔维蒂军队一路沿途保护，以防不测。心怀不满的瑞士各州在施维茨州召开了集会，而且各方都做好了交战的准备。这时，拿破仑·波拿巴发话了，他要求赫尔维蒂共和国各方维持和平现状。于是，法兰西第一共和国军队再次兵临瑞士。1803年10月21日，瑞士人放下武器，并请求拿破仑·波拿巴居中调停。

在拿破仑·波拿巴的庇护下，莫衷一是的旧瑞士邦联各州代表齐聚

---

① 督政府，法国大革命中于1795年11月2日至1799年10月25日期间掌握法兰西最高政权的政府，前承国民公会，后启执政府。
② 《亚眠和约》，1802年3月，第二次反法联盟失败后，由大不列颠与爱尔兰联合王国与法兰西第一共和国签订的和约。

签订《亚眠和约》

巴黎共商治国大计。虽然代表们可以像孩子们参与家务一样自由讨论，但真正的决定权落在未来的法兰西第一帝国皇帝手中。拿破仑·波拿巴虽然满足了希望各州独立自治的大多数人的愿望，却忽视了保持理性自由、渴望瑞士统一的少数人的愿望。

1803年2月13日，拿破仑·波拿巴提出《调停法案》，并准备将其作为瑞士的基本法，同时彻底推翻了1798年建立的赫尔维蒂共和国。根据《调停法案》的规定，瑞士新邦联将由十九个州组成。各州实现自治，仅在年度各州全体议会之前讨论与新邦联有关的全部事务。

全体议会轮流在伯尔尼、苏黎世、卢塞恩、弗莱堡、巴塞尔和索洛图恩举行。六座城市每隔六年交替扮演首都或首府的角色。首府的最高行政长官将担任瑞士新邦联的督政官，并负责全面监管瑞士新邦联，同时担任外交部部长。

瑞士各州不能再拥有臣民，所有家庭也不能享有任何特权。所有瑞士人都享有平等的贸易和从业权利，并有权不受任何限制地在任何一州生活。瑞士的领土包括最初的十三个州，同时，格劳宾登州、阿尔高州、图尔高州、圣加仑州、沃州和提契诺州都成为享有平等权利的瑞士成员。提契诺州由原来的各意大利管辖区组成。除瓦尔泰利纳之外，格劳宾登州保有所有行省。瓦卢瓦①和日内瓦仍然属于法兰西第一共和国。纳沙泰尔则归普鲁士王国所有。

  在瑞士内部，欢呼雀跃的人们几乎毫无异议地通过了《调停法案》。苏黎世下属的几个小行政区虽然不愿接受《调停法案》，但很快便被苏黎世及其同盟者②镇压。瑞士各州开始着手改革，同时重新安排内部事务。然而，一些希望瑞士独立统一的人为瑞士人的不思进取感到悲哀。贵族家庭为失去的权力痛心疾首。各修道院则抱怨称自己原有的特权并未在《调停法案》中得到承认。但总体而言，瑞士的情况已经出现好转。瑞士人带着经历五年磨难后仍然留存的希望继续前行。

---

① 瓦卢瓦，法国历史悠久的地区之一。法兰西王国瓦卢瓦王朝即以其名字命名。
② 指其他瑞士天主教州。

第 20 章

新宪法

（1803 年—1830 年）

《调停法案》颁布之后的十年是和平与进步的十年，也是几个世纪以来前所未见的十年。瑞士人在1798年表现出的浩然之气，现在重新焕发出了活力。新闻行业实现了空前的自由。通过广泛传阅小册子和杂志，公众的无知被一扫而空。正如一句俗话所说，"比起索洛图恩和沙夫豪森，瑞士人可能更了解大特克岛[①]"。18世纪末，瑞士新闻媒体曾遭受到种种琐碎的限制。譬如，让瑞士人引以为荣的历史学家约翰内斯·冯·穆勒[②]就曾被迫以"波士顿"为笔名印书，并且给出版商取了个恰当的名字叫作"形同虚设"。

在新政权的统治下，瑞士的农业和工业开始复兴；各州的学校不仅在数量上有所增加，而且在质量上也有所提高；军事力量依然是重中之重，在一个小时之内，大批瑞士军队可以奔赴战场，捍卫边疆。而为施维茨州戈尔道村大滑坡中的遇难者家属提供帮助的举动，体现出瑞士人公而无私和同甘共苦的新人文精神。与暴风雪、雪崩甚至洪水相比，山体滑坡带来的巨大破坏更让瑞士人感到恐惧。掩埋戈尔道村的石块是一种被当地村民们称为"砾岩"的砾石。1806年9月2日晚，大量泥砾岩

---
① 大特克岛，英国海外领地特克斯和凯科斯群岛的岛屿，位于加勒比海。
② 约翰内斯·冯·穆勒（1752—1809），瑞士学者和政府官员，18世纪瑞士最重要的历史学家。

以雷霆万钧之势从罗斯伯格砸下山谷。砾岩坠落的轰鸣声一直传到苏黎世。转瞬之间，戈尔道村和另外四个村庄就消失得无影无踪。之前，这里的褐色小屋掩映在果树间，呈现出一派繁荣景象。五百名当地村民不幸丧生。他们曾以举止纯朴、言谈亲切享誉瑞士。

> 我所爱的人葬身山脚下！
> 村庄翻覆，红杉树倒，
> 在狂风中战栗，
> 地动山摇！
> 山峦移位，
> 磐石尽落，深壑显现，
> 在荒芜和毁灭中，
> 隐秘的大山再无遮拦，
> 山石裸露，
> 以荒凉嗤笑苍穹。

在戈尔道村附近，人们披荆斩棘，开垦出数百英亩的土地以弥补戈尔道村和另外四个村庄蒙受的损失。此外，人们还筹集资金排干了瓦伦湖。饥饿、瘟疫和贫困从此一去不复返。苏黎世附近的林特运河是展现这一时期人类改造自然的又一座不朽丰碑。过去的许多年里，生活在林特河两岸的居民一直忍受着因河水不断上涨而带来的痛苦。林特河水不断漫过河岸，进而漫过山谷。这片山谷曾是一片富饶的牧场，如今却变成了一片乌烟瘴气的沼泽。许多小池塘的水因常年缺乏流动，渐渐变成死水并产生毒性。苏黎世的汉斯·康拉德·埃舍尔承担了林特运河的修建工作。他将林特河水引入瓦伦湖，以使其不再流出山谷。随着沼泽干涸，林特河地区恢复了繁荣安定。汉斯·康拉德·埃舍尔的丰功伟业得到了瑞士同胞们的充分肯定。为纪念汉斯·康拉德·埃舍尔修建林特运河，瑞士人授予汉斯·康拉德·埃舍尔及其子孙后代"冯·德·林特"的称号。类似林特运河一样的进步使长期遭受法兰西人毁坏的家园日渐繁荣。瑞士人可能已经忘记，作为一个国家，瑞士的生死存亡曾掌握在拿破仑·波拿巴的手中并受尽摆布。当然，除了法兰西第一共和国，其他国家也是如此：

拿破仑·波拿巴像暴君一样统御各国，
却从未像奴隶主一样统治人民，
人人都赞颂拿破仑·波拿巴。
——伊丽莎白·芭蕾特·布朗宁①

瑞士各州继续保有一支一万六千人的军队。这支军队曾是各州提供给法兰西第一帝国，由该国政府支付酬劳的雇佣兵。瓦莱州也曾为拿破仑·波拿巴的伟大事业——辛普朗山口驿道的修建做出了贡献。

拿破仑·波拿巴在云端为上帝开辟道路，
在冰雪覆盖的阿尔卑斯山顶上，
引导路人的脚步。

1797年，身处米兰的拿破仑·波拿巴第一次产生了在辛普朗山口修建驿道的想法。不久，在奥古斯丁·德·贝当古②的指挥下，一千名法兰西第一共和国士兵经由辛普朗山口越过崇山峻岭。当队伍行进到伊塞

---

① 伊丽莎白·芭蕾特·布朗宁（1806—1861），英国维多利亚时代最杰出的诗人之一。
② 奥古斯丁·德·贝当古（1758—1824），杰出的西班牙工程师，曾在西班牙、法兰西和俄罗斯工作，工作领域涉及蒸汽机、结构工程和城市规划。

拉①时，士兵们发现长桥已经被雪崩冲垮，只能设法借助绳索穿过峡谷。在奥古斯丁·德·贝当古的带领下，士兵们进入意大利境内。从1801年开始，在不到五年的时间里，修建辛普朗山口驿道的浩大工程便宣告完工。修筑辛普朗山口的工程耗资一千八百万法郎。为资助辛普朗山口驿道的修建，法兰西第一共和国和意大利王国每月都会提供十万法郎。在辛普朗山口，有二十二座大桥和横跨各处峡谷与水路的众多小桥，以及从几百英尺高的悬崖峭壁上凿出的长长廊道。除提供避难所之外，整个驿道沿路还建有房屋。在遇到危险时，旅行者可以到这些房屋中躲避。为了驿道的修建，伟大的设计师殚精竭虑。作为设计师鬼斧神工般技艺的证明，辛普朗山口驿道称得上是一座永久的丰碑。

拿破仑·波拿巴东征俄罗斯帝国功亏一篑后，又在莱比锡战役中失利，被迫横渡莱茵河。追击拿破仑·波拿巴的反法同盟军逼近瑞士边境，奥地利大公国军队则经由阿尔高州、巴塞尔州和伯尔尼州，进入法兰西第一帝国。伯尔尼当即利用奥地利大公国军队过境一事，在公众中间制造恐惧情绪。伯尔尼不仅宣布《调停法案》无效，而且重申自己对沃州和阿尔高州的权力。其他大城市也收回了旧有属地。1814年4月，苏黎世召开会议并庄严宣布放弃拿破仑·波拿巴的《调停法案》，同时为由十九个州组成的瑞士邦联的成立奠定了基础。一时间，所有邦联州都要求恢复旧有权力，并且希望各州人民权利平等。

与此同时，卢塞恩州、弗里堡州和索洛图恩州发生了大大小小的骚乱和叛乱。为防止发生内战，瑞士军队被迫进入提契诺州，同时派兵进驻圣加仑州，因为圣加仑修道院院长正在极力破坏圣加仑州的和平。在种种风暴和逆流中，苏黎世州、巴塞尔州和沙夫豪森州似乎还坚守着正义，沃州和阿尔高州也因捍卫自由的坚定决心而倍受人们尊重。尽管局

---

① 伊塞拉，现称莫利诺·伊塞拉，位于意大利伦巴第大区帕维亚省，距意大利首都罗马约四百七十三千米。

莱比锡战役

势如此混乱，各州也不得不派代表出席维也纳会议①，并请求该会议帮助瑞士恢复秩序。出席维也纳会议的还包括一直心向瑞士的瓦莱州、日内瓦州和纳沙泰尔州的代表。1815年，瓦莱州、日内瓦州和纳沙泰尔州终于如愿地成为瑞士的实际成员。

1815年3月26日，欧洲各国对瑞士问题进行了仲裁。一方面，欧洲各国承认由二十二个州组成的瑞士的独立地位，尽力调和瑞士提出的种种自相矛盾的要求，恢复瑞士领土，并给予金钱赔偿。另一方面，欧洲各国还做出了安排——瑞士应逐步清偿欠下的三百五十万法郎的债务。瑞士接受了欧洲各国的仲裁，但前提是欧洲各国必须保证在今后的所有战争中都应尊重瑞士的永久中立地位。

尽管维也纳会议的决议为瑞士的建立奠定了基础，但在接下来的十五年里，瑞士的自由也受到了欧洲各国干预的不良影响。虽然内战暂时停止，但因为瑞士是在欧洲各国的斡旋下才建立的，其后患很快便显现出来。随着罗马天主教会影响力的恢复，人们的思想自由、言论自由和写作自由再次受到压制。在法国大革命后期，以维护君主政体为宗旨的神圣同盟②成立。由于神圣同盟要求进行新闻管制，瑞士各州政府便亦步亦趋。新闻管制虽然有利于恢复贵族家庭的权力，但在新闻管制下的平民噤若寒蝉。尽管为了维护法兰西第一帝国皇帝、荷兰联合王国国王和那不勒斯王国国王的利益，瑞士雇佣军四处作战，但瑞士政府在国内制定了法律，禁止人们支持他国政治难民。与此同时，各修道院不断申明自己的主张，恢复了许多失去的权力。在瓦莱州和弗里堡州，耶稣会会士们孜孜不倦地传道和教导儿童。在瑞士大大小小的男女修道院中，

---

① 维也纳会议，1814年至1815年举行的欧洲会议，旨在处理拿破仑·波拿巴战争后遗留的领土问题。
② 神圣同盟，1815年9月，拿破仑·波拿巴彻底战败后，由奥地利大公国、俄罗斯帝国和普鲁士王国结成的同盟，目的是维护君主政体，反对法国大革命在欧洲传播革命理想。

有五十九座已经得到维也纳会议的承认。在没有其他州反对的情况下，施维茨州的赖兴堡再次由艾因西德伦修道院统治。

瑞士各州之间的会谈之所以引人注目，只是因为会议中各州之间的吵闹与锱铢必较的市侩小民并无二致。然而，没有任何州的代表为了公共利益做出让步。各州虽然大谈特谈自由贸易、统一货币和废除通行费的种种好处，但并未取得任何实际成效。相反，公民们却不得不忍受赋税、兵役和徭役的重负及公共开支的巨大浪费。此时的瑞士，似乎一切都回到了1798年以前的状态。

庆幸的是，黑暗背后总有黎明的曙光，仍然有一些微弱的迹象表明，美好的未来即将到来。譬如，在图恩城建立一所联邦军事学校便完全是为了公共利益采取的措施。一些州的人们仍然在组建科学社团。在瑞士衰落时期，由慈善家巴塞尔的伊瑟林[①]和一些志趣相投的人成立的赫尔维蒂学会[②]依然在正常运转。赫尔维蒂学会旨在传播知识和爱国主义精神。虽然心胸狭隘的瑞士各州政府怀疑赫尔维蒂学会心存恶意，但每年仍有许许多多的优秀、开明人士不断加入。还有一种进步的表现是联邦射击比赛。来自瑞士各地的年轻人聚集在一起，在友好的比赛中，学习和尊重彼此的技能和勇气。更妙的是每年在古战场上举行的年度集会。在19世纪的瑞士，古战场上的年度集会令人们对先辈们的忠贞不渝记忆犹新。圣哥达山口驿道的修筑也体现了这一时期的公益精神。1820年，圣哥达山口驿道由乌里州和提契诺州开始修建，历时十年完工。

圣哥达山口的历史充斥着灾难和死亡。直到19世纪末，每年仍有数

[①] 巴塞尔的伊瑟林，指伊萨克·伊瑟林（1728—1782），瑞士历史和政治哲学家，曾在巴塞尔大学和哥廷根大学学习法律和哲学，1756年成为巴塞尔政府秘书，是瑞士赫尔维蒂学会的联合创始人之一。

[②] 赫尔维蒂学会，瑞士爱国主义学会，也是瑞士第一个改革性质的学会。1762年5月15日，旧瑞士邦联哲学家伊萨克·伊瑟林、诗人所罗门·盖斯纳和其他二十人共同建立了赫尔维蒂学会。1798年，该学会随着赫尔维蒂共和国的成立而解体。

参加维也纳会议的各国代表

维也纳会议现场

人在圣哥达山口失踪。早前，圣哥达山口经常会发生严重事故。1478年，六十名瑞士士兵曾葬身圣哥达山口。1624年，三百人在雪崩中被掩埋。1816年，同样因为遭遇雪崩，一列长途列车在圣哥达山口消失。但现在，从提契诺州的艾罗洛到乌里州的乌塞伦，人们只需要乘坐五个小时的火车便可到达。此外，不仅圣哥达山口沿途建有许多避难所，来往的人们可以到这些避难所中暂避一时，而且圣哥达山顶上也有一座现代化的宏伟旅店。14世纪时，神父普拉西多·斯派克就曾描写过圣哥达山口，他还引用了迪森蒂斯镇的记录，以佐证圣哥达山下早在1300年时便建有一处避难所。1431年，一位教士受命前往巴塞尔侍奉赶往巴塞尔议会的教会神父。14世纪末，迪森蒂斯修道院院长又在圣哥达山顶修建了一处避难所和一座礼拜堂。查尔斯·博罗梅奥在临终前也准备在圣哥达山顶建造一座房屋。1683年，一座方济各会收容所建成。但在后来，这座收容所两次被毁，一次毁于雪崩，另一次则被驻扎在圣哥达山口的法兰西王国军队摧毁。法兰西王国的士兵不仅拆毁了这座收容所，还将建筑材料拿来当柴烧。

　　当然，这只是和平时期的圣哥达山口。然而在历史上，乌里州军队与瑞士军队曾经过圣哥达山口，前去镇压莱文蒂纳人的叛乱。圣哥达山口也曾是法兰西第一帝国、奥地利大公国和俄罗斯帝国之间进行惨烈战役的战场。在特雷莫拉山谷上端的花岗岩上，镌刻着"亚历山大·瓦西里耶维奇·苏沃洛夫得胜于此"字样的碑文。通过这句碑文，人们便可以看出这场战争的结果。直到1830年，由乌里州和提契诺州共同修建的圣哥达山口驿道才宣告完工。从此，圣哥达山口的上坡路段不再像以往那样危险重重：

　　　　照亮远方，
　　　　重恋叠嶂引人注目，
　　　　峰回路转百折千回。

魔鬼桥

在圣哥达山口驿道上的几座桥中,有一座桥已经使用了很长时间。直到19世纪,这座桥仍旧以"魔鬼桥"[①]命名。

  只有此桥

  可以横跨这狂野的深渊。

---

① 魔鬼桥,瑞士乌里州肖伦嫩峡谷上的一座桥。桥下为罗伊斯河,通往圣哥达山口。名字来源于当地一个古老的传说,传为魔鬼所建。

其他木桥石桥,
都被魔鬼摧毁。
艾恩西德尔的吉拉尔德斯[①]院长,
为前往罗马的朝圣者,
造了这座单拱桥。
魔鬼桥下,
河水湍急白浪翻滚,
奔流不息。
魔鬼答应让它继续存在,
但条件是,
第一个从桥上走过的生灵,
需要献祭自己的灵魂,
失去了便无可挽回。
桥终于造好,
院长站在桥头,
朝另一头丢过去一条面包。
一只饿狗追了上去,
岩石上回荡着阵阵笑声,
魔鬼就这样被打败。

——亨利·沃兹沃思·朗费罗[②]《魔鬼桥》

[①] 吉拉尔德斯,指吉拉尔德斯·坎布伦西斯(1146—1223),英国大主教兼历史学家,作为国王和两位大主教的御用书记员,他游历广泛,写作丰富,曾在法兰西学习和教学,并曾多次访问罗马,拜见教皇。
[②] 亨利·沃兹沃思·朗费罗(1807—1882),美国诗人、教育家,是第一个翻译但丁《神曲》的美国人,也是五位"炉边诗人"之一。

法兰西王国国王查理十世

　　1830年7月，经过三天巷战，巴黎人民将法兰西王国国王查理十世[①]废黜。比利时和波兰王国随即爆发叛乱。德意志邦联和撒丁王国也起义迭起。随着神圣同盟成员国自顾不暇，自由主义浪潮逐渐蔓延到了瑞士。瑞士各地的人们要求由他们推选出的代表修改宪法。虽然各州政府试图拖延修宪进程，但这种拖延是徒劳的。瑞士人已经彻底觉醒，

---

① 查理十世（1757—1836），1824年至1830年任法兰西王国国王。1814年波旁王朝复辟后，查理十世成为极端保皇派的领袖，主张神权统治，后在1830年"七月革命"中退位。

因此，修宪工作进展迅速。到1830年年末，几乎每个州都在召开修宪会议。本着温和渐进的改革精神，瑞士拟订了新宪法。到1831年年初，已经有十一个州接受了新宪法。根据不同的宗教信仰，这十一个州几乎被一分为二。这十一个州分别是信仰新教的沃州、伯尔尼州、苏黎世州和沙夫豪森州，信仰天主教的卢塞恩州、弗里堡州、索洛图恩州和提契诺州，以及同时信仰新教和天主教的阿尔高州、图尔高州和圣加仑州。然而，施维茨州却坚决抵制新宪法，同时对请愿书和谈判代表，甚至对整个瑞士的调停一概采取漠视的态度。在所谓的"自由之地"，即人烟稀少的内施维茨州①，首领们顽固不化。即使在罗马教皇全盛时期，也没有哪位罗马教皇敢对内施维茨州的首领们恶语相向。最后，位于外施维茨州的艾因西德伦、屈斯纳赫特和普费菲孔决定效仿阿彭策尔州，实现各自独立并组成新同盟，但未能成功。这一问题只能留待日后解决。

与此同时，纳沙泰尔州也发生了动乱，并由此引发流血冲突。1707年之前，纳沙泰尔州隶属于哈布斯堡王朝，并且在几个世纪以来一直与瑞士的几个城市礼尚往来。1707年之后，纳沙泰尔州成为普鲁士王国的一个行省。虽然普鲁士王国国王腓特烈·威廉一世②对纳沙泰尔人的统治公正而仁慈，但纳沙泰尔人一直心向瑞士。1815年，纳沙泰尔州加入瑞士。③1831年之后，食髓知味的纳沙泰尔人想彻底摆脱普鲁士王国的统治。1831年9月12日，几百名武装分子以暴力手段占领了纳沙泰尔城堡，但胜利只维持了两个星期。最终，普鲁士王国军队将暴动分子逐出了纳沙泰尔城堡。1831年12月，一小队纳沙泰尔人再次发动起义，遭政府部队驱散，损失惨重。第一次起义被镇压后，所有有罪的人都得到了赦

---

① 内施维茨州，1831年至1833年，施维茨州分为内施维茨州和外施维茨州两个半州。
② 腓特烈·威廉一世（1688—1740），被称为"军曹国王"，曾任普鲁士王国国王、勃兰登堡选侯和纳沙泰尔亲王。其子腓特烈大帝继承了他的王位。
③ 瓦莱州、纳沙泰尔州及日内瓦州于1815年加入瑞士邦联。

普鲁士王国国王腓特烈·威廉一世

免。但这一次，所有有罪的人都受到了惩罚。此外，还有很多无辜人士连带遭殃。这一次不成熟的起义导致的结果是，直到1848年，纳沙泰尔州才迎来独立。

第 21 章

巴塞尔州分裂及瑞士与法兰西的争端

（1831 年—1836 年）

  与此同时，巴塞尔州也发生了严重动乱。历时两年多的动乱最终导致了巴塞尔州的永久分裂。巴塞尔州的分裂既非如上、下瓦尔登州一样因为天堑①一分为二，也非如内、外阿彭策尔州因为深刻的宗教分歧割裂开来。巴塞尔州的分裂仅仅是因为巴塞尔市市民的背信弃义。当时，巴塞尔人也效仿其他各州修改宪法。几乎全部由市民代表组成的巴塞尔市大议会起草了一份宪法。这份宪法重申了1815年维也纳会议授予巴塞尔市的各项不公平特权。因此，巴塞尔市大议会背道而驰的修宪行为自然不能为农民所接受。在提出抗议后，遭到巴塞尔市民代表冷嘲热讽的农民代表只能离开议会厅。巴塞尔市市民的背信弃义令农民心灰意冷。

  所有乡村地区的人们都变得怒不可遏。农民们发动起义，并在利斯塔尔建立了独立政府。拿破仑·波拿巴曾将弹丸之地利斯塔尔称为"咎瓦尤斯之剑②"，彰显了此地的险要。1792年，拿破仑·波拿巴在利斯塔尔树立起第一面自由的旗帜。巴塞尔州政府派出部队镇压革命者。因此，革命者也受到了最严厉的惩罚，许多革命者被绳捆索绑，并在暴民的辱骂声中游街示众。邻近各州人民对巴塞尔革命者充满了同情。接

---

① 天堑，指天然分界线皮拉图斯山。
② 咎瓦尤斯之剑，又称查理曼大帝之剑。

着，巴塞尔州政府变本加厉，不仅在心存不满的乡村地区采取强制手段推行新宪法，还加强了防御工事和要塞。进城做生意的农民遭到骚扰和侮辱，农民的邮件也遭到破坏，巴塞尔州政府的种种狭隘暴行渐渐将农民逼向叛乱。为恢复秩序，巴塞尔州政府派军攻打利斯塔尔，但遭到了农民军的顽强抵抗，最终战败回城。瑞士政府对巴塞尔州政府的顽固感到愤怒，于是派出军队维和，而巴塞尔州政府对瑞士政府的干涉恼怒不已。巴塞尔州政府对瑞士政府提出抗议，同时不顾瑞士政府的抗议，史无前例地将四十五个乡村行政区从巴塞尔州驱逐出去。

巴塞尔州政府再一次派军队攻击农民军，结果又一次被愤怒的农民军击退。瑞士议会再次介入。然而，巴塞尔州政府却让瑞士议会派出的调解人吃了闭门羹。最后，虽然瑞士议会在卢塞恩召开会议，但一切和解都于事无补。瑞士议会不得不郑重宣布将巴塞尔州一分为二，巴塞尔城市州由巴塞尔市及其在动乱中占领的十二个村庄组成；巴塞尔乡村州则由五十三个乡村构成。它们不仅是瑞士承认的半州，还同时与其他瑞士成员州享有平等的权利和地位。

新的问题随之出现——瑞士如何保障新宪法的实施。瑞士各州虽然已经接受了新宪法，但仍然需要获得瑞士政府的保障才能明确实施。然而，贵族政党几乎在瑞士所有州仍具有举足轻重的影响。贵族政党既拒绝接受新宪法，也拒绝承认巴塞尔州的分裂。在这种危急情势下，七个州——苏黎世州、伯尔尼州、卢塞恩州、索洛图恩州、圣加仑州、阿尔高州和图尔高州——同意互相支持各自的宪法，直到获得瑞士中央政府的保障为止。为反对七个州的这一运动，伯尔尼贵族首领秘密搜集武器，并招募士兵，妄图以武力推翻伯尔尼州刚刚通过的新宪法，但贵族们的阴谋被揭发。瑞士各地人民终于认清了事实——贵族政党绝不会允许人民获得自由。

与此同时，深感势单力薄的巴塞尔城市州认为无力单独对付瑞士中央政府，于是便向乌里州、施维茨州、翁特瓦尔登州、瓦莱州和纳沙泰尔州求助。1832年11月，除瓦莱州之外，所有州在上瓦尔登州尼古拉·冯·弗鲁去世之地附近的萨尔嫩举行了集会。瑞士各州忘记了老圣人尼古拉·冯·弗鲁曾经的规劝，执意维持1815年维也纳会议精神，拒绝承认巴塞尔乡村州。正如油盐不进的人一样，这几个顽固保守的邦联州虽然明知形势对自己不利，却仍然无视所有现实，心存侥幸，妄图唤醒十七年前的"幽灵"[①]。

1833年3月，瑞士中央政府在苏黎世召开全体会议。"萨尔嫩同盟"[②]的代表们却脸色阴沉，无动于衷。他们转而在施维茨州私下会面，谴责全体会议为非法集会，同时表示拒不服从全体会议的决议。但瑞士全体会议仍然希望友好地解决问题，并同意于1833年8月5日进行调解，但条件是双方代表均应出席。"萨尔嫩同盟"虽然表面同意，但在私下里又提前展开敌对行动。1833年7月30日夜间，一支六百人的军队从施维茨州内城出发，攻占了屈斯纳赫特，并抓获了一些俘虏。正当施维茨州军队打算占领其他地区时，从卢塞恩赶来的一支一千人的军队将施维茨州军队赶了回去。1833年7月31日，听说了这件事之后，瑞士全体会议成员终于意识到多说无益，于是派出二十个营的兵力攻占了施维茨。不过，这支军队在得到命令之前便已经开始进军。施维茨州虽然派出了一支一千六百人的军队并配备了十二门大炮，但在奥尔利的橡树林中遭到伏击，并且伤亡五分之一。最终，施维茨州军队自食苦果，伤亡惨重。瑞士全体会议的积极措施也加速了施维茨州政府的俯首投降。1833年8月10日，瑞士军队进入巴塞尔。与此同时，"萨尔嫩同盟"宣告解散。和平再次降临。

---

① 指维也纳会议。
② 萨尔嫩同盟，指上述七个州，即苏黎世州、伯尔尼州、卢塞恩州、索洛图恩州、圣加仑州、阿尔高州和图尔高州。

一方面，巴塞尔城市州和巴塞尔乡村州之间的争端仍然有待解决。瑞士全体会议再次确认了巴塞尔的划分方案，确定了各个半州的公共财产份额和各自应当承担的占用费用。另一方面，施维茨州人民再次团结一致地制定了新宪法，并保证所有行政区获得平等地位。瑞士军队的良好表现得到了人们的一致赞誉。1833年10月16日，自始至终都公正无私的瑞士全体会议宣告解散。

巴塞尔州虽然解体了，但造成它分裂的原因发人深省，并一直令瑞士各州引以为戒。在接下来的几年里，瑞士各州锐意进取，从而将陈规陋习一扫而空。上至科学机构，下至普通的乡村学校，瑞士各州的教育部门都在积极开展教育工作。在不断的训练和射击比赛中，瑞士人的体魄和勇气得到了磨炼。瑞士议会也在一心一意地改进瑞士军队装备。

从1830年到1836年，因为屡次不分国籍地接纳难民，瑞士与其他国家之间的关系变得紧张起来。除外交陷入困境之外，接纳难民也给瑞士带来了沉重的负担。1833年，在试图独立失败之后，为逃离俄罗斯帝国的魔掌，五百名波兰人逃到了伯尔尼。外来人口的涌入令伯尔尼不堪重负，深受其害。但由于其他各州都拒绝接纳这些外来人口，因此这些波兰人便一直在伯尔尼赖着不走。与此同时，伯尔尼还生活着比波兰人更令人无法忍受的其他外国人。这些生活在伯尔尼的外国人利用东道主的仁慈，并将这种仁慈视为一种保护，集中力量谋划革命，甚至弑君。1834年，部分意大利流亡者策划了一场阴谋，目的是摧毁萨伏依地区的君主制。意大利流亡者宣称意大利人极度渴望废黜国王，同时说服了一些百无聊赖的德意志人和波兰人参与这一阴谋。参与整个阴谋的人都以颇具名望的波兰将军吉罗拉莫·拉莫里诺[①]为首。

---

① 吉罗拉莫·拉莫里诺（1792—1849），出生于意大利北部的热那亚。拿破仑战争期间，曾在俄罗斯帝国作战，后来参加了1821年意大利皮埃蒙特起义。1834年，他曾帮助波兰叛乱分子发动起义。

吉罗拉莫·拉莫里诺

1834年1月,化整为零的阴谋者们来到莱芒湖畔。他们分批抵达的原因首先是为了躲避监视,其次是为了拿到隐藏的武器。很快,阴谋者的真正意图暴露出来。虽然沃州和日内瓦州都出动军队阻止阴谋者进入意大利萨伏依地区,同时在日内瓦街道上抓获了部分掉队的阴谋者,但这些掉队的阴谋者又立即被一群暴徒救出。阴谋者主力继续前进,并成功地越过了卡鲁日附近的边界。

阴谋者们就地解除了几个萨伏依公国海关官员的武装,拿走了一些公款,并四处发表演说以号召人民摆脱暴君的统治。阴谋者们原本以为立刻会有成千上万不满的萨伏依人响应,结果他们的期望落空了——没有人加入他们的队伍。人们只是一味旁观,对所谓的"恩人"视若无睹。不久，消息传来，一支意大利王室军队正从尚贝里出发，并急行军前往萨伏依。这些垂头丧气的阴谋者并没有坐以待毙，而是效仿将军吉罗拉莫·拉莫里诺仓皇逃命。1834年2月2日，阴谋者们全部逃回了日内瓦。日内瓦当局逮捕了参与阴谋的波兰人，并且将其他参与者遣返回家。

贵族政党仍在为1833年的失败痛心疾首，大声抨击自由派人士，并指责其在背后支持这场阴谋。因此，当欧洲各国宣布准备让瑞士对萨伏依事件负责时，贵族政党欢呼雀跃起来。撒丁王国第一个出声抱怨，奥地利帝国紧随其后，双方都要求瑞士将所有政治难民驱逐出瑞士领土。很快，德意志邦联、普鲁士王国、那不勒斯王国，甚至连俄罗斯帝国都发出了类似的要求。在这场即将来临的风暴中，瑞士岿然不动。作为首府州的苏黎世代表瑞士答复外国大使称，苏黎世已征得瑞士各州同意，决定对有罪的外国难民处以流放。然而，这一答复并不能使专横的欧洲各国满意，于是，欧洲各国再次发出信函。欧洲各国的信函雨点般砸向苏黎世。不久，欧洲各国便封锁了与瑞士的商业往来，并派军队驻扎在苏黎世边境。此时，法兰西王国国王路易·腓力一世①表态，允许波兰人回到法兰西王国。瑞士终于摆脱了这些麻烦的"客人"。与此同时，许多其他国家的流亡者也离开了瑞士。在苏黎世向欧洲各国承诺今后对外国难民将保持缄默态度之后，瑞士才避免了一场灭顶之灾。

然而，部分瑞士人却诬蔑苏黎世的行为是懦夫行径，并要求裁撤当事大使。在议会发言中，伯尔尼和卢塞恩代表尤其咄咄逼人。一方面，自由派人士认为只有伯尔尼才能当之无愧地担任首府州，做瑞士荣誉的守护者。另一方面，保守党派则认为伯尔尼人语言鲁莽，无可救药。不久，伯尔尼州再次出事。这次事件几乎令所有麻烦卷土重来。

---

① 路易·腓力一世（1773—1850），法兰西奥尔良王朝唯一的君主。1789年法国大革命爆发，路易·腓力一世参加支持革命政府的进步贵族团体。1830年七月革命后，路易·腓力一世被资产阶级自由派等拥上王位。

法兰西王国国王路易·腓力一世

　　1834年6月月末，在伯尔尼附近的一处温泉疗养地，一些德意志工人升起黑黄相间的德意志邦联旗帜来为德意志邦联举杯痛饮。工人们的这一行为被大肆渲染。一些外国使节认为这是反对欧洲王权的阴谋，并纷纷要求伯尔尼予以惩处。伯尔尼本着共和精神回答道："对我们而言，言论自由不是犯罪。既无罪，则不罚。"因此，德意志邦联使节全部离开伯尔尼市，并与伯尔尼州断交。出于对本国人民的保护，德意志邦联政府不仅禁止本国技工在伯尔尼甚至瑞士学习技艺，而且严禁本国年轻人在苏黎世或伯尔尼的所有新兴大学里学习拉丁语或数学。1835年，伯尔尼再次轮替成为瑞士的首府州。时来运转的伯尔尼也开始改变策略。伯尔尼虽然依旧恪守原则，但言辞有所缓和。最后，1835年6月，一向得寸进尺的法兰西王国大使邦贝尔伯爵查理-勒内回到了位于伯尔尼的寓所。

1836年，种种迹象表明，一场风暴正在瑞士的好邻居——法兰西王国国内酝酿。在即位的最初几年里，法兰西王国国王路易·腓力一世对

邦贝尔伯爵查理-勒内

曾在1792年庇护过他的瑞士表现得非常友好。1792年，路易·腓力一世刚刚逃离法兰西王国。为求自保，他不得不改名换姓，四处寻求庇护。1792年10月的一天晚上，路易·腓力一世来到赖歇瑙的一个小村庄里，然后敲了敲校舍的门，他自称"沙博·拉图尔"。在一番考查之后，人们发现这个陌生人虽然来路不明、身无分文，但多才多艺——不仅精通地理和数学，还会说英语，同时带着一口纯正的法兰西口音。路易·腓力一世立即得到了年薪一千五百法郎的赖歇瑙学校副校长的职位。没有人怀疑这个和善的陌生人，路易·腓力一世也一直保守着秘密。直到有一天，路易·腓力一世在一家小客栈里拿起一张报纸，一读之下便哭了起来。报纸上刊登着路易·腓力一世父亲奥尔良公爵路易·腓力二世[①]被处决的消

奥尔良公爵路易·腓力二世被押赴刑场处决

---

① 奥尔良公爵路易·腓力二世（1747—1793），法兰西王国国王路易·腓力一世之父。

息。从那时起，在试图与奥地利帝国建立友好关系的过程中，随着寒来暑往时过境迁，路易·腓力一世对瑞士的情感逐渐冷却。路易·腓力一世非但忘了他曾是政治流亡者的事实，反倒开始怀疑起那些现在受瑞士庇护的各国流亡者。

其中许多曾参与萨伏依动乱的流亡者已经返回瑞士国内，并开始组建政治团体。流亡者们以"青年德意志①"和"青年意大利②"为后盾，很快便制订了入侵巴登大公国③的计划。瑞士决定驱逐这些流亡者，并且

巴登大公国的盾形徽章

① 青年德意志，由一群德意志作家于1830年至1850年结成的组织，本质上为宣扬一种青年意识形态。
② 青年意大利，意大利青年政治运动，由朱塞佩·马志尼于1831年发起。
③ 巴登大公国，莱茵河东岸曾经存在的一个大公国，存在时间为1806年至1918年。1803年，巴登升为选侯国，1806年升为大公国，1871年加入德意志帝国。

蒙特贝洛公爵路易·拿破仑·兰尼斯

像以前一样要求法兰西王国提供自由通行权。在此期间，法兰西王国大使蒙特贝洛公爵路易·拿破仑·兰尼斯①对瑞士及其总统卡尔·弗里德里希·常安尔②进行言语侮辱，极尽威胁。蒙特贝洛公爵路易·拿破仑·兰尼斯的这一行为引起了瑞士的愤慨。瑞士各州也纷纷抗议。只有"萨尔嫩同盟"成员州为有机会一雪前耻而感到窃喜不已，并且主动投票赞成卑躬屈膝地服从法兰西王国提出的一切要求。与此同时，人们发现蒙特贝洛公爵路易·拿破仑·兰尼斯暗中雇用了自己曾公开谴责过的孔塞伊充当间谍。蒙特贝洛公爵路易·拿破仑·兰尼斯的两面三刀促使瑞士向法兰西王国政府提出申诉。作为回应，法兰西王国政府对蒙特贝洛公爵

---

① 路易·拿破仑·兰尼斯（1801—1874），蒙特贝洛公爵，法兰西外交家、政治家。1836年，蒙特贝洛公爵路易·拿破仑·兰尼斯被任命为法兰西王国驻瑞士大使。
② 卡尔·弗里德里希·常安尔，1836年任瑞士总统，曾试图与奥地利帝国结盟。

路易·拿破仑·兰尼斯姑息纵容，终止了法兰西王国在瑞士边境的一切贸易，甚至断绝了与瑞士的通信往来。巴塞尔到日内瓦的通信也被切断。瑞士临危不惧地经受住了考验。在瑞士的许多州，人民自发投票反对与法兰西王国的任何来往。连得知真相的法兰西人都对本国政府的不公正行为和由此造成的诸多不便抱怨不已。法兰西王国政府不得不反思错误，解除了对瑞士持续了六个星期的封锁。暴跳如雷的蒙特贝洛公爵路易·拿破仑·兰尼斯也恢复了理智，于1836年冬天举行了盛大的招待会并向伯尔尼市伸出了"橄榄枝"。

第 22 章

新的宗教争端

（1837 年—1841 年）

刚与法兰西王国搁置争议不久，瑞士又因宗教争端与法兰西王国产生了冲突。自拿破仑·波拿巴下台后，罗马教廷便制订了重新将瑞士纳入罗马天主教廷的计划，并且想要使瑞士成为未来教会在阿尔卑斯山脉地区进行宗教活动的基地。1814年，罗马教廷大使法布里齐奥·塞贝拉斯·泰斯塔费拉塔[①]回到卢塞恩重操旧业并重建了瑞士的教会政体[②]，并把旧主教区拆分成几个较小的教区。人们热切希望任命一位瑞士人担任大主教[③]，但主教区依然在罗马教廷大使法布里齐奥·塞贝拉斯·泰斯塔费拉塔的统治下。当时，教会主要是为了影响市政选举和乡村政府，以及巧妙地运用自由党派手中的力量转而对付自由党派。

以牧师为领袖的天主教民众联盟开始步入正轨。以施维茨为中心的耶稣会会士们负责组织民众联盟活动，同时通过对外宣传，获得大量资

---

① 法布里齐奥·塞贝拉斯·泰斯塔费拉塔（1757—1843），马耳他人，罗马天主教会主教和枢机主教，曾任罗马教廷驻瑞士卢塞恩教廷大使。
② 教会政体，是一个教会或一个基督教教派的运作和治理结构。它也表示教会的部长结构和教会之间的权威关系。
③ 大主教，是基督教传统教会的一种高阶神职人员。根据天主教及圣公会的制度，数个教区组成一个教省，其中会设有一个总教区，总教区的正权主教则称为总主教。

金以维持天主教民众联盟的运作。在帮助罗马教廷大使法布里齐奥·塞贝拉斯·泰斯塔费拉塔实施各项计划的过程中，艾因西德伦修道院院长康拉德·塞莱斯廷·奥克斯纳表现得尤为卖力。随后，耶稣会起诉了几个人，其中就包括牧师阿洛伊斯·福克斯。由于阿洛伊斯·福克斯支持宗教改革，因此耶稣会剥夺了他的布道权。然而，耶稣会的此种丑恶行径引起了公众的注意。与此同时，罗马天主教会主教们试图更直接地干预公共事务的行为，激起了天主教和各新教州政府的愤怒。在巴登会议①上签署的议定书中，有三项条款获得了伯尔尼州、卢塞恩州、索洛图恩州、巴塞尔州、阿尔高州、图尔高州和圣加仑州七个瑞士邦联州的认可。三项条款分别是，第一，瑞士邦联政府必须使教会的法令合法化；第二，异族通婚合法；第三，牧师必须宣誓效忠宪法。不仅如此，巴登会议还为争取瑞士大主教采取了初步行动。上述议程一经公布便立即点燃了罗马天主教派的怒火。罗马教皇格里高利十六世在信中称这些条款是"虚假的、错误的，无异于异端和分裂"。有了罗马教皇的支持，天主教教徒们更加理直气壮。反对派"红袜党"的出现则让天主教教徒更加火冒三丈。索洛图恩州和圣加仑州人民拒不接受上述三项条款。卢塞恩州勉强接受了三项条款，但内部的反对声音越来越高。因为对卢塞恩州的行为极其不满，罗马教廷大使法布里齐奥·塞贝拉斯·泰斯塔费拉塔离开了卢塞恩州，并于1835年11月退到施维茨州。在施维茨州，耶稣会会士终于被人们接纳。图尔高州不顾神职人员的反对，承认了这些条款。阿尔高州和伯尔尼州则爆发了公开的叛乱。

为了安抚人民，阿尔高州大议会发布了一份讲话，并命令所有教堂都要宣读。由于拒绝在清晨弥撒上宣读这段讲话，阿尔高州的牧师们被停职。即使有人警告巴塞尔主教不要被地方官"恺撒的归恺撒，上帝的

---

① 巴登会议，指前文瑞士流亡者入侵巴登大公国计划失败后，法兰西王国与瑞士在巴登举行议和会谈。

教皇格里高利十六世

归上帝"[1]的声明影响,巴塞尔主教也依然站出来声援阿尔高州的牧师们。阿尔高州大议会要求教士们宣誓效忠,同时颁布法令宣称阿尔高州今后将要对长期管理不善和铺张浪费的修道院财产进行监督。阿尔高州的形势变得危急起来。阿彭策尔州和格劳宾登州曾经发生过的宗教战争似乎将在阿尔高州再次爆发。阿尔高州政府发现无法令民众沉默,于是从邻州召来了军队并悄悄占领了民众滋事的地区。不满民众中的几位头

---

[1] 恺撒的归恺撒,上帝的归上帝,这句话的背景是不满于耶稣所传教义的人士提出问题为难耶稣,即如何处理宗教与世俗政权的关系。出自《新约圣经》,是耶稣对俗世生活和灵性生命如何结合的一个完美解释,也就是要分开世俗权力和精神权力。

目被迫逃走。一些牧师遭到逮捕。天主教联盟也被解散。但阿尔高州大议会仍然决定本着和解精神执行法令，并且宣称他们要求牧师们做的宣誓与其天主教信仰并无冲突。最终，阿尔高州大议会通过这一声明诱使牧师们放弃了抵抗。

在伯尔尼州，不满情绪在侏罗山脉山谷地区的人群中蔓延。牧师们煽动当地群众反对巴登会议条款和宣誓。牧师们发出"宗教岌岌可危"的呼喊，而牧师们的呼喊足以诱骗既单纯又虔诚的人们进行反抗。侏罗山谷的人们要求脱离伯尔尼。牧师贝利特呼吁法兰西王国大使出面干预。伯尔尼政府占据上风后，非但不知进退，反倒开始与罗马教皇格列高利十六世讨论巴登条款的适当性。罗马教皇格列高利十六世对伯尔尼的表现表示赞赏。罗马教廷见缝插针，将耶稣会会士派往施维茨。罗马教廷的做法受到了在施维茨避难的罗马教廷大使法布里齐奥·塞贝拉

耶稣会会徽

霍纳家族纹章

斯·泰斯塔费拉塔的热烈欢迎。瑞士所有新教教徒都感受到了罗马教廷的力量。而罗马教廷的卷土重来只是1847年分离主义者联盟战争①爆发的小小开端。虽然战斗时刻还未到来,但耶稣会神父们已经在1836年5月进入施维茨州。当时,施维茨州内的分歧并不是信仰分歧,而是霍纳家族和克劳恩家族之间的分歧。克劳恩家族与霍纳家族都拥有大批羊群,并且都在同一片肥沃的牧场上牧羊,因此时有摩擦。最终,在一场血腥而原始的打斗之后,霍纳家族彻底击败了克劳恩家族。

对于瑞士而言,与法兰西王国决裂的危险已经迫在眉睫。相比之

---

① 分离主义者联盟战争,又称独立联盟战争,是1847年11月在瑞士爆发的一场内战。1845年,七个天主教州组成了"独立联盟",以保护自己的利益不受中央集权的侵害。战争导致瑞士最终成为联邦国家。

下，瑞士国内的分歧就显得微不足道。当时，夏尔-路易-拿破仑·波拿巴[①]只是一个流亡者，在国内尚且默默无闻。没有人能够预见到夏尔-路易-拿破仑·波拿巴日后的丰功伟业及其对法兰西王国政治的巨大影响。当时，夏尔-路易-拿破仑·波拿巴与母亲奥坦丝·德·博阿尔内[②]住在图

夏尔－路易－拿破仑·波拿巴

---

① 夏尔-路易-拿破仑·波拿巴（1808—1873），又称拿破仑三世，是拿破仑一世的侄子和继承人，法兰西第二共和国的第一任总统，也是法兰西第二帝国的皇帝。
② 奥坦丝·德·博阿尔内（1783—1837），荷兰国王路易·波拿巴之妻，拿破仑三世之母。

奥坦丝·德·博阿尔内

尔高州的阿伦伯格城堡中。阿伦伯格城堡是散布在温特塞湖[①]畔的众多美丽城堡中的一座。从城堡的窗户往下看,人们可以看到温特塞湖及美丽的赖歇瑙岛。在伟大的拿破仑·波拿巴驾崩多年之后,奥坦丝·德·博阿尔内和儿子夏尔-路易-拿破仑·波拿巴依然在此等待着曙光的出现。然而,遗憾的是,夏尔-路易-拿破仑·波拿巴的儿子拿破仑·欧仁[②]在非洲被人刺死[③]。这样一来,恢复波拿巴王朝的最后一丝希望也破灭了。

---

① 温特塞湖,又称下康斯坦茨湖,是构成康斯坦茨湖的两个湖泊中较小的一个,也是瑞士和德国边界的一部分。
② 拿破仑·欧仁,指拿破仑·欧仁·路易·让·约瑟夫·波拿巴(1856—1879),是法兰西第二帝国拿破仑三世与其妻欧仁妮皇后的独生子,是法兰西第二帝国的王太子,也被称为"拿破仑四世"。
③ 拿破仑·欧仁曾就任英军军官并自愿到南非祖鲁兰出征,结果在侦察期间被祖鲁人突袭并刺死。

阿伦伯格城堡

拿破仑·欧仁在非洲战死

然而，在1837年，夏尔-路易-拿破仑·波拿巴依然前途远大，并且一直在觊觎王位。当时的夏尔-路易-拿破仑·波拿巴还是图尔高州的一名公民，除担任图尔州射击俱乐部主席之外，他似乎别无抱负。夏尔-路易-拿破仑·波拿巴不仅师从纪尧姆·亨利·杜福尔[①]将军，而且在图恩军事学校培训期间，结识了约翰·科恩。约翰·科恩对夏尔-路易-拿破仑·波拿巴之后治理法兰西第二共和国帮助颇多。1837年10月，夏尔-路易-拿破仑·波拿巴在斯特拉斯堡发动军队暴动，反对七月王朝。法兰西

纪尧姆·亨利·杜福尔

---

① 纪尧姆·亨利·杜福尔（1787—1875），瑞士军官、桥梁工程师和地形学家。

斯特拉斯堡暴动

王国和瑞士对此感到极其震惊。兵败的夏尔-路易-拿破仑·波拿巴遭到囚禁，之后被流放到美国。在母亲奥坦丝·德·博阿尔内弥留之际，流亡一年之久的夏尔-路易-拿破仑·波拿巴回到瑞士图尔高州。母亲奥坦丝·德·博阿尔内去世后，夏尔-路易-拿破仑·波拿巴又在图尔高州逗留了一段时间。尽管夏尔-路易-拿破仑·波拿巴的暴动并未成功，但这个离法兰西王国近在咫尺的阴谋家仍然令法兰西王国统治者有如芒刺在背。1838年8月1日，法兰西王国政府正式向瑞士提出控诉，要求瑞士将夏尔-路易-拿破仑·波拿巴驱逐出境。

随后，瑞士议会进行了激烈的讨论。阿尔高州和图尔高州的代表们宣称法兰西王国的要求完全没有依据，夏尔-路易-拿破仑·波拿巴作为图尔高州的公民理应受到保护，而其他州的代表则对图尔高州的包庇行为感到惶惶不安。瑞士议会最后决定容后再议。然而，法兰西王国政府却以战争相威胁，并命令军队从里昂开赴瑞士边境。作为回应，日内瓦州和沃州的人们拿起了武器。几天内，日内瓦的所有防御工事里都配备了大炮。与此同时，一支两万五千人的日内瓦军队也做好了守卫边境的准备。日内瓦州和沃州的战斗热情很快传遍整个瑞士。瑞士各州接二连三地投票拒绝法兰西王国的要求，同时表示宁愿开战也不愿屈服于法兰西王国的胁迫。

当法兰西王国军队到达热克斯时，他们吃惊地发现，一支训练有素的瑞士军队正严阵以待。此时，始作俑者夏尔-路易-拿破仑·波拿巴站出来为双方解决了麻烦。在收到夏尔-路易-拿破仑·波拿巴的来信之后，瑞士议会主席卡尔·弗里德里希·常安尔立刻将信公之于众。在信中，夏尔-路易-拿破仑·波拿巴称自己会立即离开瑞士，以免两个友好国家之间发生战争。时任法兰西王国国王路易·腓力一世原本以为可以用武力胁迫瑞士，以使其言听计从，结果却发现事与愿违。当知道事情可以和平解决时，骑虎难下的路易·腓力一世比任何人都要高兴。作为和平君主的路易·腓力一世不愿发动不必要的战争，于是，他立即召回了军队。1839年，一向动荡不安的苏黎世州又发生了新的骚乱。在过去的二十年里，举足轻重的苏黎世州经历了持续的内部改革。中世纪的防御工事被夷为平地。四通八达的道路促进了商业的发展。城市范围得到拓展。郊区得到美化和改善。媲美大都市的公共建筑拔地而起。苏黎世大学名扬中外。年轻一代的苏黎世人无不为之感到自豪。伊格纳茨·托马斯·谢尔虽然出生在德意志邦联，但已经变成苏黎世市民，并为瑞士公立学校的发展奠定了良好的基础。在一片欣欣向荣的景象下，贵族党派，即前任苏黎世市市长鲁道夫·施图西的后裔却作壁上观，以等待时机打压进步市民。

贵族党派等待的机会如期而至。苏黎世政府任命巴登-符腾堡州的大卫·弗里德里希·施特劳斯①担任苏黎世大学神学院院长一职。除教派问题之外，瑞士各州的宗教人士对新近出版的《耶稣传》②一书的作者教

大卫·弗里德里希·施特劳斯

---

① 大卫·弗里德里希·施特劳斯（1808—1874），近代德意志自由主义新教神学家和作家，他对"历史上的耶稣"的刻画影响了欧洲基督教，但他否认耶稣具有神性。
② 《耶稣传》，大卫·弗里德里希·施特劳斯著，出版于1835年。书中对历史上是否真的有耶稣这一人提出了疑问，颠覆了西方传统基督教神学。

导孩子们学习神学一事感到震惊。人们大声疾呼，声称政府有意摧毁宗教，而孩子们或将被引导着成为异教徒。保守派不仅诋毁大卫·弗里德里希·施特劳斯，而且将矛头指向了所有的自由主义者，以及任何为大卫·弗里德里希·施特劳斯和自由主义者辩护的人。

"信仰委员会"应运而生并很快便产生了巨大影响。"信仰委员会"向苏黎世州大议会递交了一份有四万人签名的请愿书，同时要求取消对大卫·弗里德里希·施特劳斯的苏黎世大学神学院院长的任命，并由教会主管教育事务。最终，大议会做出让步并取消了对大卫·弗里德里希·施特劳斯的任命，但"信仰委员会"依然不依不饶，得寸进尺。而苏黎世政府既软弱无能又犹豫不决，先是断然拒绝"信仰委员会"的要求，之后又对"信仰委员会"唯命是从。

"信仰委员会"的显要人物——拉恩·埃舍尔博士下令进行武装示威。1839年9月5日晚，有人看见一队苏黎世骑兵沿着苏黎世湖奔驰，同时号召人民罢黜亵渎神明的统治者。1839年9月6日清晨，在普费菲孔的希策尔牧师的带领下，手持镰刀和枪支的队伍出现在苏黎世城门前。当该队伍成群结队地冲过利马特河上的桥梁，来到教堂广场时，遇到了几个拒绝让路的苏黎世政府武装人员。希策尔牧师喊道："以上帝的名义，那就开火吧！"为避免流血冲突，一名议员站在双方之间，结果背后中枪，然后倒在了血泊中。之后，士兵和官员便四下逃散。在拉恩·埃舍尔及其同僚的主持下，苏黎世市市长和留下来的其他人成立了苏黎世州临时政府。

临时政府不仅对每一个与旧政府有关联的人都极尽苛责，还为许多罪犯打开了监狱的大门。虽然临时政府很快举行了新一轮选举，但实际上，苏黎世州内政府各部门都由教会成员把持。在苏黎世政府更迭之后，其他几个州也相继发生骚乱。阿尔高州首先出现了所谓的修道院问题。在1840年之后的七年里，阿尔高州注定要成为瑞士最出名的州。当时，阿尔高州已经存在着一个维护天主教会权力的联盟。1840年2月，该联盟的成员在梅林根召开大会并向阿尔高州大议会发表演说，要求取消阿尔高州大议会对修道院管理财产权的限制。阿尔高州大议会驳回了联盟成员的请愿。与此同时，阿尔高州政府经过投票认为大议会代表人数应该与选举人数成正比，以赋予新教教徒更大的影响力。而认为自由受到了侵犯的天主教教徒们则称："改革宗人数众多。我们马上就要成为奴隶了。"

阿尔高州内部争端随之爆发。阿尔高州面临着和阿彭策尔州一样的分裂威胁。1841年1月9日，天主教教徒着手招募和武装士兵。这使阿尔高州政府惊慌失措。于是，阿尔高州政府下令逮捕了一部分带头的天主教教徒。一群暴民立刻聚集起来，攻击了位于穆里的阿尔高州政府的办公地点，并释放了囚犯。与此同时，来自巴登的圣方济教会神父狄奥多西·弗洛伦蒂尼在楚尔察赫下令将农民召集农民和武装起来。同时，阿

狄奥多西·弗洛伦蒂尼召集农民并将其武装起来

第22章 新的宗教争端（1837年—1841年）

尔高州政府军的弗里德里希·弗雷-荷洛塞[①]率领部队向维梅尔根挺进。1841年1月11日，瑞士人在维梅尔根第三次同胞相残。很快，阿尔高州政府军便驱散了叛乱分子，同时继续向穆里挺进，并占领了修道院。虽然叛乱得到了遏制，但阿尔高州政府仍然心有余悸。奥古斯丁·凯勒[②]在阿尔高州大议会上指出，修道院是万恶之源，应该被永久废除。奥古斯丁·凯勒的提议立即获得通过——几乎无人反对。

随着废除修道院行动的开展，延续了几个世纪的韦廷根修道院、穆里女修道院和布雷姆加滕修道院，以及巴登圣方济修道院迎来了末日。

弗里德里希·弗雷-荷洛塞

---

① 弗里德里希·弗雷-荷洛塞（1801—1873），瑞士政治家，1848年11月16日被选为瑞士联邦委员会首批七名成员之一。
② 奥古斯丁·凯勒，瑞士阿尔高州自由派人士，瑞士联邦议会成员。1840年，瑞士阿尔高州因修宪导致一些愤愤不平的教士们煽动起义，随后被镇压。1841年1月，以奥古斯丁·凯勒为首的反对派借此在大议会上投票决定镇压阿尔高州的八座修道院。

除了为修士和修女们日后生活提供保障，修道院的剩余资金将用于天主教学校和教堂。这一决定在瑞士引起了极大轰动。因此，一次特别会议被提上了议事日程。自施坦斯和尼古拉·冯·弗鲁时代以来，前所未见的怨声载道在特别会议上上演。基于永久同盟盟约第十二项条款①，老三州要求立即重建修道院。阿尔高州代表维兰德博士回应称，叛乱依然威胁着阿尔高州的存在，而且阿尔高州与各修道院已经处于势不两立的状态。然而，1841年4月2日，有十二个州宣布阿尔高州的镇压行动非法。

阿尔高州仍然没有完全屈服。一方面，阿尔高州政府暂停执行法令，给议会喘息的时间。另一方面，阿尔高州不断游说其他各州。很快，伯尔尼州与阿尔高州达成共识。在阿尔高州豁免了法尔修道院、纳登塔尔修道院和圣母加冕修道院的废除令之后，沃州和沙夫豪森州也表示支持阿尔高州。然而，阿尔高州仍然无法获得多数州的支持。卢塞恩州、乌里州、施维茨州、翁特瓦尔登州、楚格州和弗里堡州强烈要求重建修道院，而圣加仑州、格劳宾登州、瓦莱州、纳沙泰尔州、内阿彭策尔州和巴塞尔城市州则对重建修道院一事踌躇不决。因此，两派选票对等，未能做出最终决定。上述这种情况持续了五年也没有任何实质性变化。被剥夺财产的修道院院长们年复一年地要求恢复财产，而阿尔高州则年复一年言辞恳切地游说瑞士各州代表支持它的决定。会议的气氛不再那么友好。真正的和平只存在于空山幽谷之间。

> 旧雪已融，新雪飘零，
> 银装素裹的山峰耸立于蓝天之下，
> 巍峨，孤独，神圣。
> 阳光明媚的草地无声无息地沉睡，

---

① 德文为Wir wollen trauen auf den höchsten Gott，英文为We want to trust in the one highest God，意为"我们信仰至高之神"。

阴郁的草丛沉默不语,
只有松树一枝独秀。
空气如此稀薄,鸟儿静立不动,
山上的斑鸠不再低语,
也没有快意的交尾声。
欢快的蝉鸣突然响起,
森林里的泉水在歌唱,
唱着一曲瀑布之歌。

第 23 章

修道院难题

（1841 年—1845 年）

1841年，因瑞士议会未能彻底解决修道院问题，瑞士人的生活变得日益艰难。这场讨伐分离主义者联盟的战争很难称得上是纯粹的宗教斗争，因为连许多自由派天主教教徒都站在阿尔高州的立场上反对修道院，而许多新教教徒则不偏不倚，认为镇压行动非法且危险。整体而言，大城市中的受教育人群是反对修道院的，而没有受过教育的平民，特别是瓦尔茨特滕地区的牧羊人，则坚持认为只有仰赖修道院才能实现自我救赎。然而，人们对修道院的抵触情绪正在日渐滋长。与此同时，作为瑞士首府州，动乱的苏黎世渐渐恢复了往日的秩序。阿尔高州致信苏黎世，请求信仰新教的苏黎世给予阿尔高州应有的帮助和同情。阿尔高州的请求最终打动了苏黎世州。1842年5月，苏黎世州的人们再次选举成立了自由政府。

1843年年初，卢塞恩州成为瑞士当时的首府州，并全力推动天主教事业的发展。瑞士各方民众都认为，在离开施维茨七年之后，罗马教廷大使法布里齐奥·塞贝拉斯·泰斯塔费拉塔重返卢塞恩的举动具有重大意义。罗马教廷大使刚一到达卢塞恩，卢塞恩州议会便命令阿尔高州取消先前镇压修道院的命令，但阿尔高州当即拒绝了卢塞恩州议会的要求。随后，卢塞恩州向瑞士其他州发出通告，要求召开议会解决问题。

瑞士议会如期举行。天主教州和新教州均拭目以待。众所周知，圣加仑州的投票可能会让自由党获得多数席位，但圣加仑州举棋不定。于是，阿尔高州再次做出让步，保留了黑梅奇维尔-斯塔费尔恩的修道院。阿尔高州的举动终于让圣加仑州下定了决心。圣加仑州代表立即投票支持镇压修道院，以促使镇压决议最终通过。各天主教州虽然一时受挫，但并不愿屈服。卢塞恩州、乌里州、施维茨州、翁特瓦尔登州、楚格州和弗里堡州拒绝其他州一而再，再而三地对支离破碎的1815年维也纳决议进行修订。在瑞士议会做出决议的一个月内，卢塞恩州等州在罗滕图姆加入了分离主义者联盟。作为独立的联盟，分离主义者联盟简直是博罗梅奥联盟的翻版。唯卢塞恩州马首是瞻的六个天主教州[①]有权自行决定是否征募军队和宣战。在几个月之内，这六个天主教州的密谈，以及所有与联盟相关事宜都秘而不宣，直到1844年才在卢塞恩召开的一次会议上对外公开。

分离主义者联盟成员违背了纪律严明的初衷，行事无所顾忌。就连罗马天主教耶稣会的创始人伊纳爵·德·罗耀拉[②]的追随者都知道了这个组织严密的联盟。分离主义者联盟企图拉拢圣加仑州和图尔高州，没有成功，最后却出人意料地成功争取到了瓦莱州。瓦莱州以山峰林立而闻名，常常令游客流连忘返。瓦莱州不仅风景绮丽、景色壮美，而且极具吸引力。"那里有意大利的炽热和极地的冰冷。从美丽富饶的山谷中抬头仰望，人们可以看到令人惊叹的高大险峻、云雾笼罩的群山。在巍峨的山顶上，秃鹫在盘旋着寻找猎物。你会发现茂盛的葡萄树和蜜桃树与零落的冷杉和落叶松并排生长，一个教区居然同时拥有如此分明的一年四季……虽然生活在同一座大山谷中，由同一条河流滋养，但瓦莱州居

[①] 指卢塞恩州、乌里州、施维茨州、翁特瓦尔登州、楚格州和弗里堡州。
[②] 伊纳爵·德·罗耀拉（1491—1556），西班牙骑士，巴斯克贵族家庭成员、隐士，1537年起成为牧师、神学家，创建了耶稣会，后在反宗教改革运动中成为宗教领袖。

耶稣会的创始人伊纳爵·德·罗耀拉

住着两个截然不同的民族。在东部多山地区生活的民族保留着与德意志人极度相似的语言、举止和习俗,而在西部平坦地区生活的人们则讲一口变了味道的法语,并饱受克汀病①的折磨。"

瓦莱州虽然地势高峻,但仍然通过众多的山口来与外部世界联通。即使是高耸入云的辛普朗山口,也不及瓦莱州任何一座山口那般巍峨险

---

① 克汀病,一种先天性甲状腺激素缺乏症,可导致身体和精神发育严重受阻,通常由母体甲状腺功能衰退所致。

峻。瓦莱州拥有的山口也一直被邻州觊觎。在瓦莱州境内，坐落着马特洪峰、格里姆瑟尔山口和盖米隘口[①]。在瓦莱州境内，还屹立着给无数旅人带来便利的雄伟的圣伯纳山口。罗马神父曾来到圣伯纳山巅的神殿里向朱庇特[②]献祭，罗马士兵曾在圣伯纳山口附近的城堡里驻守，勃艮第人和伦巴第人曾短暂占据圣伯纳山口，野蛮的萨拉森人[③]曾在圣伯纳山口修筑土木工事，而来往的旅客们必须支付高昂的过路费才能通行。几个世纪过去了，圣伯纳山口的名气越发显赫。

> 大圣伯纳山，
> 壁立千仞，无与伦比，
> 慷慨，灵动，厚德载物。
>
> ——塞缪尔·罗杰斯[④]《大圣伯纳山》

在圣伯纳山口不再由萨拉森强盗挟制之后，奥斯塔大主教圣伯纳德[⑤]在这里修建了避难所。避难所后来逐渐发展为以圣伯纳德·德·芒东的名字命名的修道院——圣伯纳德修道院。圣伯纳德修道院的修士一向善良仁慈，对芸芸众生一视同仁。圣伯纳德修道院的修士们从未中断博施济众的善行。经验丰富的圣伯纳德修道院的修士们懂得，即便天气晴朗、艳阳高照，也可能在转瞬间出现狂风暴雪。天气恶劣时，圣伯纳德修道院的修士

---

① 盖米隘口，跨越伯尔尼兹阿尔卑斯山脉的一座山口，连接瓦莱州南部和伯尔尼州北部，山口位于瓦莱州境内。
② 朱庇特，古罗马神话中的众神之王，相当于古希腊神话中的宙斯。
③ 萨拉森人，中世纪晚期欧洲广泛使用的对穆斯林的通称，在早期的希腊语和拉丁语中指的是生活在罗马阿拉伯省及附近沙漠地区的一群人，与阿拉伯人有明显区别。
④ 塞缪尔·罗杰斯（1763—1855），英国著名诗人、银行家，同时也是一位有鉴赏力的艺术品收藏家。
⑤ 圣伯纳德·德·芒东（1020—1081），曾在瑞士大圣伯纳德山口修建著名的圣伯纳德修道院和临终关怀医院。圣伯纳德修道院千百年来为旅行者提供着服务和救助，并且催生了以修道院名称命名的著名犬种——圣伯纳德犬。

奥斯塔大主教圣伯纳德·德·芒东

们会全体出动，他们会带着助手，牵着狗出去寻找落难的旅客。圣伯纳德犬一直任劳任怨、出生入死地陪伴着圣伯纳德修道院的修士们，成了他们最忠实的朋友。1830年严冬期间，有两批圣伯纳德修道院的修士离开修道院前去搜救旅客，结果全部牺牲。与已故的圣伯纳德修道院的大主教和修士们的名字一样，巴里和布鲁诺——两只圣伯纳德犬的名字也一直被人们铭记于心。然而，在天气晴好、万籁俱寂的夜晚，圣伯纳德修道院的修士们与圣伯纳德犬会聚集在燃烧正旺的火堆旁，得享片刻安逸。这种安逸的时刻与随时奉命顶风冒雪的辛劳形成鲜明对比。

精灵般的火焰燃烧正旺,
记忆的阴影暗中潜藏,
以奇异的形状游过围墙。
火光的幻影,
光彩夺目,
令人无限遐想。
越过林立的长矛,
夺目的旗帜随风飘舞,
赤色的旗帜起起落落,
纪念着古老的汉尼拔①。
瞧,一轮明月之下,
流星飞掠而过,
明月与流星述说着手足之情。
星消月落,瞧!
幽灵来来去去,
旗帜在空中飘扬,
无数刺刀寒光闪闪,
征服者的军队,
在陡峭的山路上挺进。
慢吞吞的骡子奋蹄前行,
驮着声名赫赫的拿破仑·波拿巴。

拿破仑·波拿巴倒台及瓦莱州加入瑞士以来,除个别小村落时不时要求独立,打破一片祥和之外,瑞士一直处于无为而治的平静状态。1843

---

① 汉尼拔,指汉尼拔·巴卡(公元前247年—公元前183年),北非古国迦太基名将,军事家,欧洲历史上最伟大的四大军事统帅之一。

拿破仑·波拿巴骑着骡子翻越阿尔卑斯山脉

年，瑞士制定了两项更加开明的法律：一是改善通识教育，二是要求神职人员在战时出力。不仅耶稣会布道团对两项法律表示反对，而且一直受耶稣会压迫的人们也表示拒绝。耶稣会领袖们并不满足于上述两项法律的通过，而是借机全力打压在过去几年里令耶稣会焦头烂额的瑞士青年党①。耶稣会将瑞士青年党成员逐出了教会，并封禁了瑞士青年党创办的刊物——《阿尔卑斯山脉回响》。作为报复，瑞士青年党摧毁了耶稣会下属的《辛普朗报》办公室。在1843年年末的瓦莱州议会选举中，瓦莱州的极端教会党派上台。很快，瓦莱州的人民开始同室操戈。特里安村首先发生流血事件。1844年5月1日，一群瑞士青年党人在连通圣莫里斯和马蒂尼之间的道路上遭遇了瑞士保守党人的伏击。三十名瑞士青年党人死于从岩石和树木后面或从横跨特里安村的廊桥上射来的子弹，而其他人则穿过沼泽平原，游过罗讷河，逃回了家中。因此，瓦莱州的瑞士青年党领袖被迫逃亡，耶稣会称霸一时。瓦莱州的所有学校都落入耶稣会的掌握之中。宗教改革支持者甚至在私底下也不能做礼拜。里瓦兹主教宣称，瓦莱州首先是天主教州，其次才是瑞士的一个州。然而，局势的发展超出了里瓦兹主教的预期，瓦莱州成为分离主义者联盟的第七位成员。与此同时，新教教徒所谓的"以死求和"的说法开始在瓦莱州内盛行起来。

  特里安村发生流血事件的消息很快传遍了全国。成千上万的人发出反对天主教的声音。阿尔高州率先表达了不满。奥古斯丁·凯勒立即提议将耶稣会会士逐出瑞士。奥古斯丁·凯勒曾抨击宗教团体是一切阴谋诡计的根源，同时谴责了宗教团体的成员。奥古斯丁·凯勒认为耶稣会会士的到来不是为了带来和平，而是为了带来战争。瓦莱州、弗里堡

---

① 瑞士青年党，19世纪中期瑞士瓦莱州形成的组织。该组织成立的起因是瓦莱州从法兰西转入瑞士后，瓦莱州内部对于马蒂尼地区的归属存在分歧，从而形成两派势力。其中一派是自称"瑞士青年党"的自由激进人士，另一派则是自称"瑞士保守党"的保守派人士。二者实质上并非党派，而是社团组织。两派分歧最终导致1844年5月21日在马蒂尼城外特里安村的战斗。

州和施维茨州已经成了耶稣会的天下，而卢塞恩州已经准备向耶稣会俯首称臣。奥古斯丁·凯勒认为动员新教教徒行动起来的时机已到。尽管阿尔高州大议会通过了奥古斯丁·凯勒的提案，并就此问题致函瑞士各州，但奥古斯丁·凯勒的提案遭到了瑞士议会的投票否决。只有巴塞尔城市州与阿尔高州立场一致。瑞士议会的裁决诱使卢塞恩州一意孤行。卢塞恩州不仅邀请耶稣会会士来卢塞恩城，而且聘请了耶稣会会士指导卢塞恩青年学习耶稣会会士们一向不屑一顾的科学。此外，卢塞恩州还赠予耶稣会会士们土地和特权。在卢塞恩州，有一部分人将耶稣会会士视为受迫害天主教教徒的救星。

与此同时，耶稣会会士进入卢塞恩的举动激起了宗教自由派的强烈反对。自由派人士组成了克努特维尔委员会。该委员会提议以武力驱逐耶稣会会士。1844年12月8日星期日上午，占领了埃门桥和卢塞恩城门之后，克努特维尔委员会武装人员在五谷广场①集结。但当卢塞恩士兵逼近时，克努特维尔委员会武装人员又退却了。很快，一支七百人的克努特维尔委员会援军到达。克努特维尔委员会的队伍一直推进到埃门桥，双方在埃门桥附近发生了一场短暂的战斗。最终，克努特维尔的自由派起义者获胜。随后，一支苏伦塔尔部队也赶来增援。然而此时，克努特维尔委员会领导人开始优柔寡断，一部分宣称天佑勇者的人敦促克努特维尔委员会的军队立即向卢塞恩城推进，而另一部分人则害怕正在不断聚集的卢塞恩军队，因而拒绝继续前进。最后，拒绝继续前进的建议占了上风。在这次克努特维尔地区的起义中，克努特维尔委员会的追随者们一无所获，只好失落地离去。

尽管克努特维尔起义军中的阿尔高州、索洛图恩州和巴塞尔城市州的一部分起义者带着失望和愤怒逃回了家乡，但卢塞恩州不肯善罢甘

---

① 五谷广场，瑞士卢塞恩市一处历史悠久的广场，位于卢塞恩市老城区。

休。卢塞恩州不肯放过闹事的臣民，派兵占领了参与起义的地区。瑞士各地的自由主义者遭到追捕，财产也被无情地没收。然而，不幸的是，许多无辜的人也和罪犯一起遭到监禁。当时的卢塞恩州正值严冬，许多人逃离家园，逃往伯尔尼或阿尔高避难。而邻近的几个州的人们则正在开阔的田野里举行集会。从卢塞恩州逃来的流亡者们都来到集会上寻求帮助。卢塞恩州流亡者们的悲惨情状令人同情。这便是第一次宗教自由派——新教各州军队征战的结果。

虽然不想节外生枝，但瑞士现在不得不大声呼吁各州驱逐耶稣会会士。几乎所有瑞士邦联州都收到了这一倡议。瑞士召开会议以应对紧急情况。在会议上，阿尔高州和巴塞尔城市州不再孤立无援，因为其他九个州加半个州的选民都投票赞成驱逐耶稣会会士。然而，瑞士会议仍然无法争取到必要的多数州的支持。瑞士各州甚至在要求卢塞恩州善待囚犯一事上都无法达成一致。自由军起义遭到镇压，而分离主义者联盟成员州的代表们皆大欢喜。虽然瑞士议会做出了裁决，但自由军仍在不断招兵买马和扩充装备。卢塞恩州也在准备迎接第二次进攻。卢塞恩州不仅将最优秀的将领路德维希·冯·松嫩贝格从那不勒斯召回，不断整军备战，还向瓦尔茨特滕和楚格州求援。

很快，其他州对卢塞恩州的增援到了。伯尔尼州、阿尔高州和巴塞尔城市州政府发现民怨滔滔，几近失控，于是秘密下令增援卢塞恩州，并从军火库中取出了大炮。1845年3月30日，军旗飘扬，在鼓声震天的出征仪式之后，自由军从祖芬根出发向卢塞恩州挺进。自由军领袖之一是曾因为参与第一次宗教自由派军队征战遭到囚禁的雅各布·罗伯特·斯泰格尔。

在赫尔布尔附近，自由军的先头部队遭遇了卢塞恩州军队，并与对方发生了小规模冲突。最后，在第一次攻击中，自由军击退了卢塞恩军队。与此同时，卢塞恩军队发现其他同盟州并未派军增援自己。对1844年12月的落败，卢塞恩军队仍然记忆犹新。到达埃门后，卢塞恩军队一分为二。因为在罗森附近遭到对手隐蔽火炮的攻击，一小股卢塞恩部队撤退到了赫尔布尔。而在一场激烈的战斗后，卢塞恩州的军队主力则占领了托伦伯格附近的一座桥梁。1845年3月30日晚，这支军队又占领了托伦伯格上方的一处山脊。雅各布·罗伯特·斯泰格尔不敢贸然进攻。托伦伯格议会成员开始为逃跑做准备。

虽然一切进展顺利，但自由军领袖们还是惴惴不安。因为又累又饿，自由军士兵的军纪开始涣散，不得不放弃再次发起攻击的打算，离开了他们占领的地方。驻扎在赫尔布尔的自由军开始有条不紊地撤退，并于第二天到达祖芬根。不战而退的自由军主力部队突然溃不成军，最后拖着大炮四下逃散。当自由军逃到马尔特斯时，马尔特斯平民便透过房子窗户向自由军射击。很快，撤退中的自由军便乱作一团。饥肠辘辘又不辨东西的自由军漫山遍野地逃窜，最后像困兽一样遭到卢塞恩州军队的追捕和砍杀。一部分遭到绳捆索绑的自由军被成群结队地押往卢塞恩。一支四千人的自由军的军队只有不到一半的人生还，其中两百人丧命，一千八百多人被俘。由于卢塞恩监狱人满为患，分离主义者联盟成员州的人们将战俘关在了方济各会和耶稣会的教堂中。

如果说卢塞恩以前没有怜悯之心，那么现在就更不可能有了。因为卢塞恩正处于恐慌之后的愤怒中。然而，因为战俘数量太多，卢塞恩城变得不堪重负，只能以四十五万法郎赎金为条件释放了囚犯。1845年4月月末，自由军囚犯们回到了家中。得到赎金的卢塞恩政府依然怒火中烧，转而迁怒于曾帮助或同情自由军的卢塞恩市民。图尔高州预审法官安曼出身瑞士杰弗里家族，此时却因诬告、处罚和监禁可怜的平民而声名狼藉。安曼欺压良善的行为玷污了卢塞恩州的胜利。当权者为了发泄个人仇恨，将毫无犯罪嫌疑的无辜平民监禁入狱，受到压迫的平民因而呼天抢地。1845年5月29日，曾与卢塞恩军队一同作战的耶稣会神父们胜利返回卢塞恩。然而，对于受压迫的卢塞恩平民来说，这无异于雪上加霜。

唯一令人欣慰的好消息是雅各布·罗伯特·斯泰格尔的逃脱。在第二次征战中再次被俘的雅各布·罗伯特·斯泰格尔被判处枪决。在苏黎世州、弗里堡州和索洛图恩州主教乃至外国大使的斡旋下，分离主义者联盟成员州将对雅各布·罗伯特·斯泰格尔的判决减刑为终身监禁于撒丁岛要塞。然而，在实施判决前，三名猎人设法帮助雅各布·罗伯特·斯泰格尔逃离了凯塞尔塔，并将雅各布·罗伯特·斯泰格尔安全地带到了苏黎世。大约同一时间，新教自由事业因卢塞恩农民约瑟夫·洛伊[①]遭到谋杀而倍受打击。因为狂热地支持耶稣会会士，约瑟夫·洛伊成了一位家喻户晓的领袖，最后却在睡梦中被枪杀。在那个是非不分的年代，人们将约瑟夫·洛伊的死归罪于整个自由派，并将约瑟夫·洛伊的名字列入烈士名册，使其受到后人的传颂和敬仰。

---

① 约瑟夫·洛伊（1800—1845），原为卢塞恩州赫尔达夫区霍亨赖因地区的农民，保守的天主教教徒，后成为瑞士政治家和卢塞恩州议会议员。

第 24 章

分离主义者联盟战争

（1847 年）

分离主义者联盟与瑞士之间的冲突已经在所避免。分离主义者联盟七个天主教州愈发沆瀣一气，他们隐秘的意图也昭然若揭。耶稣会会士在分离主义者联盟七个州大肆传教，以蛊惑人民掀起一股信仰天主教的热潮。与此同时，分离主义者联盟的七个州不断扩充军备。直到后来，人们才发现分离主义者联盟的计划包括将阿尔高州、伯尔尼州和苏黎世州分割出去，并试图通过传教统治瑞士。最后，弗里堡州大议会公开讨论了分离主义者联盟的存在，以及弗里堡州与分离主义者联盟的关系。最终，分离主义者联盟妄图分裂瑞士的阴谋大白于天下。

瑞士绝不接受四分五裂，而在自由军从卢塞恩返回时，各新教州就展示了自己的决心。因为曾批评过各新教州的一些领导人，伯尔尼州诺伊豪斯市市长人气暴跌，政治生涯也就此断送。在沃州，人们对耶稣会会士同样持怀疑态度，并因此加入了自由军。沃州人的做法导致沃州教会与沃州人民之间公开对立，同时一百五十三名耶稣会会士失去了圣俸[①]。瑞士人的脾气就是这样容易被激怒。在弗里堡州刚刚揭露了分离主义者联盟的阴谋之后，于1846年成为首府州的苏黎世州便派人前去质问

---

① 圣俸，本意指"有权受益者"，罗马帝国使用这一词语代表报酬，在加洛林时代，这一词语被西方教会采用，作为国王或教会官员给予的一种恩惠。

卢塞恩州。与此同时，弗里堡州号召瑞士其他各州向弗里堡州内所有代表就分离主义者联盟问题做出指示。

起初，瑞士议会无法获得大多数瑞士联邦州的支持以对抗分离主义者联盟。日内瓦州代表堂而皇之地表现出对分离主义者联盟的支持，导致日内瓦州政府大为不满。1846年9月7日下午，经过长达三个小时的唇枪舌剑，日内瓦市成立了由约瑟夫·洛伊①领导的临时政府。在耶稣会和分离主义者联盟问题上，该临时政府与自由派各州立场一致。弗里堡州

约瑟夫·洛伊

---

① 约瑟夫·洛伊（1794—1878），又名詹姆斯·法齐，瑞士政治人物、国际法学家，曾参加1830年法兰西七月革命，1833年回到瑞士，1846年10月7日领导日内瓦民主党发动武装起义，后任瑞士国会主席。

虽然也进行了同样的尝试,但并没有获得成功。而瑞士则于1846年劝服了圣加仑州。在宗教信仰混杂的圣加仑州,神职人员拥有很大的势力。但在天主教区加斯特,宗教自由派的选票占了多数,从而使圣加仑州站在了瑞士这边,最终扭转了局面。日内瓦和圣加仑的加入使自由派将在下一届瑞士议会中获得多数席位。

此前,虽然瑞士已经连续两年遭受了严冬和歉收的痛苦,但苦难深重的百姓仍然没有盼来和平。1847年夏天,除了变本加厉地积极备战,卢塞恩州及其同盟州还从法兰西王国和奥地利帝国筹集了大量战争物资。分离主义者联盟边境的防御工事进展迅速。分离主义者联盟不断操练正规军和后备军,同时授命约翰·乌尔里希·冯·萨利斯-索利奥①指

约翰·乌尔里希·冯·萨利斯－索利奥

---

① 约翰·乌尔里希·冯·萨利斯-索利奥(1790—1874),瑞士军官,分离主义者联盟部队指挥官。

挥军队。分离主义者联盟的所有准备都是为了再次击退自由军的进攻。自由军虽然面对着强大的对手,但顺应局势,合乎人心。

分离主义者联盟志在必得,他们认为瑞士各州缺乏斗志,如同一盘散沙。分离主义者联盟认为自己不可战胜,同时还有外国的援助。然而,分离主义者联盟只是痴心妄想。法兰西王国和奥地利帝国虽然愿意向分离主义者联盟出售武器,但并不想为了分裂瑞士而参战。因此,虽然法兰西王国外交大臣博伊斯伯爵弗朗索瓦·皮埃尔·纪尧姆·基佐[①]上蹿下跳,

博伊斯伯爵弗朗索瓦·皮埃尔·纪尧姆·基佐

---

① 弗朗索瓦·皮埃尔·纪尧姆·基佐(1787—1874),法兰西历史学家、演说家和政治家,博伊斯伯爵,法兰西王国政治主导人物,温和的自由主义者,曾反对过国王查理十世篡夺立法权的企图。1830年七月革命后,弗朗索瓦·皮埃尔·纪尧姆·基佐致力于维持君主立宪制。

康斯坦丁·西格沃特·米勒

怂恿法兰西王国参战,但最后战争的重担还是落在了康斯坦丁·西格沃特·米勒①肩上。康斯坦丁·西格沃特·米勒原本就不是法兰西人,因而毫不犹豫地抓住了这个将法兰西王国的命运赌在战争上的机会。

1847年7月月初,伯尔尼州再次召开会议。此时,自由州的数量达到了十二个州和两个半州。自由州的首府州为伯尔尼州。在首次会谈上,伯尔尼州、苏黎世州、格拉鲁斯州、沙夫豪森州、格劳宾登州、阿尔高州、图尔高州、提契诺州、沃州、日内瓦州、圣加仑州、索洛图恩州及巴塞尔乡村州和外阿彭策尔州便达成一致,决定阻止一切分裂行为,分离主义者联盟成员州则表示反对,而中立州——纳沙泰尔州、巴塞尔城

---

① 康斯坦丁·西格沃特·穆勒(1801—1869),瑞士联邦政治家,原为乌里州律师,1832年定居卢塞恩并很快升为国务秘书,后成为分离主义者联盟领袖。

第24章 分离主义者联盟战争(1847年) | 383

市州和内阿彭策尔州则有心无力地从中斡旋。最终，伯尔尼会议通过法令宣布分离主义者联盟非法，同时要求分离主义者联盟于1847年7月20日之后解散。根据法令，提契诺州没收了奥地利帝国向瓦尔茨特滕地区运送的一批武器，并且命令分离主义者联盟停止一切备战行为。日内瓦州政府提议称，所有继续为分离主义者联盟服务的瑞士参谋人员均应该从军队名册上除名，同时要求接纳耶稣会会士的各州立即遣散耶稣会会士，并禁止瑞士其他各州接纳耶稣会会士。在制定了措施之后，伯尔尼州议会宣布休会六周。

瓦尔茨特滕人一意孤行，决定顽抗到底。瓦尔茨特滕人效仿祖先在莫尔加尔滕战役中的精神，将日内瓦州政府的行为与14世纪奥地利帝国的暴政相比较。除了楚格州踌躇不定，其他分离主义者联盟州都望风响应。在卢塞恩州，尽管有一些人认为分离主义者联盟的行为莫名其妙，但在这个时局动荡的时刻，他们也不敢公开表达意见，以免州内舆论对自己不利。于是，他们只好销声匿迹，以免激怒舆情。

与此同时，各自由州虽然陆续对伯尔尼州议会的行动表示认可，但不愿同胞相残，希望再次尝试调解。1847年10月18日，瑞士议会再次召开会议。1847年10月20日，议会要求卢塞恩州、乌里州、施维茨州、下瓦尔登州、楚格州、弗里堡州和瓦莱州解散分离主义者联盟，同时承诺保留七州所有的固有权力。但因为分离主义者联盟顽固不化，各自由州最后的调解宣告失败。瑞士议会被迫采取了更严厉的措施，决定任命日内瓦州的纪尧姆·亨利·杜福尔为总司令，同时由阿尔高州的弗里德里希·弗雷-荷洛塞担任参谋长。原本以为战争将呈一边倒局面的分离主义者联盟七州的代表们纷纷提出抗议。但瑞士议会仍然态度坚定。之后，卢塞恩州的伯纳德·迈耶和其他分离主义者联盟成员州代表宣布离席，并威胁瑞士议会后果自负。1847年10月29日，他们离开了瑞士议会厅和伯尔尼市。

1847年11月4日，瑞士议会通过法令，决定以武力解散分离主义者联盟。纪尧姆·亨利·杜福尔立即集结军队，自由州各州部队也都以最快的速度武装起来，甚至连保持中立的巴塞尔城市州也派出一个炮兵连加入瑞士军队。只有内阿彭策尔州和纳沙泰尔州仍旧宣布中立。纳沙泰尔州还以允许部分来自法兰西王国的武器通过州内证明中立立场。然而，一部分沃州人收缴了这批法兰西王国的武器，并将这些武器带回了沃州，同时乘着蒸汽船在湖上巡逻以杜绝武器私运。瑞士军队迅速扩充到了九万人，并且配备了二百六十门大炮。瑞士军队军纪之严明、士气之高涨、任务完成速度之快令瑞士政府都感到惊讶，也给冷眼旁观的欧洲各国留下了深刻的印象。

分离主义者联盟也已经准备就绪。部分外国军官自愿加入分离主义者联盟的军队。分离主义者联盟甚至还得到了一位曾与之兵戎相见的奥地利帝国王子的支持。罗马教廷大使法布里齐奥·塞贝拉斯·泰斯塔费拉塔亲自来为分离主义者联盟军旗祈福，并向士兵们分发护身符以保护他们免受枪击和军刀的伤害。并不急于开战的纪尧姆·亨利·杜福尔将进攻时间推迟了几天，同时下令军队保护包括牧师在内的所有非战斗人员。纪尧姆·亨利·杜福尔命令军队将分离主义者联盟七州军队团团围住。对立双方的哨兵甚至还隔着警戒线互递酒瓶，一片和睦。最后，纪尧姆·亨利·杜福尔终于下令向弗里堡进军。分离主义者联盟军队也立即派出两支部队，向防守薄弱的阿尔高州发起进攻，其中一支军队由约翰·乌尔里希·冯·萨利斯-索利奥指挥，另一支军队则由弗朗茨·冯·埃尔格[①]上校指挥，但两支分离主义者联盟军队都被骁勇善战的阿尔高州后备军击败。在通过卢塞恩境内罗伊斯河上的桥梁时，约翰·乌尔里希·冯·萨利斯-索利奥率领的部队被一支以一敌三的瑞士

---

① 弗朗茨·冯·埃尔格，1847年1月15日，约翰·乌尔里希·冯·萨利斯-索利奥就任分离主义者联盟军队总司令之后，任命弗朗茨·冯·埃尔格为参谋长。

军队击退。而在盖特维尔作战的弗朗茨·冯·埃尔格也遭遇了同样的命运。弗朗茨·冯·埃尔格突袭了正在吃午饭的两支瑞士军队，但两支瑞士军队很快便猛烈还击。最终，弗朗茨·冯·埃尔格只能狼狈地撤退到希茨基希。

1847年11月10日，瑞士军占领了弗里堡郊区。瑞士军迫使弗里堡于1847年11月14日投降，并退出了分离主义者联盟。在听到投降的消息后，弗里堡军队的士兵们便立即叛变，一哄而散，耶稣会会士们也逃之夭夭，而弗里堡的官吏们则抱头鼠窜。为发泄怒火，瑞士军摧毁了耶稣会会士们曾居住过的宫殿。很快，弗里堡便成立了新政府，同时将耶稣会会士永远逐出州境。

在弗里堡投降之后，纪尧姆·亨利·杜福尔立即率领军队向卢塞恩和老三州进军。乌里州和瓦莱州军队在圣哥达山口击败了提契诺州军队，分离主义者联盟军队总算取得了一点优势，也是分离主义者联盟战争中唯一一次胜利，但卢塞恩州内部产生了很大分歧——许多人渴望结束战争。瑞士军队正从四面八方逼近分离主义者联盟各州的边境。在分离主义者联盟中，除了摇摆不定的瓦莱州，其余六州都紧靠卢塞恩湖。眼见瑞士军队大军压境，分离主义者联盟中一直犹豫不决的楚格州便派人向纪尧姆·亨利·杜福尔投降，同时宣布退出分离主义者联盟。于是，驻扎在楚格州的施维茨州军队立即返回施维茨州，以全力防御瑞士军队。1847年11月23日，分离主义者联盟迎来了末日。

在迈厄斯卡珀尔附近，瑞士军队的一个师遇到了居高临下的瓦尔茨特滕军队。瑞士军队的士兵们虔诚祈祷，并吹响了战斗号角。瓦尔茨特滕军队则通过高声呐喊回应对手。虽然双方愈战愈勇，但在瑞士军队的连番进攻下，瓦尔茨特滕军队逐渐退却。在金贝格，后撤的瓦尔茨特滕军队重新集结起来。经过一场更加激烈的战斗，纪尧姆·亨利·杜福尔的军队占领了高地，并将瓦尔茨特滕军队赶出了金贝格。

1847年11月23日清晨，经过一场激战，保罗·卡尔·爱德华·齐格勒①率领瑞士军队将分离主义者联盟军从罗滕堡对面赶到了卢塞恩州军事重镇吉西孔，同时用重炮轰击罗伊斯河方向。吉西孔附近的战斗漫长而又惨烈。直到傍晚时分，约翰·乌尔里希·冯·萨利斯-索利奥的军队才被保罗·卡尔·爱德华·齐格勒的军队击败。瑞士军队冲进了废弃的防御工事。但瓦尔茨特滕士兵仍在圣米迦勒教堂附近负隅顽抗，并且战斗到了天黑，最后才被迫撤退。在通往卢塞恩的一条道路上，双方又发生了一场混战。而龟缩在卢塞恩城的康斯坦丁·西格沃特·米勒一边获悉频频战败的消息，一边归拢疲惫不堪、灰头土脸、满身血迹的士兵，以及随后而来的满载伤亡者的马车。然而，康斯坦丁·西格沃特·米勒早有准备。为防万一，康斯坦丁·西格沃特·米勒预先准备好了一艘汽船。在二十名卫兵的保护下，这艘汽船载着康斯坦丁·西格沃特·米勒和同僚渡过卢塞恩湖，逃到了乌里州。在逃走时，康斯坦丁·西格沃特·米勒还带走了埃申巴赫和玛利亚教堂②的修女，以及耶稣会士和卢塞恩州的屯粮、印信和金银财宝。最终，约翰·乌尔里希·冯·萨利斯-索利奥也落荒而逃。迫于无奈，卢塞恩州议会只好派人和纪尧姆·亨利·杜福尔谈判。纪尧姆·亨利·杜福尔将军要求卢塞恩政府同意无条件投降。1847年11月24日晚，得胜的瑞士军队进入卢塞恩城。卢塞恩人民欢呼雀跃并满城高挂瑞士的旗帜，以迎接瑞士军队的到来。随后，另外两支军队也进入卢塞恩城。其中一支是从恩特勒布赫一路奋战而来的伯尔尼州军队，几乎与其他军队同时到达卢塞恩城。

　　很快，瓦尔茨特滕和瓦莱州的军队也放弃了抵抗。1847年11月25日，翁特瓦尔登州军队投降。1847年11月26日，施维茨州和乌里州军队也缴械投降。虽然将领们号召士兵孤注一掷，但士兵们已无心背水一

---

① 保罗·卡尔·爱德华·齐格勒（1800—1882），瑞士联邦苏黎世军官。
② 玛利亚教堂，瑞士卢塞恩州卢塞恩市的一所教堂，属乌尔苏拉会女修道院，现已不复存在。

战。穷途末路的分离主义者联盟的首领们只能经由富尔卡山口逃到瓦莱州。之后，分离主义者联盟的首领们又逃到皮埃蒙特。由于不愿再为这场身不由己的战争付出沉重的代价，1847年11月29日，瓦莱州政府请求和谈，并欣然接受了瑞士军队的到来。

　　至此，在分离主义者联盟的代表愤而离开伯尔尼议会一个月后，分离主义者联盟便土崩瓦解，从此销声匿迹。在分离主义者联盟战争的最后一刻，虽然分离主义者联盟战争特使还试图向分离主义者联盟的七个州提供援助，但为时已晚。分离主义者联盟已经一败涂地，再也无力卷土重来。康斯坦丁·西格沃特·米勒及其同僚也已逃出了瑞士。瑞士再次恢复统一，举国欢庆。

第 25 章

瑞士恢复统一

（1847 年—1859 年）

随着分离主义者联盟战争的结束，秋后算账的时候到了。瑞士不仅要求分离主义者联盟各州支付五百万瑞士法郎作为军费赔偿，而且继续对叛乱地区实施武装占领，直到第一期债务还清为止。在筹集债款的过程中，分离主义者联盟各州成立的临时政府举步维艰。为了清偿债务，卢塞恩州只能没收那些当初一力怂恿卢塞恩州议会挑起战争的议员的财产。1848年4月，好战的卢塞恩州镇压了州内所有的修道院，以便将修道院财产充公。再也没有人出手帮助修道院了，因为修道院的天然保护者——耶稣会会士已经被彻底逐出了瑞士。但耶稣会会士们一直在等待机会以重新在瑞士获得立足之地。

对于比卢塞恩还要入不敷出的弗里堡州而言，筹集所需资金更是难上加难。弗里堡人衣食不保，因而越发憎恨那些曾投票支持分离主义者联盟的弗里堡市议会的议员。而在瓦莱州，人们对当初蛊惑叛乱的教会团体深恶痛绝。如履薄冰的圣伯纳德修道院的修士们只好收拾行囊，搬到撒丁岛等待时机。圣莫里斯修道院是第一批因履行瑞士议会要求而损失惨重的修道院之一。圣莫里斯修道院是瑞士最古老也最令人神往的修道院之一。6世纪时，勃艮第王国国王西吉斯蒙德①派人修建了修道院，

---

① 西吉斯蒙德（？—524），勃艮第王国国王贡多巴德之子，516年至524年在位。

同时将圣莫里斯①及其信徒的遗骸安放在了这里。圣莫里斯修道院因此得名。圣莫里斯等殉道者曾隶属于一支由圣莫里斯担任指挥官的罗马军团。后来，因拒绝与基督徒作战及向朱庇特献祭，圣莫里斯等人被马克西米安②下令处死。自287年就义那一刻起，圣莫里斯等人便被教会奉为圣人。当西吉斯蒙德派人将圣莫里斯等人的骸骨从墓穴中取出时，教会

圣莫里斯

---

① 圣莫里斯（？—287），3世纪时富有传奇色彩的罗马底比斯军团的领袖，也是该军团中最受欢迎和最受尊敬的圣人之一，被东正教尊为圣人。
② 马克西米安（250—310），罗马皇帝，286年至305年在位。

马克西米安

为之欢欣鼓舞。圣莫里斯修道院不断发展,后来成为瑞士阿尔卑斯山脉一带最富有的修道院。圣莫里斯修道院不仅拥有五百名修士,还享有采邑权。圣莫里斯修道院昔日的荣耀已经成了过眼云烟。后来,圣莫里斯修道院连同下方的城镇至少遭到过九次焚毁,甚至曾被烧成白地。如今,圣莫里斯修道院只剩下一座13世纪的塔楼和一些后来修建的阴暗的建筑。在将瓦莱州拉入分离主义者联盟的泥潭过程中,圣莫里斯修道院曾发挥过重要作用,最终导致圣莫里斯修道院在1848年遭到了瑞士议会的打压。

然而,在分离主义者联盟战争期间,保持中立的纳沙泰尔州和内阿彭策尔州最终非但没能置身事外,反倒遭到了瑞士议会的重罚。此后,中立特权便一直遭到人们诟病。

所有荣耀都归于那些全心全意积极响应瑞士议会号召的人。一时间，凯旋的士兵成了所属州和行政区的英雄。人们还竖起纪念碑纪念阵亡的士兵。德意志、法兰西和意大利的自由主义者纷纷向瑞士表示祝贺，同时为伤员们提供了大量援助。纪尧姆·亨利·杜福尔一时闻名遐迩。然而，尽管对于捍卫自由主义者来说，分离主义者联盟战争的胜利意义深重，但奥地利帝国和罗马教廷对这场规模如此之小且时间如此短暂的战争十分不满。奥地利帝国为逃亡的分离主义者联盟成员和耶稣会会士提供了庇护。罗马教皇庇护九世①则用尖酸刻薄的口吻攻击瑞士各个

罗马教皇庇护九世

---

① 庇护九世（1792—1878），天主教历史上在位时间最长的民选教皇，在位时间超过三十一年，担任教皇期间召开了第一次梵蒂冈会议。

蒙塔朗贝尔伯爵查尔斯·福布斯·勒内

得胜州。在法兰西王国议会上，法兰西王国最优秀也最纯粹的极端分子蒙塔朗贝尔伯爵查尔斯·福布斯·勒内[①]以三寸不烂之舌攻击瑞士政府。当瑞士议会开始修订永久同盟旧盟约以强化瑞士中央政权时，欧洲强国都极力反对，并坚称未经允许不得更改1815年维也纳决议。对此，瑞士议会以一贯的大无畏精神做出回应称："自由的民族有权制定自己的法律。瑞士绝不做外国势力的附庸。"言出必行的瑞士政府立即采取行动，并任命十四位瑞士最杰出的代表组成修宪委员会。1848年2月16日，修宪委员会开始修宪工作。当时，欧洲各国正因内忧外患而焦头烂额，无暇干预瑞士内政。

---

① 蒙塔朗贝尔伯爵查尔斯·福布斯·勒内（1810—1870），法兰西著名外交家、历史学家，法兰西自由天主教的杰出代表。

第25章 瑞士恢复统一（1847年—1859年） | 393

命运坎坷的法兰西王国国王路易·腓力一世刚刚经历了人生中的第三次流放。法兰西第二共和国[①]再次推翻了君主制。当乔装打扮的法兰西王国国王路易·腓力一世及其家人逃到大英帝国时，资产阶级革命的热潮在意大利和德意志再次高涨。为了保住王位和性命，欧洲各国国王不得不战战兢兢地对臣民做出让步。令人惊心动魄的消息不断传来。欧洲各国政府根本无暇顾及弹丸之地的瑞士发生的变故。但1848年的法兰西二月革命却使瑞士的一个成员州发生了巨变。自1815年以来，纳沙泰尔州一直是普鲁士王国和州政府势力的交错地带。纳沙泰尔人已经忍无可忍。1848年2月，拉绍德封爆发了起义。起义者成功解救了一些心向瑞士的囚犯。人们只想获得自由，并要求解散纳沙泰尔州政府议会。在遭到拒绝后，一群起义者占领了议会厅，并用施维茨州的白色十字旗[②]取代了普鲁士之鹰旗帜[③]。与此同时，洛赫地区、特拉弗斯地区和布鲁奈山谷地区的人也揭竿而起。惊慌失措的纳沙泰尔州政府议会不得不做出妥协。1848年3月1日晚，纳沙泰尔州政府全体官员引咎辞职。一千八百名起义者兵不血刃便占领了纳沙泰尔城，同时宣布纳沙泰尔州脱离普鲁士王国统治。起义者的这一决定得到了瑞士举国上下的认可。首府州伯尔尼州对普鲁士王国特使的抗议做出回应称，纳沙泰尔州应以平等权利加入瑞士，并且瑞士不允许任何国家进行干预。1848年4月月末，纳沙泰尔州颁布了共和宪法[④]。虽然该宪法一经颁布就立刻被人们接受，但纳沙泰尔州的贵族一直冷眼旁观地等待着挚爱的王权再次回归，于是选择暂时置身事外。

在过去三十年中，瑞士一直将纳沙泰尔州当作瑞士的一员加以保

---

① 法兰西第二共和国，是在1848年二月革命后建立的共和政府，后被法兰西第二帝国取代。
② 白色十字旗，施维茨州州旗以红色为底，左上角为一枚白色的小十字，象征着基督教的十字架。
③ 普鲁士之鹰旗帜，指普鲁士王国国旗，以土黄色盾牌为背景，上面有一只黑色的雄鹰，雄鹰的喙和两爪为红色。
④ 共和宪法，指纳沙泰尔州仿效法兰西第二共和国，颁布纳沙泰尔州共和宪法。

护，同时拒绝与卡洛·阿尔贝托同流合污——怂恿伦巴第人反抗奥地利帝国。瑞士议会公开声明其施政纲领是坚持在欧洲战乱中保持武装中立。只有一小群瑞士投机分子效仿16世纪的祖先，成了雇佣兵。他们翻越阿尔卑斯山脉，在意大利伦巴第地区为他国冲锋陷阵，追名逐利，最终却无功而返。于是，这群瑞士雇佣兵很快也像伯尔尼政府一样，彻底保持了中立。

在风雨飘摇的1848年春天，正当欧洲各国乱作一团时，瑞士修宪委员会悄无声息地完成了自己的使命——制定了所谓的"新瑞士宪法"①。毋庸置疑，瑞士联邦政府的权威通过新宪法得到了强化。作为瑞士联邦未来的首都，伯尔尼市设立了两个委员会来为国家制定法律，类似于美国的参议院和众议院。其中一个委员会由每个州选出的两名代表和每个半州选出的一名代表组成，以确保乌里州和楚格州与伯尔尼州和苏黎世州平起平坐。另一个委员会为瑞士联邦国民院②。全民代表理事会的成员由瑞士联邦各州按照一比两万的人口比例选出。瑞士联邦委员会③选出七名委员组成执行委员会。瑞士联邦公民虽然享有信仰不同形式的基督教的自由，但仍然不能信仰犹太教。根据新宪法第二十条的规定，瑞士联邦可以扩充军队，并规定所有瑞士男性必须从小接受军事训练。同时用瑞士联邦的国旗代替各州州旗。新宪法第二十一条允许联邦政府协助各州政府完成各项公共事务。新宪法第二十二条则赋予联邦政府兴建专科院校及大学的权力。

1848年5月15日，修订后的宪法被提交到了瑞士联邦议会。瑞士联邦议会一直讨论到1848年6月27日，之后才将新修订的宪法提交各州审议。

---

① 新瑞士宪法，指1848年9月12日，在法国大革命及二月革命的影响下，瑞士联邦效仿美国宪法，颁布瑞士联邦宪法，瑞士联邦正式在宪法层面上成为统一的联邦制国家。
② 国民院，瑞士联邦实行两院制，即联邦院（上院）和国民院（下院）。国民院议员由各州选举产生。
③ 瑞士联邦委员会，由瑞士联邦七个联邦行政部门组成的委员会，负责领导瑞士联邦政府。

很快，瑞士联邦的十三个州和外阿彭策尔半州以压倒性的多数通过了新宪法。1848年8月，又有三个州批准了新宪法。虽然瓦尔茨特滕、楚格州、瓦莱州和内阿彭策尔半州投票反对，但量小力微的它们并不占优势。于是，1848年9月12日，瑞士联邦议会宣布新宪法生效。从拉多勒山到森蒂斯峰，欢欣鼓舞的瑞士人在所有的山上点起篝火庆祝新宪法的颁布。

从此，瑞士联邦得到迅速发展。1850年，瑞士联邦改良了货币制度。1851年，瑞士联邦统一了度量衡。对一个每隔几英里就有州界变化的国家来说，统一度量衡成为一个巨大的优势。此时的瑞士，已经摆脱了曾经困扰美国的"流浪汉问题"。与此同时，各种麻烦的过路费也减少了。1855年，瑞士联邦建立了一所理工类院校。也是在1855年，瑞士联邦的铁路建设得到了极大的推动。在如今的瑞士联邦，纵横交错的铁路覆盖了整片国土，一直延伸到原本岩羚羊和野山羊才能到达的地区。1862年，瑞士联邦议会慷慨地免除了1847年叛乱各州欠的最后几笔赔款。这一宽宏大量的举动是在瑞士联邦议会代表们投票决定拨款修建穿越瓦尔茨特滕地区的公路时决定的。瑞士联邦的做法令人惊叹不已。此举也将瑞士人对内战的惨痛记忆一扫而空。事实上，在新宪法颁布期间，除弗里堡州之外，前分离主义者联盟各州都十分收敛。在弗里堡州内，主教艾蒂安·梅里莱[①]经常煽动人们的不满情绪。艾蒂安·梅里莱为反抗弗里堡州政府对州内修道院的镇压做出了过激的行为，最终遭到逮捕，并在西庸城堡中被关押长达数月。虽然弗里堡州天主教教徒一直希望耶稣会能回归弗里堡州，但再也不会采用激进的方式实现自己的愿望。

瑞士联邦新宪法颁布后，日内瓦在约瑟夫·洛伊的领导下建立了相对稳定的自由政府。在1847年的分离主义者联盟战争结束之后，旧的贵族宪法遭到废除，同时每个年满二十一岁的日内瓦人都有权投票选举大

---

① 艾蒂安·梅里莱（1804—1889），曾任洛桑及日内瓦教区主教，1848年时因与弗里堡州政府存在严重分歧被伯尔尼州、日内瓦州、沃州和纳沙泰尔州等州同时驱逐。

议会议员并参与城市治理。而在此之前，日内瓦人拥有的这些权利仅由少数权贵家族长期把持。在任职期间，约瑟夫·洛伊采取的两项措施深得民心，其一是通过拆毁旧城墙扩建城市，其二是保障罗马天主教教徒的宗教自由。早在约翰·加尔文刚刚辞世，并对日内瓦仍有一定影响力时，日内瓦议会就曾建议为这位来自法兰西王国的使者提供一辆马车，以方便他出城做弥撒。在当时，这也只是为了表达对这位伟人的崇敬而采取的特殊礼遇。然而，如今的日内瓦议会已经懂得施政宽容。因此，所有的天主教教徒都可以在教堂里祷告和忏悔。

在"极具意大利风情"的提契诺州，随着奥地利帝国的崛起，麻烦也随之而来。米兰刚刚发生叛乱，曾落难于瑞士联邦卢加诺的朱塞佩·马志尼^①再次企图弑君。为了报复提契诺州对朱塞佩·马志尼的庇

朱塞佩·马志尼

---

① 朱塞佩·马志尼（1805—1872），意大利政治家、记者、意大利统一运动的重要人物，毕生致力于实现意大利的独立和统一。

护，奥地利帝国指责提契诺州为纵容阴谋者和杀人犯的避难所，同时将在伦巴第辛苦谋生的五千多名无辜的提契诺人驱逐出境。奥地利帝国的做法激起了瑞士联邦的强烈愤慨，结果奥地利帝国不得不在于1855年2月米兰签署的协约中允许提契诺人返回伦巴第。

1850年之后的几年，瑞士联邦对外界的所有注意力都集中在了普鲁士王国，以及纳沙泰尔贵族企图夺回霍亨索伦家族①的领地问题上。1848年，普鲁士王国国王腓特烈·威廉四世②不得已放弃了纳沙泰尔。在接下

霍亨索伦家族的盾形纹章

---

① 霍亨索伦家族，德意志主要统治家族，11世纪时兴起于施瓦本的赫辛根地区，家族名称来自家族世代居住的霍亨索伦城堡。
② 腓特烈·威廉四世（1795—1861），普鲁士王国国王腓特烈·威廉三世的长子和继承人，1840年至1861年在位。

普鲁士国王腓特烈·威廉四世

来的1849年，普鲁士国王腓特烈·威廉四世得暇思索他对王国应负的责任，准备随时恢复自己的权威。1852年，腓特烈·威廉四世在《伦敦议定书》①中明确了他的意图。纳沙泰尔贵族因此受到鼓舞并准备放手一搏。纳沙泰尔贵族聚集了三千人在瓦朗然召开会议，结果却发现早已有

---

① 《伦敦议定书》，1852年5月8日，第一次石勒苏益格战争结束后，欧洲各国签署了一项名为《伦敦议定书》的协议，对1850年8月2日的议定书进行了修订，该议定书得到了欧洲五大国——奥地利帝国、法兰西第二共和国、普鲁士王国、俄罗斯帝国和大英帝国，以及波罗的海诸国丹麦和瑞典的承认。

七千名起义者聚集在那里，意在压制强烈希望恢复君主制的纳沙泰尔保王派贵族。贵族不得不隐忍以等待时机。

1856年，纳沙泰尔贵族卷土重来，决定密谋发动一场类似旺代叛乱①的战争。经过秘密备战，贵族们率军攻占了纳沙泰尔城堡，俘虏了纳沙泰尔州政府议员。纳沙泰尔州共和派群众立即采取行动，不费一兵一卒又夺回了纳沙泰尔城堡。在费了九牛二虎之力之后，贵族头领们才摆脱了暴怒群众的攻击。瑞士联邦委员会对纳沙泰尔事件持宽容态度。在六百六十七名纳沙泰尔保王派叛军中，只有二十八人被关押，而对于其余人，瑞士联邦委员会只是提出警告，并遣送回家。

普鲁士王国则认为纳沙泰尔保王派叛军是为正义而战，希望瑞士联邦释放被囚的纳沙泰尔保王派叛军。法兰西第二帝国皇帝拿破仑三世也希望如此，并且承诺在瑞士联邦释放人犯之后，他将为纳沙泰尔州的独立进行调解。瑞士联邦政府当然求之不得，不过，瑞士联邦政府希望先实现纳沙泰尔州的独立，再释放人犯。拿破仑三世一口回绝了瑞士联邦政府的要求，转而出言恫吓。与此同时，普鲁士王国军队占领巴塞尔和沙夫豪森已经指日可待。然而，瑞士联邦并未惊慌失措。尽管瑞士联邦曾对身为难民的夏尔-路易-拿破仑·波拿巴拔刀相助，不过现在，瑞士联邦决定对身为皇帝的拿破仑三世拔刀相向。

伯尔尼州投票决定无限制提供人力和财力来为战争做准备。其他各州也迅速行动起来，甚至连人烟稀少的格劳宾登州也派出两千名卡拉宾骑兵。而前分离主义者联盟各州之间也冰释前嫌，准备与伯尔尼州和阿尔高州并肩作战。1856年11月27日，瑞士联邦国民院和瑞士联邦委员会在伯尔尼开会，并任命纪尧姆·亨利·杜福尔为总司令。在一片热烈的欢呼声中，纪尧姆·亨利·杜福尔宣誓就职。整个瑞士联邦变成了军营。每

---

① 旺代叛乱，指旺代战争，1793年至1796年法国大革命期间法兰西旺代地区的一场保王党反革命叛乱，也称旺代叛乱。旺代位于现法兰西共和国西部卢瓦尔河以南。

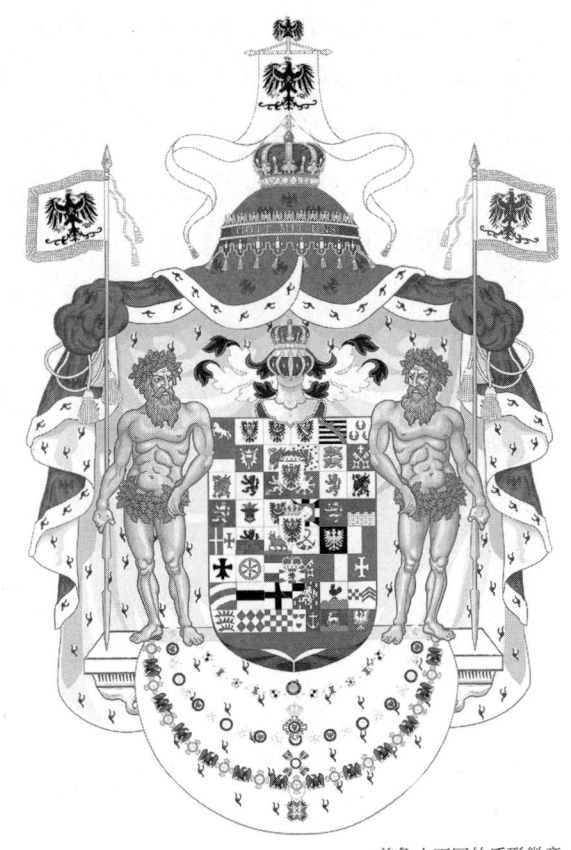

普鲁士王国的盾形徽章

一座村庄的孩子们都唱起了《你,我亲爱的祖国》^①。妇女们则为士兵们准备衣服、床单和绷带。身在国外的瑞士人也表现出同样的爱国精神,其中许多人都返回瑞士联邦为国征战,而无法回国的人则为祖国捐献了三十三万二千法郎。1857年1月,一支三万人的瑞士联邦军队驻扎在了受到威胁的边境。

瑞士联邦举国备战的举动震慑住了拿破仑三世。1831年时,拿破仑

---

① 《你,我亲爱的祖国》,瑞士19世纪50年代至1961年的国歌,之后被现在的瑞士联邦国歌——《瑞士联邦诗篇》——取代,成为半官方国歌,歌词由瑞士伯尔尼哲学教授约翰·鲁道夫·韦斯撰写于1811年。

三世曾借宿在纪尧姆·亨利·杜福尔家中。拿破仑三世深知纪尧姆·亨利·杜福尔的能力，也曾在图尔高州的射击比赛中了解过瑞士人。因此，在调解过程中，拿破仑三世表现出了前所未有的诚意。于是，双方很快达成和解。拿破仑三世任命1838年时结识的好友图尔高人约翰·科恩作为特使前往瑞士联邦。瑞士联邦被约翰·科恩的真诚打动，决定释放纳沙泰尔保王派叛军。1860年5月，双方在巴黎签订条约，宣布纳沙泰尔州不再效忠于普鲁士王国。起初，普鲁士王国政府要求瑞士联邦赔偿两百万法郎，但最终放弃了这一要求，只保留了纳沙泰尔与瓦朗然亲王的头衔[1]。纳沙泰尔与瓦朗然亲王这一头衔与撒丁王国王室在官方文件中保留的"耶路撒冷国王"[2]头衔具有同等地位。至此，纳沙泰尔问题得到了解决。

---

[1] 指普鲁士王国国王腓特烈·威廉四世保留了纳沙泰尔与瓦朗然亲王的头衔。第一任纳沙泰尔与瓦朗然亲王为法兰西第一帝国元帅路易·亚历山大·贝尔蒂埃（1753—1815）。1806年，路易·亚历山大·贝尔蒂埃获得纳沙泰尔与瓦朗然公爵的封号回国，后由拿破仑·波拿巴加封他为纳沙泰尔与瓦朗然亲王。

[2] 耶路撒冷国王，原指第一次十字军运动时于1099年在黎凡特建立的基督教王国——耶路撒冷王国的国王，20世纪初时，"耶路撒冷国王"这一称号主要由奥地利的哈布斯堡王朝、意大利的萨伏依王朝和撒丁王国国王使用。

第 26 章

19 世纪的瑞士联邦

（1859 年—1871 年）

在纳沙泰尔问题最终解决后不到两年，第二次意大利独立战争爆发。在第二次意大利独立战争中，拿破仑三世成了维托里奥·埃马努埃莱二世的盟友，从而迫使瑞士联邦不得不捍卫南部边境的中立地位。在

维托里奥·埃马努埃莱二世

维罗纳自由镇和平协议①签署之后，瑞士联邦政府与法兰西第二帝国再次产生分歧。拿破仑三世承诺要为意大利的独立而战，同时声称自己纯粹是出于对自由事业的同情。但相比虚无缥缈的称赞，拿破仑三世认为自己有权得到更切实的回报。三个世纪以来，法兰西人一直在觊觎萨伏依。一方面，对法兰西人而言，作为对拿破仑三世贡献的小小答谢，将萨伏依献给皇帝似乎是再自然不过的事；另一方面，瑞士联邦利益集团则坚决反对法兰西第二帝国吞并萨伏依，因为这将使沃州和瓦莱州处于法兰西第二帝国的钳制之下。很显然，拿破仑三世非常善于欲擒故纵。一开始，拿破仑三世表达了自己对瑞士联邦的好感，并且承诺允许沙莱和福西尼地区加入瑞士联邦。但仅仅过了一个月，拿破仑三世便变卦称萨伏依本身不想被瓜分。经过无数次讨论，欧洲各国使节们在苏黎世举行会晤，并达成了停战协定。瑞士联邦委员会主席雅各布·施滕普夫利②致力于按照瑞士联邦的意愿解决萨伏依问题，但他和后来奉命前往巴黎的纪尧姆·亨利·杜福尔的努力最终都付诸东流。瑞士联邦军队也只能做好开战的准备。即使像乔纳森·皮尔③、亨利·约翰·坦普尔④和约翰·罗素⑤等大英帝国的著名人物公开表达对瑞士联邦的同情，也无济于事。拿破仑三世不听劝阻一意孤行，精心操纵了关于萨伏依问题的投票过程。投票的结果居然是萨伏依人热切希望加入法兰西第二帝国。瑞士联邦无可奈何地接受了法兰西第二帝国吞并萨伏依的既成事实。之后的

---

① 维罗纳自由镇和平协议，因惧怕撒丁王国过于强大，拿破仑三世于1859年7月11日与奥地利帝国皇弗兰西斯·约瑟夫在维罗纳自由镇秘密会晤，但并未通知其盟友撒丁王国国王维克多·埃曼纽尔二世。二人最终达成结束冲突的共识，同时维持意大利边界不变。
② 雅各布·施滕普夫利（1820—1879），瑞士联邦政治家、瑞士联邦委员会成员、瑞士自由民主党成员，1854年12月6日当选为瑞士联邦委员会委员，1859年任瑞士联邦委员会主席。
③ 乔纳森·皮尔（1799—1879），英国士兵，保守党政治家，1826年成为英国国会议员。
④ 亨利·约翰·坦普尔（1784—1865），指第三代帕麦斯顿子爵，英国政治家，19世纪中叶曾两次担任英国首相，在1830年至1865年大英帝国鼎盛时期主导英国的外交政策。
⑤ 约翰·罗素（1792—1878），指第一代罗素伯爵，1861年以前被尊称为约翰·罗素勋爵，英国辉格党领袖，自由主义政治家，在19世纪中叶维多利亚女王时代曾两度担任英国首相。

雅各布·施滕普夫利

几年中，法兰西第二帝国和瑞士联邦的关系并不融洽。1862年，法兰西第二帝国将戴普谷地归还给了沃州。1804年，拿破仑·波拿巴为了安抚法兰西第一共和国曾将该谷地夺去。不久，朱塞佩·马志尼企图刺杀拿破仑三世，致使瑞法之间的关系再次不和，因为朱塞佩·马志尼的一名同党是提契诺人。虽然朱塞佩·马志尼的整个阴谋是在瑞士联邦境内策划的，但提契诺州政府排除了自己作为同谋的嫌疑。于是，自1834年以来，朱塞佩·马志尼第三次被驱逐出境。

1864年6月28日，瑞士联邦与法兰西第二帝国签订了一项贸易协定[1]。因此，瑞士联邦获得了巨大的贸易优势。与此同时，作为解放瑞士联邦犹太人的契机，这一协定备受瞩目[2]。因为在1848年时，即使是最激进的自由主义者，也不敢提出解放瑞士联邦的犹太人这种要求。尽管在过去的二十年中，各种各样的宗教派别在瑞士联邦各州都在以自己的方式进行礼拜，但直至1870年，瑞士联邦的耶稣会会士依然只能在公共场合以特定方式进行礼拜。虽然耶稣会会士不是因为教牧者和宗教神父的身份，而是因为不时扰乱公共安全遭到瑞士联邦驱逐，但人们还是希望对耶稣会会士的这种排斥能够尽快停止。

此时，即使得知了瑞士联邦军队曾帮助那不勒斯王国和罗马教皇阻挠过意大利王国的自由进程，意大利自由派人士也依然与瑞士联邦和睦相处，并且建立了更加密切的关系。瑞士联邦与普鲁士王国的关系也出现了新的进展。在威斯巴登铁路开通时，瑞普两国的人们互相祝酒，共同庆贺。在法兰克福举行的步枪比赛上，参赛的一千名瑞士人受到了德意志人的热烈欢迎。

在1860年至1870年期间，蠢蠢欲动的法兰西第二帝国再次威胁到了瑞士联邦的安全。1870年7月15日，法兰西第二帝国对普鲁士王国宣战。1870年7月15日晚，开战的消息传到了伯尔尼。没有哪个国家比瑞士联邦更害怕普法开战。正所谓覆巢之下安有完卵，无论普法两国怎么有意克制，两强之争的战火仍然有可能蔓延到瑞士联邦。瑞士联邦一刻也不敢耽搁，立即召集了联邦委员会全体成员。仅在一个小时的时间内，全体瑞士联邦委员会成员便达成一致意见，认为各州应增加兵力，并尽快

---

[1] 指瑞法两国达成的关税同盟协定。
[2] 瑞法两国达成关税同盟协定后，犹太人在瑞士联邦受到的不平等待遇遭到法兰西等的抗议，因此在1866年1月14日，瑞士联邦的犹太人通过投票迫使瑞士联邦修宪，瑞士联邦的犹太人获得了能在瑞士联邦各地居住的权利，在此之前，他们只能在特定区域安家落户。之后，1874年的宪法修订赋予瑞士联邦的犹太人完全平等的法律地位。

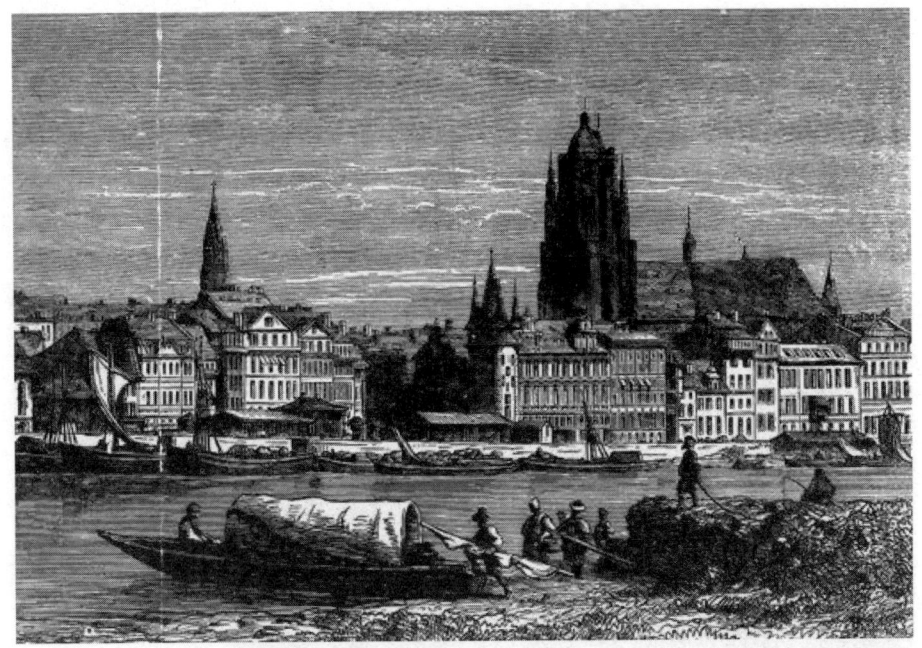

法兰克福

做好作战准备。1870年7月15日晚,在确定了指挥官人选和指挥部的地点后,瑞士联邦的五支精锐部队开赴战场。瑞士联邦认为法兰西第二帝国军队将首先进攻巴塞尔城,以便渡过莱茵河。于是,1870年7月16日下午,第一批到达战场的阿尔高州军队开始向巴塞尔城进发。1870年7月17日清晨,阿尔高州军队抵达巴塞尔桥,巴塞尔市民顿感心安。周日清晨的祷告刚一结束,巴塞尔市民便加入了阿尔高州军队的行列。与此同时,通往巴塞尔城的大桥上传来了人们吟唱《守卫莱茵》①的嘹亮歌声。

有一滴水,还映着光,

有一个兵,还捏着拳,

---

① 《守卫莱茵》,德意志爱国歌曲,起源于历史上法德两国之间的仇恨,在普法战争和第一次世界大战期间,这首歌在德国特别流行。

> 有一只手,还握着枪,
> 决不能让敌人爬上岸!
> 亲爱的祖国,您放心,
> 我们坚定不移守卫莱茵!

接下来,瑞士联邦需要任命军队总司令。当然,能够胜任这一职务的非纪尧姆·亨利·杜福尔莫属。在分离主义者联盟战争结束后,伯尔尼公众便一直将纪尧姆·亨利·杜福尔与滑铁卢战役中大英帝国的第一代威灵顿公爵阿瑟·韦尔斯利相提并论。不过,纪尧姆·亨利·杜福尔已年近八十五岁,因而不得不拒绝了这一千斤重担。于是,瑞士联邦军

第一代威灵顿公爵阿瑟·韦尔斯利

汉斯·赫尔佐克

队总司令一职转由阿尔高州的瑞士联邦军队上校汉斯·赫尔佐克①担任。瑞士联邦对汉斯·赫尔佐克的任命十分明智。汉斯·赫尔佐克立即调兵遣将，建造军火库和被服库，建立医院和新的电报站，同时对所有铁路的运输能力进行准确评估。所有准备工作都在紧张而有序地进行。瑞士联邦军队只需要等待普法侵略者越过边境。然而，在1870年8月，瑞士联邦面临的入侵威胁转瞬间烟消云散——普法两国军队并未踏足瑞士联邦国土。普法两军连番交战，普鲁士王国军队连战连捷。1870年8月18日，格拉沃洛特战役打响。普法军队离开瑞士联邦边境，向西部和北部挺进

---

① 汉斯·赫尔佐克（1819—1894），出生于瑞士联邦阿尔高州阿劳市，瑞士联邦陆军军官，1840年成为炮兵中尉，普法战争期间任瑞士联邦军队总司令。

普鲁士军队在格拉沃洛特战场上发起冲锋

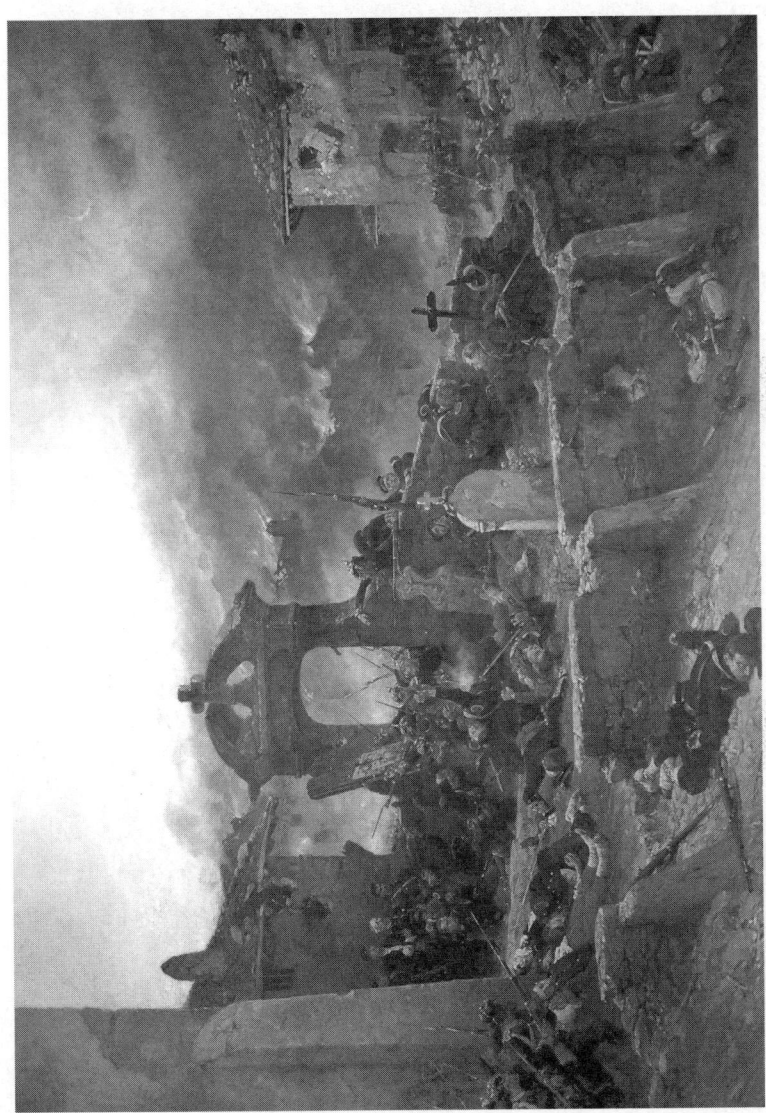

格拉沃洛特战场上战败的法兰西残军

后，瑞士联邦才转危为安。几天后，瑞士联邦军队解散，士兵们都返回了家中。

1871年1月，普法之间最后的较量终于到来。一封谍报传来，称法兰西第三共和国军队将军查尔斯·丹尼斯·索特·布尔巴基①决定孤注一掷，尝试渡过莱茵河来进攻普鲁士王国。查尔斯·丹尼斯·索特·布尔巴基率领十五万大军，意欲实施大规模突袭。伯尔尼州议会做出预判，认为法兰西第三共和国军队将于几日后越过瑞士联邦边境，然后经巴塞尔桥渡过莱茵河。瑞士联邦再次召集军队和得力将领。随着查尔斯·丹

查尔斯·丹尼斯·索特·布尔巴基

---

① 查尔斯·丹尼斯·索特·布尔巴基（1816—1897），法兰西将军，曾任法兰西外籍军团中尉、路易·腓力一世的副官及拿破仑三世时的帝国卫队指挥官。

尼斯·索特·布尔巴基战败的消息传来，汉斯·赫尔佐克立刻意识到危险迫在眉睫。汉斯·赫尔佐克曾写道："一切迹象显示双方战果已明。普鲁士王国军队将迫使法兰西第三共和国军队越过瑞士联邦边境，以将其赶尽杀绝。"汉斯·赫尔佐克要求瑞士联邦政府增派一支两万人的军队。为了守卫边境，军队当然是多多益善。瑞士联邦军队的将官们接到命令——任何企图越过防线的法兰西第三共和国军队必须解除武装。一旦法兰西第三共和国军队拒绝解除武装，瑞士联邦军队就要立即开火。

1871年1月21日星期二，消息传来，一败涂地的查尔斯·丹尼斯·索特·布尔巴基企图撤退，但普鲁士王国军队拦住了他去往里昂的道路。此时，查尔斯·丹尼斯·索特·布尔巴基只有两个选择——要么投降，要么逃往瑞士联邦。冰雪严寒迫使查尔斯·丹尼斯·索特·布尔巴基催促军队在侏罗山路上马不停蹄地行进。此时的法兰西第三共和国军队指挥部前有两座营垒护卫，后有一支八万人的军队殿后，随时有可能闯进瑞士联邦。

第一批出现的法兰西第三共和国士兵是搭载火车而来的四百名伤员。这些既没有外科医生也没有随行军官的伤员来到汉斯·赫尔佐克所在的莱韦里耶尔。汉斯·赫尔佐克立即派出军官前去抗议，并且要求法兰西第三共和国保证下不为例。查尔斯·丹尼斯·索特·布尔巴基则派军官请求瑞士联邦予以收留。瑞士联邦虽然答应了查尔斯·丹尼斯·索特·布尔巴基的请求，但要求法兰西第三共和国军队在进入瑞士联邦边境之前必须放下武器。1871年2月1日，瑞法双方签署协议后，法兰西第三共和国军队蜂拥而至。查尔斯·丹尼斯·索特·布尔巴基及其僚属带着数不清的私人马车、救护车和军资物品陆续进入瑞士边境的莱韦里耶尔。法兰西第三共和国士兵像一盘散沙一样紧随其后，甚至还有很多士兵喝得酩酊大醉。骑兵、步兵和炮兵乱作一团。许多法兰西第三共和国军官享用着美酒佳肴，而士兵们却在敝屣而行甚至以布裹足。越过瑞士联邦防线的法兰西第三共和国军队纷纷放下了武器。一时间，长剑、刺刀和弯刀堆积如山。虽然汉斯·赫尔佐克立即为法兰西第三共和国军队指定了集合地点，但法军军官已经丧失了军队指挥权。瑞士联邦军队只好亲力亲为，妥善完成安置工作。不到两万人的瑞士联邦士兵安顿了八千三百多名缴械的法兰西第三共和国士兵。以坚强不屈的瑞士人民为后盾，意志坚定的汉斯·赫尔佐克终于完成了使命，整个安置工作也得以顺利完成。来自法兰西第三共和国的最后一丝威胁也就此烟消云散。

至此，我们已经简要地追溯了迄今[①]十年之内的瑞士联邦的主要史实。现在，我们不妨再来看看在此期间瑞士联邦国内的人们的生活状况。在过去的三十年里，虽然外部世界充满了战争和动荡，但瑞士联邦仍然保持着平稳发展。众所周知，在瑞士联邦议会中，各州进入联邦院的代表数量与选民人数成正比，而在国民院中，各州势力均等，并禁止恃强凌弱。在共和政体下，各州政府可以拥有各自的宪法、议会、政府和州旗。在瑞士联邦，人人都享有选举权。而在任何一个州，人们年满二十岁就可以拥有持枪权。在日内瓦州、卢塞恩州和其他部分地区，选民可以投票选出瑞士联邦议会议员以参与政府管理。之后，由各州全民议会推选出州议会及州长、最高行政官或市长。在伯尔尼州、图尔高州和其他各州，人们有权批准或否决议会制定的法律。同样，在苏黎世，任何公民都可以提出新法案或旧法案修正案。如果获得超过三分之一的议会成员支持，那么提案便必须提交全民审议。在乌里州、施维茨州、翁特瓦尔登州和阿彭策尔州，坚守祖先习俗的人们则奉行另外一种治理模式。内阿彭策尔山区的人们更是忠实地保留了先辈们的传统。

每年，阿彭策尔人会指定5月第一周的星期日为"集会日[②]"，并在

---

① 指本书第一版成书时间1881年。
② 集会日，起源于1299年"广场集会"，也称露天议会，各州公民在每年4月的最后一天或者5月第一周的星期日举行露天集会，选举政府要员和举手表决是否通过法律等重要事项，是瑞士联邦最早的一种"直接民主"形式。

这一天安排当年的所有事项。正如德意志民族的"大事记"一样,阿彭策尔人会聚集在阿彭策尔州的一片历史悠久的小树林中。这片小树林见证了阿彭策尔人祖先们的诸多英勇行为。农民们穿着硬高领的绿色短外套,腋下夹着早已生锈的古剑来到集会地。集会队伍由身穿阿彭策尔州黑白色统一制服的乐队带领。乐队会用大鼓和横笛奏出原始又刺耳的音乐。

地方行政长官是阿彭策尔人唯一可以接触到的世俗长官。地方行政长官会登上悬挂着黑白两色帷幔并有两把古剑交叉在前面的平台,然后脱下帽子,宣布会议开始。人们同样也会脱下帽子,聆听行政长官以"可靠、忠诚、挚爱的同胞们"做开头的致辞。行政长官会感谢上苍让人们再次相聚,然后追忆祖先抵抗外敌的光荣事迹。在地方行政长官致辞结束后,全体代表会静默祈祷片刻。之后,露天议会开始。需要选民们决定的事项通常很少也很简单,包括对精锐部队或后备军征兵、修建新路和砍伐森林等问题进行举手表决。一年之中的所有事项在一天之内就可以确定下来,并且很少召开其他会议。

虽然治理方式各不相同,但没有一个州在自由事业上疏忽懈怠。瑞士联邦各州虽然总是会为愿意工作的难民提供庇护,但绝不容忍乞邻为食的乞丐。这样的乞丐会由当地辖区代为购买去往维也纳或纽约的车票,并确保其称心如意地离去。各辖区由辖区区长及乡镇议会成员负责治理一切日常事务。各辖区可以规定外来人在辖区内定居应付的款项,并且未经辖区同意,禁止跨辖区通婚。各辖区负责维持由约翰·亨里希·裴斯泰洛齐①、菲利普·埃马努埃尔·冯·费伦贝格②和伊格纳茨·托马斯·谢尔完善的教育制度。伊格纳茨·托马斯·谢尔以自创的手语代替了过去那种缓慢的手语。迄今为止,聋哑人所学的都是这种手语。伊格纳茨·托马斯·谢尔出生于德意志邦联。后来,因发起的教育

---

① 约翰·亨里希·裴斯泰洛齐(1746—1827),瑞士联邦教育家和教育改革家。
② 菲利普·埃马努埃尔·冯·费伦贝格(1771—1844),瑞士联邦教育家和农学家。

伊格纳茨·托马斯·谢尔

改革受到苏黎世贵族政党的怀疑和阻挠，伊格纳茨·托马斯·谢尔被驱逐出境。但在此之前，伊格纳茨·托马斯·谢尔已经在屈斯纳赫特创办了教师培训学院。时至今日，该学院仍然保持着精益求精的培训标准。人们都说："在瑞士联邦，教育是国家第一要务。"瑞士联邦的人们都曾夸口道，除不幸的白痴之外，没有一个孩子是文盲——如果真有这样的孩子，那他肯定是个傻瓜。瑞士联邦的学校组织完善，并致力于为本国人民服务。接受教育不仅是一种特权，而且是一种义务。各辖区长官必须确保本辖区内的儿童个个都要接受教育。瑞士联邦的儿童至少要接受六年的小学教育，并且要确保每个星期都出勤，而且只能享受不超过两个月的假期。老师也会按照因材施教的原则精心为学生们安排课程。对于完成中小学教育，并且有时间和意愿花费三年时间继续攻读市民学校或大学①的人，瑞士联邦的学校还会开设经典著作课程。虽然孩子们对荷马史诗《伊利亚特》中的埃涅阿斯的劳苦和漂泊一无所知，也不为赫克托耳和妻子的分离感到悲伤，但他们永远不会忘记先辈们曾为了生存历经磨难，为了祖国慷慨捐躯。我们不禁要问，瑞士人强烈的爱国主义精神与他们幼时接受的阿诺德·冯·温克里德和威廉·退尔等英雄事迹的教育之间难道没有千丝万缕的联系吗？

在小学期间，瑞士联邦儿童很少学习外语，而是将主要精力用于学习母语——法语或德语的发音、写作及清晰理解上。他们不仅要学习地理、语法和算术，还要学习医疗知识，并通过体育运动和军事训练得到锻炼。在乡村学校，高年级学生还要学习农业和土地测量知识。女子学校还会以缝纫课、家政课和伤病护理课等形式为学生传授实用知识。

瑞士联邦儿童从小便在笃实好学的氛围中成长。有一件趣闻说的是，一位瑞士联邦教授带小女儿参观法兰西第三共和国的凡尔赛宫。当看到雄伟的凡尔赛宫时，小女儿兴奋地拍着手并大声喊道："看啊！爸爸，学校到了！"同样令人印象深刻的是，在全民皆兵的瑞士联邦，军队开支却远远少于教育开支。瑞士人虽然重视武力，但更强调文武兼济。对于欧洲强国环伺的小国瑞士联邦而言，采取文武并重的理念势在必行。因此，所有瑞士人都要参军并接受训练。虽然行走在瑞士联邦的国土上几乎见不到一个士兵，但瑞士联邦的向导、客栈老板和马车夫其实都是军人。在危难之际，他们随时可以拿起武器为国效力。

1870年，纪尧姆·亨利·杜福尔将军曾致信巴黎政府称"我们拥有一支由十多万名身强体壮、训练有素，同时装备精良的士兵组成的军队。此外，我们还配备了一支接近十万人的后备军作为支援"②。然而，

---

① 一般指各城市为市民提供继续教育的学校。
② 指普法战争期间，普法两国军队在对战过程中逼近瑞士联邦边境。纪尧姆·亨利·杜福尔将军曾为此致信法兰西第二帝国政府以示抗议。

瑞士联邦军人的实际数量其实更多。在瑞士联邦，所有十九岁到三十四岁，同时身强力壮，并且非神职人员的瑞士人都必须加入现役精锐部队；年满三十四岁到四十岁的瑞士人可以加入预备役；而年满四十岁到四十五岁的瑞士人则可以成为后备军人。一旦战争爆发，除成千上万的志愿兵参战之外，还有未到法定年龄便迫不及待参战的童子军及老当益壮的老翁。1870年夏，一位七十岁的老翁希望参军作战，结果却因年纪太大而被军官拒绝。无奈之下，老翁又来到另外一个州，但又被拒之门外。参军无望的老翁拿起了枪，然后作为一名独立志愿兵跟随军队开赴战场。这就是求同存异、兼容并蓄的瑞士联邦精神。瑞士人的这种精神也印证了纪尧姆·亨利·杜福尔的话："除军事防御手段之外，我们还可以倚仗国民心中的民族精神，以及捍卫瑞士联邦独立和中立地位的坚定决心。千磨万击还坚劲，任尔东西南北风。"

毋庸置疑，得天独厚的名山大川、湖光山色使瑞士联邦成了游客的露营天堂。每年夏天，来瑞士联邦观光的游客摩肩接踵。古代编年史家所说的"瑞士人的贪婪习性"早就被其他欧洲国家的人们效仿。来到瑞士联邦的各国游客过着奢华惬意的日子，就像在伦敦、维也纳或纽约生活一样惬意。但在游客大军中，也有一些不畏艰辛和追求冒险的人。每年，阿尔卑斯登山俱乐部的成员和一些旅游散客都会尝试攀登那些长期以来被人类视为无法企及的山峰。充满勇气和毅力的登山者们接二连三地征服了瑞士联邦境内的高峰。一旦有人登顶成功，后来的人攀登起来就相对容易了。在第一次成功登顶马特洪峰的队伍中，有四人丧命，同时登山队队长爱德华·温珀也因恐惧而不敢再次攀登。但没过几天，便有人踩着前人的步伐继续尝试攀登马特洪峰。如今，连年轻女孩都能爬上圆锥形的马特洪峰。对于登山者而言，攀登马特洪峰是毕生的梦想。然而，正如那些葬身格林德瓦冰川的人一样，很多顺利登上马特洪峰的人也经常会送掉性命。

不要去惊扰他。远离这银装素裹之地，

北斗七星宛如明灯高悬，

在高峰与天堂之间，

一条冰冻的阶梯连接天地。

山峰伫立在那里，

正如天使，

在圣洁的空中，

俯视大地，

向祖国瑞士告白。

——弗雷德里克·威廉·亨利·迈尔斯[①]《格林德瓦的坟墓》

高山下是一片祥和的乡村景象。沃韦城正在庆祝古老的葡萄酒节[②]。人们举办葡萄酒节是为了纪念古老的异教神——古罗马酒神巴克斯[③]，同时完美延续了鼎盛时期的庆贺方式。葡萄酒节每隔十五年举办一次。因此，这一可遇不可求的节日每次都会吸引大量游客，甚至连沃韦城的阳台、屋顶和树上都挤满了观众。一群身着古代瑞士服装的长戟兵率先入场。之后，入场的是葡萄园的园丁们。与此同时，由其中一名葡萄园的园丁扮作"修道院院长"主持演讲，并为出类拔萃的葡萄种植者依次戴上桂冠。接下来依次入场的是乐师、手捧花冠的小男孩、男牧羊人和女牧羊人。此外，由年轻貌美的少女扮成的春之女神厄俄斯特[④]坐着凯旋

---

① 弗雷德里克·威廉·亨利·迈尔斯（1843—1901），英国诗人、古典主义者、语言学家和心灵研究学会的创始人。
② 葡萄酒节，又称酒神节。
③ 巴克斯，古罗马神话中的酒神，相当于古希腊神话中的酒神狄奥尼索斯，掌管葡萄丰收、酿酒和葡萄酒之神，也是狂欢与放荡之神、丰收和戏剧之神。
④ 厄俄斯特，是日耳曼神话中的黎明女神。厄俄斯特意为"冬日逝去后春天的太阳从东方升起，将新生命带回"。

春之女神厄俄斯特

车①徐徐而来。阿尔卑斯山脉的牧民们赶着品种优良的牛群紧随其后,用古老的方言高唱着《召唤牛群》②。

之后,沃州悠扬的阿尔卑斯号角吹响。美貌少女扮演夏之女神刻瑞

---

① 凯旋车,指古罗马军事指挥官在凯旋式上乘坐的金色战车。这是罗马军事指挥官得到的最高荣誉。
② 《召唤牛群》,是一首旋律简单的歌曲,传统上是阿尔卑斯牧人在驱赶牛群往返牧场时用号角吹奏的乐曲,通常与瑞士人的乡愁联系在一起。

酒神巴克斯

斯^①坐着用谷物装饰的牛车登场。接着，收割者、拾荒者、歌手和舞者纷纷为正式亮相的酒神巴克斯让路，身披黑豹皮的马拉着战车上的酒神巴克斯庄严登场。铙钹和皮鼓奏出欢快的音乐。农牧神法翁[2]和酒神女祭司[3]绕着酒神巴克斯的战车欢快地起舞。森林之神西勒努斯[4]唱着赞美沃州的歌曲。晴好的天气、喜悦的脸庞和艳丽的服装一起构成了一幅美丽的风景画。气氛欢腾的庆祝活动会持续一整夜，直到第二天早晨。而农民们又要开始新一年的劳作。

---

① 刻瑞斯，罗马神话中的谷物女神，掌管农业、谷物和丰产。
② 农牧神法翁，在罗马神话中是指一些半人半羊的精灵，生活在树林里。罗马人将其与希腊神话中的潘联结对应。在魔幻小说与游戏中一般被译成"半羊人"或"羊男"。
③ 酒神女祭司，希腊神话中称"Maenad"，指酒神巴克斯的女祭司或女性追随者。
④ 西勒努斯，古希腊神话职司森林的神祇之一，酒神狄奥尼索斯的伴侣和导师，常以秃顶和厚嘴唇的老人形象出现。

别了,我的草原!
别了,明媚的牧场!
夏天即将远去,
牧民就要离开。
别了,高山,我们还会再来,
在平原上布谷鸟再次鸣叫的时节。
小溪潺潺,大地欢歌,
花儿和鸟儿诉说着美丽的五月。
别了,我的草原!
别了,明媚的牧场!
夏天即将远去,
牧民就要离开。

——约翰·克里斯托弗·弗里德里希·冯·席勒《群山之湖》

译名对照表

Arnold of Melchthal	阿诺尔德·梅尔希塔尔
Walter Furst	沃尔特·弗斯特
Werner Stauffacher	维尔纳·施陶法赫尔
Rütli	吕特利
John Calvin	约翰·加尔文
Samuel Taylor Coleridge	塞缪尔·泰勒·柯勒律治
Mont Blanc	勃朗峰
Arthur Gilman	阿瑟·吉尔曼
Baden-Württemberg	巴登-符腾堡州
Free State of Bavaria	巴伐利亚自由州
Tyrol	蒂罗尔州
Piedmont	皮埃蒙特
Savoy	萨伏依
Rhine	莱茵河
Lake Constance	康斯坦茨湖
Grison Alps	格里森阿尔卑斯山脉
Rhaetian Alps	里申阿尔卑斯山脉
Pennine Alps	本宁阿尔卑斯山脉
Lake Geneva	日内瓦湖
Jura Mountains	侏罗山脉
State of New York	纽约州
Commonwealth of Pennsylvania	宾夕法尼亚州
State of Texas	得克萨斯州

Great St Bernard Pass	大圣伯纳德山口
Raszberg	劳斯贝格山
Rigi	瑞吉山
Saint Gotthard Pass	圣哥达山口
Valais	瓦莱州
Simplon Pass	辛普朗山口
Monte Rosa	罗莎峰
Zermatt	策马特峰
Matterhorn	马特洪峰
Ahasuerus	亚哈随鲁
Edward Whymper	爱德华·温珀
The Alpine Club	阿尔卑斯登山俱乐部
Bernese Oberland	伯尔尼高地
Schreckhorn	施雷克峰
Willhorn	威尔霍恩峰
Wetterhorn	韦特霍恩峰
Schneehorn	施奈霍恩峰
Faulhorn	弗尔峰
Oberaarhorn	奥伯拉霍恩峰
Finsteraarhorn	芬斯特腊尔霍恩峰
Finkenberg	弗林肯贝格
Bernese Alps	伯尔尼兹阿尔卑斯山脉
Bödeli	博德利
Jungfrau	少女峰
Sacred River of Germany	德意志圣河
Vorderrhein	前莱茵河
Hinterrhein	后莱茵河
Plessur	普莱苏尔河
Landquart	兰德夸特河
Tamina River	塔米纳河
Sargans	萨尔甘斯
Rhone River	罗讷河

Reuss River	罗伊斯河
Ticino River	提契诺河
Aar River	阿勒河
Martigny	马蒂尼
St. Maurice	圣莫里斯市
Mer de glace of Savoy	萨伏依冰川
Finsteraar Glacier	芬斯特腊尔冰川
Oberaar Glacier	奥伯拉尔冰川
Rosenlaui Glacier	罗森劳伊冰川
Grindelwald Glacier	格林德瓦冰川
Rhone Glacier	罗纳冰川
Gletsch valley	格莱奇山谷
Engadine valley	恩加丁山谷
Glacier table	冰桌
Morteratsch Glacier	莫尔特拉奇冰川
Ice pedestal	冰座
Lake Thun	图恩湖
Canton of Vaud	沃州
Leuk	洛伊克镇
Aargau	阿尔高州
Baden	巴登
St. Moritz	圣莫里茨镇
Pfeffers	普费弗斯
Lake Zurich	苏黎世湖
Lake Lucerne	卢塞恩湖
Zugersee	楚格湖
Walensee	瓦伦湖
Lake Brienz	布里恩茨湖
Lake Biel	比尔湖
Lake Neuchatel	纳沙泰尔湖
Lake Leman	莱芒湖
Lake Lugano	卢加诺湖

Maggiore	马焦雷湖
Appenzell Innerrhoden	内阿彭策尔州
Unterwalden	翁特瓦尔登州
Obwalden	上瓦尔登州
Canton of Nidwalden	下瓦尔登州
Romansch	罗曼什语
Samedan	萨梅丹
Gospel of Luke	《路加福音》
Adrien	阿德里安
Thermopylae	温泉关
Appomattox	阿波马托克斯
Waldstätten	森林州
Herodotus	希罗多德
Cyrus II	居鲁士二世
Phocians	福基斯人
Massilia	马西利亚城
Celts	凯尔特人
Galenstock	加伦施托克山
Pillar of the Sun	太阳之柱
Helvetii	赫尔维蒂人
Tigurini	提古林尼
Tugeni	图格尼
Cimbri	辛布里人
Teutons	条顿人
Roman provinces	罗马共和国行省
Gaius Marius	盖乌斯·马略
Divico	狄维科
Gaius Cassius Longinus	盖乌斯·卡西乌斯·朗基努斯
Gaius Iulius Caesar	盖乌斯·尤利乌斯·恺撒
Orgetorix	奥吉托里克斯
Germanic people	日耳曼人
Garonne	加龙河

Loire	卢瓦尔河
Bay of Biscay	比斯开湾
Gaul	高卢人
Fort l'Écluse	勒克吕斯要塞
Montgenevre Pass	蒙热内夫尔山口
Lyons	里昂
Saone	索恩河
Mont Beuvray	贝弗雷山
Bibracte	比布拉科特
Michel Eyquem de Montaigne	米歇尔·艾奎姆·蒙田
Servius Sulpicius Galba	塞尔维乌斯·苏尔皮基乌斯·加尔巴
Rhaetians	雷蒂亚人
Truscans	托斯卡纳人
Hetruscans	伊特鲁里亚人
Valley of Arno	阿诺河谷
Ladinum	拉登语
Gaius Octavius Thurinus	盖乌斯·屋大维·图里努斯
Carpathian Mountains	喀尔巴阡山脉
Senatus	元老院
Roman Legion	罗马军团
Legio XXI Rapax	第二十一饕餮军团
Aulus Vitellius Germanicus	奥鲁斯·维特里乌斯·日耳曼尼库斯
Aventicum	阿旺什人
Titus Flavius Vespasianus	提图斯·弗拉维乌斯·维斯帕西亚努斯
Cecina	凯奇纳
Julius Alpinus	居流士·阿尔皮奴斯
Gaius Plinius Secundus	盖乌斯·普林尼·塞孔都斯
Pantheon	万神殿
Vandals	汪达尔人
Burgundians	勃艮第人
Alemanni	阿勒曼尼人
Ostrogoths	东哥特人

Franks	法兰克人
Lombards	伦巴第人
Attila	阿提拉
Swabia	施瓦本
Tyrol	蒂罗尔
Gondebaud	贡都巴德
Roman–Persian Wars	罗马波斯战争
Clotilda	克洛蒂尔达
Clovis I	克洛维一世
Captain	封臣
Fief	采邑
Heinrich Zschokke	海因里希·乔克
Lucius	卢修斯
St. Bent	圣本特
Benedictine Order	本笃会
Meinrad of Einsiedeln	圣迈因拉德
Dark Forest	黑森林
Einsiedeln Abbey	艾因西德伦修道院
William Wordsworth	威廉·华兹华斯
Black Virgin	黑圣母
Saint Sigisbert	圣西格斯伯特
Disentis	迪森蒂斯
St. Gall	圣加尔
Saint Columba	圣科伦巴
Placidus	普拉西德
Victor I	维克托一世
Arbon	阿尔邦
Steinach	史坦纳河
Theodor	西奥多
Mang	曼格
Abbey of Saint Gall	圣加仑修道院
Sigisbert II	西吉斯贝尔二世

Chamberlain	宫廷内侍
Pepin the Short	矮子丕平
Alsace	阿尔萨斯
Fridolin of Säckingen	圣弗里多林
Glarnisch	格莱尼施山
Glarus	格拉鲁斯
Bishop of Lausanne	洛桑主教
Bishop of Basel	巴塞尔主教
Bishop of Sion	锡安主教
Urseren Valley	乌塞伦河谷
Gotzbert	戈兹伯特
Encyclopedia of Salomon	《箴言》
Saint Gerald	圣杰拉尔德
Meister Eckhart	梅斯特·埃克哈特
Folkert	福柯尔特
Sintram	辛特姆
Rudolf I	鲁道夫一世
Charlemagne	查理曼大帝
Charlemagne Empire	查理曼帝国
Canton of Freiburg	弗里堡州
Duke of Swabia	施瓦本公爵
Burchard II	布尔夏德二世
Richard, Duke of Burgundy	勃艮第公爵理查德
Danube	多瑙河
Black Sea	黑海
Rudolph II	鲁道夫二世
Conrad I	康拉德一世
Gourge Castle	古尔热城堡
Anno	奥诺
Burgher	布尔乔亚
Schaffhausen	沙夫豪森
Payerne Priory	佩耶纳修道院

Rudolph III	鲁道夫三世
Lausanne	洛桑
Nechtland	尼希特兰
Duke of Zähringen	柴林根公爵
Berchtold IV	贝希托尔德四世
Berthold V	贝希托尔德五世
Conrad Justinger	康拉德·贾斯廷格
Imperial bailiff	帝国执政官
Schwanden	施万登
Ruti	吕蒂
Gruyere	格吕耶尔
Chateau-d Oex	代堡
House of Neufchâtel	纳沙泰尔家族
Kyburg	基堡
Diepenhoffen	迪彭霍芬镇
Winterthur	温特图尔
Rapperschwyl	拉珀斯维尔
Toggenburgs	托根堡
Count Henry of Toggenburg	托根堡的亨利伯爵
Ida	艾达
Johann Christoph Friedrich Von Schiller	约翰·克里斯托弗·弗里德里希·冯·席勒
Knight of Toggenburg	《托根堡的骑士》
Crusades	十字军运动
Lake of Walensted	华仑湖
Rudolf von Habsburg	鲁道夫·冯·哈布斯堡
Gontrans of Alsace	阿尔萨斯的贡特朗
House of Habsburg	哈布斯堡家族
Austrian Empire	奥地利帝国
Gustavus II Adolphus	古斯塔夫二世·阿道夫
Conrad von Seldenbüren	康拉德·冯·塞尔登布伦
Engelberg Abbey	恩格尔贝格修道院

Titlis	铁力士山
Counts of Lenzburg	伦茨堡伯爵
Henry II	亨利二世
Albert I	阿尔布雷希特一世
Sarnen	萨尔嫩
Albrecht Gessler	阿尔布雷希特·盖斯勒
Berenger von Landenberg	贝林格·冯·兰伯格
Attinghausen	阿廷豪森
Burglen	比格伦
Altdorf	阿尔特多夫
Axenberg	阿克森贝格
William Tell's Chapel	威廉·退尔教堂
Kussnacht	屈斯纳赫特
New Year's Plan	新年计划
Rossberg	罗斯伯格
Schwanau	施瓦瑙
Battle of Morgarten	莫尔加尔滕战役
Schachen	斯彻申
House of Stuart	斯图亚特王朝
Henry VIII	亨利八世
Albrecht von Haller	阿尔布雷希特·冯·哈勒
Gioachino Antonio Rossini	焦阿基诺·安东尼奥·罗西尼
John of Swabia	施瓦本的约翰
kingdom of Hungary	匈牙利王后
Agnes	艾格尼丝
Königsfelden Monastery	科尼希斯费尔登修道院
Berthold of Oftringen	奥夫特林根的贝希托尔德
Duke of Upper Bavaria	上巴伐利亚公爵
Louis IV	路易四世
Frederick III	腓特烈三世
Duke of Austria	奥地利公爵
Leopold I	利奥波德一世

Brunig Pass	布伦迪山隘
Morgarten Pass	莫尔加尔滕山口
Thur River	图尔河
Lenzburg	伦茨堡
Rudolf Reding von Biberegg	鲁道夫·雷丁·比贝雷格
Henry of Ospenthal	霍斯彭塔尔的亨利
Lake Ägeri	埃格里湖
House of Lauffenburg	劳芬堡家族
House of Toggenburg	托根堡家族
House of Bonstetten	邦施泰滕家族
Winterthur	温特图尔
Alpnach	阿尔卑纳赫
Holy Roman Emperor	神圣罗马帝国皇帝
Oberhasli	奥伯哈斯里
Simmenthal	西门塔尔
Laupen	劳彭
John of Bubenberg	布本伯格的约翰
Rudolf von Erlach	鲁道夫·冯·埃拉赫
Count of Neuchâtel	尼道伯爵
Rudolph IIII	鲁道夫四世
Rinkenberg	瑞肯伯格
Limmat	利马特河
Rudolf Brun	鲁道夫·布伦
Albrecht II	阿尔布雷希特二世
Näfels	奈弗尔斯
Canton of Zug	楚格州
William Makepeace Thackeray	威廉·梅克比斯·萨克雷
Austrian autograph	奥地利的印记
Englanderhubel	英格兰德休布尔
Buttisholz	布蒂斯霍尔茨
Sempach	森帕赫
Leopold III	利奥波德三世

Hans of Hasenberg	哈森伯格汉斯
Eylaf of Ems	埃姆斯的艾拉夫
Arnold Von Winkelried	阿诺德·冯·温克里德
Petermann von Gundoldingen	彼德曼·冯·刚铎顶贞
Wesen	威森
Leopold IV	利奥波德四世
Fentingen	芬廷根
Ogre's Fountain	食童喷泉
Count Hans of Lavenstein	汉斯·莱温斯坦伯爵
Milan	米兰
Kuno von Stoffeln	库诺·冯·斯托芬
Stosz	斯托兹山
John Huss	约翰·胡司
Konzil von Konstanz	康斯坦茨宗教会议
Sigismund	西吉斯蒙德
Canton of Aargau	阿尔高州
Lukmanier Pass	卢克马尼尔山口
Via Mal	维亚玛拉峡谷
Splugen Pass	施普吕根山口
San Bernardino	圣贝纳迪诺
Henry Wadsworth Longfellow	亨利·沃兹沃斯·朗费罗
Saxon	撒克逊
Drachenfels	《龙岩》
Fardun	法尔敦
John Chaldar	约翰·查达尔
Barenburg	巴伦堡
Hohen Rhaetian	霍亨·雷蒂恩
Kuono	库诺
Ilanz	伊兰茨
Trons	特伦斯村
Peter of Pultinga	普廷加的彼得
Chapel of St. Anna	圣安娜老教堂

Gray League	灰衣同盟
Grisons	格劳宾登
League of God's House	上帝之家同盟
League of the Ten Jurisdictions	十辖区同盟
Count of Toggenburg	托根堡伯爵
Frederick VII	弗雷德里克七世
Mount Santis	森蒂斯峰
Appenzell Alps	阿彭策尔阿尔卑斯山脉
Uznach	乌茨纳赫
Sargans	萨尔甘斯
Rudolf Stüssi	鲁道夫·施图西
Ital Reding the Elder	伊塔尔·雷丁
Mount Esel	埃塞尔峰
Bremgarten	布雷姆加滕
Sihl	锡尔河
Armagnac	阿马尼亚克
Louis XI	路易十一
Battle of St. Jakob an der Birs	圣雅各布战役
Ensisheim	昂西塞姆
Order of St.John	圣约翰骑士团
Hugh de Montfort	休·德·蒙特福特
Heinrich von Bubenberg	海因里希·冯·布本伯格
Hallwyl	哈尔维尔
Thuring	图灵
Plappart	普拉帕特
Peter Kistler	彼得·基斯特勒
Sumptuary Laws	禁奢令
Nicholas of Cusa	库萨的尼古拉
Davos	达沃斯
Duke of Burgundy	勃艮第公爵
Charles The Bold	大胆查理
Quentin Durward	《惊婚记》

Diesbach Family	迪斯巴赫家族
Peter von Hagenbach	彼得·冯·哈根巴赫
Duke of Lorraine	洛林公爵
Rene II	勒内二世
Orbe Castle	奥尔布城堡
Grandson Castle	格朗松城堡
Otto de Grandson	格朗松的奥顿
Cathedrale de Lausanne	洛桑大教堂
De Joigne	德·茹瓦尼
Battle of Grandson	格朗松战役
Stone of Mauconseil	莫孔赛依之石
St. George	圣乔治
Anatoly Nikolaevich Demidov	阿纳托利·尼古拉耶维奇·德米多夫
Tiara	三重冕
Murten	穆尔滕
Veit Weber	法伊特·韦伯
Meyringen	迈林根
Nancy	南锡
William Herter	威廉·赫特
Count Campobasso	坎波巴索伯爵
Colonna	科隆纳
Battle of Nancy	南锡战役
Burgundian Wars	勃艮第战争
Heinrich Bullinger	海因里希·布林格
Stanz	施坦斯
Heinrich Imgrund	海因里希·伊姆格龙德
Saxeln	萨克瑟恩
Nicholas von der Flue	尼古拉·冯·弗鲁
Brother Claus	克劳斯兄弟
Treaty of Stans	《施坦斯条约》
Pfaffenbrief	《牧师宪章》
Hans Waldmann	汉斯·瓦尔德曼

Rorschach	罗尔沙赫
Rheinthall	莱茵塔尔
Sax	萨克斯
Schwaben Krieg	施瓦本战争
Maximilian I	马克西米利安一世
Mary of Burgundy	勃艮第的玛丽
Swabian League	施瓦本同盟
Innspruch	因斯布鲁克
Archbishop of Mayence	美因兹大主教
Bregenz	布雷根茨
St. Johns	圣约翰
Malser Haide	梅瑟海德
Bendikt Fontana	本尼迪克·丰塔纳
John Wala	约翰·瓦拉
Grisons League	格劳宾登同盟
Dornach	多尔纳赫
Pope Julius III	教皇尤利乌斯三世
Louis XII	路易十二
Lombardy	伦巴第
Bellinzona	贝林佐纳
Matthäus Schinner	马特乌斯·施纳
St. Peter's Keys	圣彼得钥匙
Battle of Novara	诺瓦拉战役
Duke of Milan	米兰公爵
Maximiliano Sforza	马西米利安诺·斯福尔扎
Battle of Marignano	马里尼亚诺战役
Francis I	弗朗索瓦一世
Ducat	达克特
Battle of Pavia	帕维亚战役
Louise of Savoy	萨伏依的路易丝
Indulgence	赎罪券
St. Peter's Basilica	圣彼得大教堂

Franciscan	方济各会
Bernhardin Samson	伯恩哈丁·萨姆森
Huldrych Zwingli	乌尔里希·茨温利
Virgin of the Hermitage	圣母隐修会
Protestantism	新教
Wildhaus	威尔德豪斯村
Martin Luther	马丁·路德
Wolfgang Capito	沃尔夫冈·卡皮托
Leo Juda	里奥·朱达
William Farel	威廉·法惹勒
Anabaptist	再洗礼派
Muhlegg	穆雷格
Frauenfeld	弗劳恩费尔德
Werli	沃里
Evangelical Worship	福音派崇拜
Reformed	改革宗
Strasburg	斯特拉斯堡
Kappel	卡佩尔
War of Kappel	卡佩尔战争
Leuk	洛伊克
Reformed Church	归正会
Duke of Savoy	萨伏依公爵
Charles III	查理三世
Mamelukes	马穆鲁克
Eidsgenossen	联邦党人
Huguenots	胡格诺派
Philibert Berthelier	菲利伯特·伯塞利尔
François Bonivard	弗朗索瓦·博尼瓦
Chillon Castle	西庸城堡
Prisoner of Chillon	《西庸的囚徒》
Savoyard	萨伏依人
l' Ecluse	埃克鲁塞

Picardy	皮卡第
Noyon	努瓦永
Wittenberg	威滕伯格
Gerard Cauvin	杰拉德·考文
University of Paris	巴黎大学
College de La Marche	马尔奇学院
College de Montaigne	蒙太古学院
University of Orléans	奥尔良大学
Damascus	大马士革
St. Paul	圣保罗
Calvinsim	加尔文主义
Apostolic church	使徒教会
Nicholas Cop	尼古拉·哥普
New learning	《新学问》
Institutes of Christian Religion	《基督教要义》
Bearn	贝亚恩
Marguerite de Navarre	玛格丽特·德·纳瓦尔
St. Peter's Church	圣彼得教堂
Presbyterian	长老会
Jacopo Sadoleto	雅各布·萨多雷特
Théodore Beza	泰奥多尔·贝扎
Michael Servetus	迈克尔·塞尔维特
John Knox	约翰·诺克斯
Queen of Scots	苏格兰女王
Mary I	玛丽一世
Elizabeth I	伊丽莎白一世
Duke of Somerset	萨默塞特公爵
Edward Seymour	爱德华·西摩
Thomas Cranmer	托马斯·克兰麦
Pope Gregory XIII	教皇格里高利十三世
Locarno	洛迦诺
Lelio Sozzini	莱利奥·索齐尼

Flemish	佛兰芒
River Limmat	利马特河
Uetliberg	于特利贝格
Carlo Borromeo	卡洛·博罗梅奥
Sunday School	主日学校
Golden League	博罗梅奥联盟
St. Verena	圣维雷娜
Laufenburg	劳芬堡
Philip II	腓力二世
St. Bartholomew's Day massacre	圣巴托洛缪大屠杀
Gaspard de Coligny	加斯帕尔·德·科利尼
Charles IX	查理九世
Catherine de Medici	凯瑟琳·德·美第奇
Appenzell Outer Rhodes	外阿彭策尔州
Louis Philippe I	路易·腓力一世
Valtellina	瓦尔泰利纳
Rudolf von Planta	鲁道夫·冯·普兰塔
Hercules von Salis	赫拉克勒斯·冯·萨利斯
Count of Fuentes	富恩特斯伯爵
Pedro Enriquez de Acevedo	佩德罗·富里茨·德阿塞韦多
Lake Como	科莫湖
Chiavenna	基亚文纳
Travers	特拉弗斯
Bergun	贝尔金
Jorg Jenatsch	乔治·耶拿奇
Thusis	图西斯
Nicolò Rusca	尼科洛·鲁斯卡
Zambra	赞布拉
Brettigau	布雷蒂格
Giacomo Robustelli	贾科莫·罗布斯泰利
Tirano	蒂拉诺
River Adda	阿达河

Ferdinand III	斐迪南三世
Holofernes	荷罗孚尼
Order of Friars Minor Capuchin	方济嘉布遣会
Prättigau	普拉蒂高
Johann Heinrich Waser	约翰·海因里希·瓦泽
Thirty Years' War	三十年战争
Matthias	马蒂亚斯
Bormio	博尔米奥
Stein	施泰因
Emmenthal	埃曼塔尔
Knonau	克诺瑙
Wadenschwyl	韦登斯维尔
Bremgarten	布雷姆加滕
Mount Pilatus	皮拉图斯山
Mount Frackmont	弗拉克蒙特山
Tiber	台伯河
Salamanca	萨拉曼卡
Edwin Arnold	埃德温·阿诺德
Peace of Westphalia	《威斯特伐利亚和约》
Reichsstand	帝国行政区
Johannes Rudolf Wettstein	约翰内斯·鲁道夫·韦特斯坦
John Evelyn's Diary	《约翰·伊夫林日记》
John Evelyn	约翰·伊夫林
Campus Martius	战神广场
Giovanni Diodati	乔瓦尼·迪奥达蒂
Ralph Morice	拉尔夫·莫里斯
Sir William Wray	威廉·雷爵士
Saladine	萨拉丁
Johannes Kepler	约翰尼斯·开普勒
Nicolaus Copernicus	尼古拉·哥白尼
Rene Descartes	勒内·笛卡儿
Hugo Grotius	胡果·格劳秀斯

Machiavellism	马基雅维利主义
Heidelberg Catechism	《海德堡要理问答》
Entlebuch	恩特勒布赫
Sumiswald	苏米斯瓦尔德
Niklaus Leuenberger	尼克劳斯·洛伊恩贝格尔
Herzogenbuchsee	黑措根布赫塞
Sigmund von Erlach	西格蒙德·冯·埃拉赫
Albis	阿尔比斯山
Rapperswil	拉珀斯维尔
Mellingen	梅林根
Muhlhausen	米尔豪森
Villmergen	维梅尔根村
Wohlen	沃伦
Ludwig Pfyffer	路德维希·派弗
Colonel Zweier	茨维尔上校
Louis XIV	路易十四
Leodegar Burgisser	莱奥德伽尔·比尔吉斯尔
Titular prince	亲王主教
Hummelwald	汉默瓦尔德
Priest Counsellor	主教参赞
Linden	林登
Augsburg	奥格斯堡
Wurelingen	维伦林根城
Sins	辛斯
Aarau	阿劳
Rheinfeld	莱茵费尔登
Joseph von Rudolphi	约瑟夫·冯·鲁道菲
Jakob Sarasin	雅各布·萨拉斯
Munsterthal	蒙斯特塔尔
Banneret	方旗骑士
Neustadt	诺伊施塔特
Porrentruy	波朗特吕

Day of Wrath	神谴之日
Werdenberg	韦尔登贝格
Heuwen	霍伊文
Pope Hilarius	教皇希拉略
Nuremburg	纽伦堡
Albrecht Durer	阿尔布雷特·丢勒
Kaibenthurm	凯本瑟姆
Menzingen	门青根
Baar	巴阿
Aegeri	埃格里
Linden	林登派
Schwarze Schumacher	施瓦茨·舒马赫
Sardinian	撒丁岛
River Sitter	锡特尔河
Trogen	特罗根
Herisau	黑里绍
Zellwegers	泽尔韦格
Welters	威尔特
Gaiss	盖斯
Hundwyl	洪德维尔
Emanuel Fueter	伊曼纽尔·富特尔
Samuel Niklaus Wernier	塞缪尔·尼克劳斯·韦尼耶
Rudolf Samuel Hentzi	鲁道夫·塞缪尔·亨齐
Edward Gibbon	爱德华·吉本
Voltaire	伏尔泰
Jean-Jacques Rousseau	让-雅克·卢梭
Leventina	莱文蒂纳
Biasca	比亚斯卡
House of Visconti	维斯孔蒂家族
Staussa	施陶萨
Urs	乌尔斯
Sartori	萨托里

Furno	福尔诺
Faido	法伊多
Platifer	普拉蒂弗
Urseren Valley	乌塞伦河谷
Ronca	龙卡谷
Peter Chenaur	彼得·杰纳尔
Froideville	弗鲁瓦德维尔
Dragoon	龙骑兵
Romont	罗蒙
Comte de Mirabeau	米拉波伯爵
Honoré Gabriel Riqueti	奥诺雷·加百列·里克蒂
Suzanne Curchod	苏珊·屈尔绍
Jacques Necker	雅克·内克尔
Madame de Stael	斯塔尔夫人
Montmorency	蒙莫朗西
Nouvelle Heloise	《新爱洛伊丝》
Meillerie	梅耶里
St. Preux	圣普乐
Clarens	克赖伦斯
Julie	朱莉
Emile	《爱弥儿》
Social Contract	《社会契约论》
Ferney	费尔奈
Duc de Choiseul	舒瓦瑟尔公爵
Étienne François	艾蒂安·弗朗索瓦
Versoix	韦尔苏瓦
Marquis de Lafayette	拉法耶特侯爵
Gilbert du Motier	吉尔贝·迪·莫提耶
Comte de Rochambeau	罗尚博伯爵
Jean Baptiste Donatien de Vimeur	让·巴普蒂斯·杜纳坦·德·维缪尔
National Convention	国民公会
Committee of Public Safety	公共安全委员会

Bastille	巴士底狱
Rauracia	劳拉西亚共和国
Erguel	埃尔古尔
Münstertal	蒙斯特塔尔
Chateauvieux	沙托维厄
Regiment of Ernest	欧内斯特军团
Aix	艾克斯
Marie Antoinette	玛丽·安托瓦内特
Tuileries Palace	杜伊勒里宫
Frauholz	弗劳霍尔茨
Wesemlin	韦斯梅林
Bertel Thorvaldsen	巴特尔·托瓦尔森
John Kenyon	约翰·凯尼恩
Vevey	沃韦
Rolle	罗勒
Stafa	施泰法
Johann Jakob Bodmer	约翰·雅各布·博德默
Beda Angehrn	贝达·安格尔恩
Napoleon Bonaparte	拿破仑·波拿巴
Cisalpine Republic	奇萨尔皮尼共和国
Treaty of Campo Formio	《坎波福尔米奥条约》
Simplon Pass	辛普朗山口
Act of Mediation	《调停决议》
Guillaume Marie Anne Brune	纪尧姆·马里-安内·布律纳
Neuenegg	诺埃内格
Grauholz	格劳侯尔兹
Johann Rudolf de Steiger	约翰·鲁道夫·斯泰格尔
Karl Ludwig von Erlach	卡尔·路德维希·冯·埃拉赫
Jardin des Plantes	巴黎植物园
Nile	尼罗河
Canton of Oberland	奥伯兰州
Canton of Sautis	森蒂斯州

Alois von Reding	阿洛伊斯·冯·雷丁
Wollrau	沃勒劳
Schindellegi	辛德尔雷基
Rothenthurm	罗滕图姆
Sattel	萨特尔
Treaty of Arth	《阿尔特条约》
Stockach	施托卡赫
Andrea Massena	安德烈·马塞纳
Alexander Vasilyevich Suvorov	亚历山大·瓦西里耶维奇·苏沃洛夫
Directoire exécutif	督政府
Helvetian Diet	赫尔维蒂议会
Peace of Amiens	《亚眠和约》
Valois	瓦卢瓦
Kingdom of Prussia	普鲁士王国
Grand Turk	大特克岛
Johannes von Muller	约翰内斯·冯·穆勒
Goldau	戈尔道村
Roszberg	罗斯伯格
Linth Canal	林特运河
Hans Conrad Escher	汉斯·康拉德·埃舍尔
Elizabeth Barrett Browning	伊丽莎白·芭蕾特·布朗宁
Agustín de Betancourt	奥古斯丁·德·贝当古
Isella	伊塞拉
Battle of Leipzig	莱比锡战役
Congress of Vienna	维也纳会议
Holy Alliance	神圣同盟
Kingdom of Naples	那不勒斯王国
Reichenburg	赖兴堡
Iselin of Basel	巴塞尔的伊瑟林
Helvetian Society	赫尔维蒂学会
Airolo	艾罗洛
Urseren	乌塞伦

Placido a Speche	普拉西多·斯派克
Charles Borromeo	查尔斯·博罗梅奥
Leventina	莱文蒂纳
Tremola Valley	特雷莫拉山谷
Henry Wadsworth Longfellow	亨利·沃兹沃思·朗费罗
Inner Schwyz	内施维茨州
Outer Schwyz	外施维茨州
Küsnacht	屈斯纳赫特
Pfeffikon	普费菲孔
Frederick William I	腓特烈·威廉一世
Neuchatel Castle	纳沙泰尔城堡
Liestal	利斯塔尔
Canton of Basel-Stadt	巴塞尔城市州
Canton of Basel-Landschaft	巴塞尔乡村州
Oehrli	奥尔利
Girolamo Ramorino	吉罗拉莫·拉莫里诺
Carouge	卡鲁日
Chambery	尚贝里
Count Bombelles	邦贝尔伯爵
Reichenau	赖歇瑙
Chabaud-Latour	沙博·拉图尔
Louis Philippe II	路易·腓力二世
Young Germany	青年德意志
Young Italy	青年意大利
Grand Duchy of Baden	巴登大公国
Montebello	蒙特贝洛
Louis Napoléon Lannes	路易·拿破仑·兰尼斯
Karl Friedrich Tscharner	卡尔·弗里德里希·常安尔
Conseil	孔塞伊
Fabrizio Sceberras Testaferrata	法布里齐奥·塞贝拉斯·泰斯塔费拉塔
Archbishop	大主教
Catholic popular union	天主教民众联盟

Conrad Coelestin Ochsner	康拉德·塞莱斯廷·奥克斯纳
Aloys Fuchs	阿洛伊斯·福克斯
Gregory XVI	格里高利十六世
Red-stockings	红袜党
Belet	贝利特
Sonderbund War	分离主义者联盟战争
Horner family	霍纳家族
Klauen family	克劳恩家族
Charles-Louis Napoleon Bonaparte	夏尔－路易·拿破仑·波拿巴
Hortense de Beauharnais	奥坦丝·德·博阿尔内
Arenenberg	阿伦伯格
Untersee	温特塞湖
Napoléon Eugène	拿破仑·欧仁
Thurgau Rifle Club	图尔州射击俱乐部
Guillaume Henri Dufour	纪尧姆·亨利·杜福尔
John Kern	约翰·科恩
Lyons	里昂
University of Zurich	苏黎世大学
Ignaz Thomas Scherr	伊格纳茨·托马斯·谢尔
David Friedrich Strauss	大卫·弗里德里希·施特劳斯
Life of Jesus	《耶稣传》
Rahn-Escher	拉恩·埃舍尔
Pastor Hirzel	希策尔牧师
Theodosius Florentini	狄奥多西·弗洛伦蒂尼
Zurzach	楚尔察赫
Friedrich Frey-Herosé	弗里德里希·弗雷－荷洛塞
Augustine Keller	奥古斯丁·凯勒
Wieland	维兰德
Fahr Abbey	法尔修道院
Monastery Gnadenthal	纳登塔尔修道院
Mariakronung Abbey	圣母加冕修道院
Hermetschwil-Staffeln	黑梅奇维尔－斯塔费尔恩

Rothenthurm	罗滕图姆
Ignacio de Loyola	伊纳爵·德·罗耀拉
Grimsel Pass	格里姆瑟尔山口
Gemmi Pass	盖米隘口
Jupiter	朱庇特
Saracens	萨拉森人
Aosta	奥斯塔
Saint Bernard of Menthon	大主教圣伯纳德
Monastery of St.Bernard	圣伯纳德修道院
Barry	巴里
Bruno	布鲁诺
Young Switzerland	瑞士青年党
Echo of the Alps	《阿尔卑斯山脉回响》
Simplon Zeitung	《辛普朗报》
Trient	特里安村
St-Maurice	圣莫里斯
Martigny	马蒂尼
Rivaz	里瓦兹
Committee of Knutwyl	克努特维尔委员会
Emmen	埃门
Muhlenplatz	五谷广场
Suhrenthal	苏伦塔尔
Ludwig von Sonnenberg	路德维希·冯·松嫩贝格
Jakob Robert Steiger	雅各布·罗伯特·斯泰格尔
Hellbuhl	赫尔布尔
Thorenberg	托伦伯格
Malters	马尔特斯
Jeffery Family	杰弗里家族
Kessel	凯塞尔塔
Joseph Leu	约瑟夫·洛伊
Neuhaus	诺伊豪斯
Gaster	加斯特

Bois Le Comte	博伊斯伯爵
François Pierre Guillaume Guizot	弗朗索瓦·皮埃尔·纪尧姆·基佐
Constantin Siegwart-Müller	康斯坦丁·西格沃特·米勒
Bernard Meyer	伯纳德·迈耶
Franz von Elgger	弗朗茨·冯·埃尔格
Gettwyl	盖特维尔
Hitzhircherthal	希茨基希
Meyerskappel	迈厄斯卡珀尔
Kienberg	金贝格
Paul Carl Eduard Ziegler	保罗·卡尔·爱德华·齐格勒
Rothenburg	罗滕堡
Gislikon	吉西孔
St. Michael's Church	圣米迦勒教堂
Eschenbach	埃申巴赫
Mariahilf Church	玛利亚教堂
Furka Pass	富尔卡山口
Convent of Saint Maurice	圣莫里斯修道院
Maximian	马克西米安
Pope Pius IX	教皇庇护九世
Count of Montalembert	蒙塔朗贝尔伯爵
Second French Republic	法兰西第二共和国
La Chaux-de-Fonds	拉绍德封
Loch	洛赫
Travers	特拉弗斯
Von Sydow	冯·赛多
Les Brunet	布鲁奈
Charles Albert	卡洛·阿尔贝托
Swiss Federal Council	瑞士联邦委员会
Etienne Marilley	艾蒂安·梅里莱
Lugano	卢加诺
Giuseppe Mazzini	朱塞佩·马志尼
House of Hohenzollern	霍亨索伦家族

Frederick William IV	腓特烈·威廉四世
Protocol of London	《伦敦议定书》
Valangin	瓦朗然
La Vendee	旺代叛乱
Carabineer	卡拉宾骑兵
Rufst du, mein Vaterland	《你，我亲爱的祖国》
Prince of Neuchatel and Valangin	纳沙泰尔与瓦朗然亲王
King of Jerusalem	耶路撒冷国王
Victor Emmanuel II	维托里奥·埃马努埃莱二世
Villafranca di Verona	维罗纳自由镇
Chalais	沙莱
Fancigny	福西尼
Jakob Stämpfli	雅各布·施滕普夫利
Jonathan Peel	乔纳森·皮尔
Henry John Temple	亨利·约翰·坦普尔
John Russell	约翰·罗素
Valley of Dappes	戴普谷地
Wiesbaden	威斯巴登
Frankfort	法兰克福
Die Wacht am Rhein	《守卫莱茵》
Duke of Wellington	威灵顿公爵
Arthur Wellesley	阿瑟·韦尔斯利
Hans Herzog	汉斯·赫尔佐克
Battle of Gravelotte	格拉沃洛特战役
Charles Denis Sauter Bourbaki	查尔斯·丹尼斯·索特·布尔巴基
Les Verrières	莱韦里耶尔
Assembly day	集会日
Johann Heinrich Pestalozzi	约翰·亨里希·裴斯泰洛齐
Philipp Emanuel von Fellenberg	菲利普·埃马努埃尔·冯·费伦贝格
Ignaz Thomas Scherr	伊格纳茨·托马斯·谢尔
Iliad	《伊利亚特》